Hans-Joachim Schemel

**Wirtschaftsdiktatur oder Demokratie?**

Wider den globalen Standortwettbewerb – für eine weltweite Regionalisierung

**Hans-Joachim Schemel** ist Politikberater. Er unterstützt seit mehr als dreißig Jahren Institutionen der Politik bei der Vorbereitung von Entscheidungen über Gesetze und sonstige Regelungen. Als Stadtplaner und Landschaftsökologe betreibt er seit 1983 ein Büro für Umweltforschung und Stadtentwicklung in München. Er ist öffentlich vereidigter und bestellter Sachverständiger für die Prüfung der Umweltverträglichkeit von Vorhaben. Mehrere Jahre lang gehörte er dem Beirat Sport und Umwelt des Umweltministeriums an. Außerdem war er im Naturschutzbeirat der Regierung von Oberbayern. – Als Autor oder Mitautor hat er einige Fachbücher veröffentlicht, zum Beispiel: »Naturerfahrungsräume« (1998); »Kommunikation und Umwelt im Tourismus« (2001) und »Umweltschadensgesetz« (Kommentar, 2009). – Privat engagiert sich der Autor seit Jahrzehnten politisch außerhalb von Parteien. Seit 2002 ist er aktiv bei Attac. Er ist verheiratet, Vater zweier inzwischen erwachsener Kinder und Großvater einer Enkeltochter.

# Impressum

**Hans-Joachim Schemel**
**Wirtschaftsdiktatur oder Demokratie?**
**Wider den globalen Standortwettbewerb –**
**für eine weltweite Regionalisierung**

Layout: Andreas Klinkert
Satz: Elke Habicht
Titelzeichnung: Mester
Druck und Bindung: Westermann Druck Zwickau GmbH
Auflage: 1/2010

Verlagsgesellschaft mbH
Postfach 2010
61410 Oberursel
**ISBN 978-3-88095-206-5**

Hans-Joachim Schemel

# Wirtschaftsdiktatur oder Demokratie?

*Wider den globalen Standortwettbewerb – für eine weltweite Regionalisierung*

*Meiner kleinen Enkelin Sophia gewidmet*

Es ist heute üblich, bei Begriffen wie zum Beispiel Bürger, Politiker, Experte immer auch die weibliche Form zu verwenden, also Bürgerin, Politikerin, Expertin usw. Durch diesen Gebrauch werden jedoch lediglich Zeichen verändert. Wichtig und gesellschaftspolitisch bedeutsam ist dagegen die Änderung der Semantik, das heißt der Bedeutung der Zeichen. Ich erkläre deshalb ausdrücklich, dass mit allen Sammelbezeichnungen wie den oben genannten sowohl Männer als auch Frauen gemeint sind. Auch ein geschriebener Text sollte sprechbar sein, denn Lesen ist nichts anderes als ein im Inneren geführtes Gespräch. Die Lesbarkeit leidet, wenn jedes Mal für historisch entstandene Sammelbezeichnungen auch noch das Geschlechtspendant aufgenommen wird.

# Inhalt

## Regionalisierung als Grundlage einer zukunftsfähigen Globalisierung

# Alte Heilslehren als neuer Sachzwang[1] Ein Vorwort von Erhard Eppler

Die Marktradikalen haben es geschafft: Ihretwegen hat sich der Staat verschuldet – nun wird er sparen und privatisieren müssen. Als zerknirschte Banker staatliche Garantien brauchten, um ihr – wohlbegründetes – gegenseitiges Misstrauen so weit zu überwinden, dass sie sich wieder gegenseitig Geld liehen, fanden kritische Beobachter, nun sei das Ende des Marktradikalismus gekommen. Wer künftig noch behaupten sollte, Märkte regulierten sich am besten selbst, müsse mit allgemeinem Gelächter rechnen.

Inzwischen wird klar, dass die Marktradikalen keineswegs resigniert haben, weder die in den Vorständen von Banken und Konzernen noch die in den Medien. Auch nicht die in der Politik, die sich vielleicht selbst über den Aufwind wundern, in den sie geraten sind. Nirgendwo eine Spur von der Bescheidenheit des Gescheiterten, vom Eingeständnis eines fatalen Irrtums oder gar vom schlechten Gewissen gegenüber denen, die nun als Steuerzahler oder als Arbeitslose die Suppe auszulöffeln haben, die leichtsinnige Zocker total versalzen haben. Das alles ließe sich hinnehmen als verzögertes Begreifen, als die Fähigkeit herrschender Ideologien, ihre eigene Widerlegung für einige Zeit zu überleben. Gäbe es nicht die harten Fakten, auf die sich die

1 Dieser Text wurde zuerst in der *Süddeutschen Zeitung* vom 3. August 2009 abgedruckt. Ich danke Erhard Eppler herzlich, dass er den Text als Vorwort zu diesem Buch zur Verfügung gestellt hat, nachdem er das Manuskript gelesen hatte. Herr Eppler leitete die SPD-Grundwertekommission von 1973 bis 1992. Er war Bundesminister für Wirtschaftliche Zusammenarbeit und Präsident des Evangelischen Kirchentags.

Gescheiterten verlassen können. Was als Heilslehre unverkäuflich geworden ist, könnte als Sachzwang wiederkehren.

Die Mehrheit der Ökonomen rechnet damit, dass es einige Jahre dauern wird, bis die europäische und damit auch die deutsche Wirtschaft wieder da ankommen könnte, wo sie vor der Finanzkrise war. Ist die Wirtschaft um gut sechs Prozent abgestürzt, bedeuten anschließende Wachstumsraten von 0,5 oder auch 1,5 Prozent keinen Aufschwung.

Alle großen Industriestaaten Europas haben, um der Krise zu widerstehen, gigantische neue Schulden aufgenommen. Sie liegen noch über Jahre weit jenseits der Grenze, die in Maastricht gesetzt wurde. Es gehört also keine Prophetengabe zu der Vermutung, dass wir in der nächsten Legislaturperiode vor allem darüber diskutieren werden, wie sich die Neuverschuldung des Staates vermindern, wann sie sich ganz vermeiden lässt. Schließlich haben wir jetzt auch eine Schuldenbremse in der Verfassung.

In Deutschland haben die Parteien, die miteinander die Bundestagswahl gewinnen wollen – und dafür gute Chancen sehen –, massive Steuersenkungen angekündigt. Frau Merkel hat ein Versprechen hinzugefügt, das in den USA ein gewisser Grover Norquist den meisten republikanischen Kongressabgeordneten per Eid abgenommen hat: keine Steuern zu erhöhen. Die Steuereinnahmen, die wahrscheinlich über die ganzen vier Jahre unter denen von 2007 liegen werden, sollen also noch einmal drastisch gesenkt und auf keinen Fall angehoben werden. Natürlich werden sich die Steuersenkungen so wenig selbst finanzieren, wie sie es bei Eichel oder auch bei Bush getan haben. Das bedeutet für die öffentlichen Hände nicht nur äußerste Sparsamkeit, sondern den Abbau von Aufgaben. Vor der Wahl hält man sich an den Rat des alten Churchill an einen jungen Kandidaten für das Unterhaus: »Sage in jeder Rede, der Staat müsse sparen, aber sage ja nie, wo.« Natürlich wissen alle, dass sich dies nach der Wahl nicht mehr lange durchhalten lässt. Man mag vermuten, dass es vor allem den Sozialetat treffen wird, aber wo die Länder das Geld für mehr Lehrerinnen und kleinere Klassen hernehmen sollen, bleibt dann immer noch offen.

Bestand die »Rückkehr des Staates« also nur in seinem spektakulären Auftritt als Sanitäter, der fleißig und professionell die Wunden verbinden musste, damit die Verletzten zur Truppe zurückkehren und weitermachen konnten? Und wer kümmert sich später um die Sanitäter? Sie haben ihre Schuldigkeit getan.

Nach der Krise werden Bund, Länder und Gemeinden nicht stärker, sondern schwächer sein als vorher. Sie werden noch mehr danach beurteilt werden, was sie für das Aufholen der Wirtschaft tun. In den Kommunen wird weiter privatisiert werden; nicht mehr, weil eine Mehrheit der Gemeinderäte dies für nützlich hielte, sondern weil man sonst keinen ausgeglichenen Etat zustande bringt. In den Ländern werden weiterhin Polizeistellen abgebaut, während das private Sicherheitsgewerbe wächst; nicht, weil eine Mehrheit des Landtags dies gut fände, sondern weil der Finanzminister den Etat des Innenministers kürzen muss. Studiengebühren werden eher erhöht als gesenkt oder abgeschafft; nicht, weil dies die Qualität der Lehre verbessern würde, sondern weil nicht genug Geld für das Nötigste da ist. Die Einwerbung von Drittmitteln wird noch mehr Zeit von Professoren binden; nicht, weil dies unsere Wissenschaft beflügelt, sondern weil sonst gar nichts mehr läuft. Public Private Partnership dürfte sich ausdehnen; nicht, weil die Erfahrungen damit besonders gut wären, sondern weil Unerlässliches sonst unterbleiben müsste.

Kurz: Es wird genau das sich fortsetzen, und zwar mit gesteigerter Intensität, was die Marktradikalen uns angepriesen haben. Nein, die unbegrenzte Freiheit bei wachsendem Wohlstand wird nicht mehr versprochen. Aber der Sachzwang, die behauptete Alternativlosigkeit wird ausreichen, uns in Richtung Marktstaat zu drängen. Die Spaltung der Gesellschaft in Gewinner und Verlierer wird sich beschleunigen, und niemand weiß, ob sich die Konflikte, die dann entstehen, noch in demokratischen Formen austragen lassen. Spaltung der Gesellschaft ist auf allen Kontinenten verbunden mit Privatisierung der

Gewalt und Zerbröseln des staatlichen Gewaltmonopols, also auch der Rechtssicherheit, ohne die auch Märkte nicht gedeihen. Wir könnten von der Finanzkrise über die Wirtschaftskrise in die Staatskrise schlittern.

Das alles lässt sich ohne Fantasie absehen. Aber es bedeutet nicht, dass alle, die jetzt Steuersenkungen versprechen, dies wollen. Der FDP darf man ohne Bosheit unterstellen, dass sie durch solche Aussichten nicht um den Schlaf gebracht wird. Einem Teil der Union auch. Er ist wohl eher eine Minderheit. Aber sie werden bei Schwarz-Gelb die besseren Karten haben.

Und die dies alles nicht wollen? Die überzeugt sind, dass Demokratie nur möglich ist, wenn der Wille der Mehrheit sich gegen jene Minderheit durchsetzen kann, die sich durch die Finanzkrise diskreditiert hat? Sie müssen zumindest klarmachen, vor welchen Alternativen wir stehen und dass sie den Staat nicht als Sanitäter, sondern als Arzt verstehen, der auch dafür verantwortlich ist, dass nicht die alten Dummheiten den Genesenden wieder ins Krankenhaus bringen.

# Demokratie ohne Wohlstand? Einleitung

Als Willy Brandt in den 1970er-Jahren die Bevölkerung aufforderte, mehr Demokratie zu wagen, traf er einen Nerv seiner Zeit. Die Institutionen des demokratischen Staates und das Bewusstsein von demokratischen Rechten haben sich seitdem weiterentwickelt. Doch seit etlichen Jahren ist es um das Thema Demokratie eher ruhig geworden. Die Wirtschaft hat sich in den Vordergrund geschoben und gibt den Ton an. Von ihr erhofft man sich einen Ausweg aus zunehmender Unsicherheit, aus der Massenarbeitslosigkeit und drohender Armut, mit der sich immer mehr Menschen konfrontiert sehen.

Dieses Buch stellt Fragen und versucht Antworten zu einem Thema, das in der Luft liegt und trotzdem im herrschenden öffentlichen Diskurs ausgeblendet bleibt: die Belastbarkeit unserer Demokratie angesichts der neoliberalen Globalisierung. Dabei wird Demokratie nicht als ein Gebäude gesehen, das allen Stürmen gewachsen ist, sondern eher als ein schöner Vogel, der uns schneller als gedacht verlässt, wenn ein Unwetter aufzieht. Dieses Unwetter, die gegenwärtig falschen Reaktionen darauf und die Richtung, in der wir ihm entgehen können, sind Thema dieses Buches.

Die Mehrheit der Bevölkerung ist vom Verlust ihres Wohlstands bedroht. Absehbar ist, dass als Folge der neoliberalen Globalisierung in den nächsten zehn Jahren nicht nur die Kluft zwischen reichen und armen Ländern wächst, sondern dass auch die Spaltung der Gesellschaft in den reichen Industrieländern dramatisch zunimmt. Immer mehr Menschen werden in materielle Not geraten, und nur ein kleiner Anteil der Bevölkerung wird seinen Wohlstand erhalten und steigern. Die trotz konjunkturellem Aufschwung längst nicht überwundene Finanz- und Wirtschaftskrise ist nur der Vorbote einer tief greifenden Erschütterung unseres Staates. Der allgemeine Wohlstand bröckelt seit geraumer Zeit. Es gibt genügend Anzeichen, dass er ins Rutschen kommt.

Sind wir als Zivilgesellschaft und sind die Vertreter von Wissenschaft, Wirtschaft und Politik in der Lage und bereit, mit der Bedrohung unserer Demokratie in angemessener Weise umzugehen? Der weitverbreitete Glaube an die Verträglichkeit von Demokratie mit global agierender ungezähmter Wirtschaft wird in diesem Buch hinterfragt und es wird eine Alternative zur neoliberalen Globalisierung skizziert.

In den Medien lautet der allgemeine Konsens, der sich gut verkaufen lässt: Das Einzige, woran unsere Demokratie krankt, sind die unfähigen und/oder verlogenen Politiker und Parteien.

Bei dieser sehr bequemen Mehrheitsmeinung klingt dann zum Beispiel die Empfehlung ganz plausibel, die Gabor Steingart in seinem Buch »Die Machtfrage« (2009) gibt: Möglichst viele Wähler sollten die nächsten Wahlen boykottieren. Denn ein großer Anteil an Nichtwählern könne die Politiker dazu zwingen, grundlegende Änderungen in unserer Demokratie vorzunehmen. Erst dann könne der Wille des Volkes und damit der Anspruch der Demokratie wirklich erfüllt werden. Was der Autor dann an konkreten Änderungsvorschlägen bringt, bleibt an der Oberfläche. Wer ernsthafte und nicht nur populäre Überlegungen zu diesem wichtigen Thema erwartet hat, sieht sich enttäuscht.

Otfried Höffe, einer der namhaften politischen Philosophen der Gegenwart, kommt in seinem Buch »Ist die Demokratie zukunftsfähig?« (2009) im Vergleich der Staatsformen zu folgendem Schluss: Die demokratischen Staaten wollen im internationalen Standortwettbewerb »den Preis der höheren Kosten« für anspruchsvolle Umwelt- und Sozialstandards aus »höherrangigen Gründen« zahlen. Daher würden sie im politischen Wettbewerb mit Nichtdemokratien besser abschneiden als diese. Als Ressourcen, derentwegen unsere Staatsform den anderen überlegen sei, nennt er »eine engagierte Bürgerschaft, ein hohes Bildungs- und Ausbildungsniveau, soziale und kulturelle Fundamente und nicht zuletzt eine politische Ordnung, die auf neue Herausforderungen, zuletzt das Finanzdebakel, flexibel zu reagieren vermag«. Bei diesen Feststellungen zieht er jedoch überhaupt nicht die von ihm eher beiläufig gesetzte Prämisse in Zweifel, dass »zumindest in den europäischen Demokratien ein zufriedenstellendes Existenzminimum, für viele sogar ein gutes finanzielles Auskommen« gesichert sei. Nicht erörtert wird die Frage, wie belastbar die Zustimmung zur Demokratie ist, wenn der Wohlstand dramatisch einbricht und sich immer mehr Bürger mit der Aussicht konfrontiert sehen, ihr Leben auf dem Niveau des Existenzminimums zu fristen. Und über die Entmachtung des demokratischen Staates im Zuge der neoliberalen Globalisierung geht der Philosoph einfach hinweg.

Eine mit hochkarätigen Philosophen, Juristen, Soziologen und Politikwissenschaftlern besetzte Tagung in Zürich hat 2009 unter dem Titel »Auslaufmodell Demokratie?« die Probleme demokratischer Selbstbestimmung in der von der Globalisierung bestimmten, postnationalen Konstellation thematisiert, ohne dabei den Zusammenhang von Demokratie und Wohlstand zur Sprache zu bringen (Bericht von Martin Bauer in der *Süddeutschen Zeitung* vom 2. Juni 2009). Dabei wurde auch die Frage aufgeworfen, ob die Dynamik global geöffneter Märkte die Gestaltungsmacht demokratisch legitimierter Gesetzgebung unterspült. In diesem Zusammenhang wurde auf das globalisierungskritische Netzwerk Attac und auf den zunehmenden Einfluss anderer Nichtregierungsorganisationen (NGOs) hingewiesen. Hoffnung setze man in die zivilgesellschaftlichen Akteure als »Weltbürger«, die grenzüberschreitende juristische Funktionssysteme unter »demokratisierenden Stress« setzen könnten. Ob sie neben dem juristischen auch das wirtschaftliche Funktionssystem erfolgreich beeinflussen können, wurde nicht weiter untersucht.

Auch auf dieser Tagung wurde die enge Verklammerung von Demokratie und Wohlstand nicht problematisiert. Es wurde keine wissenschaftlich fundierte und einigermaßen plausible Überlegung darüber angestellt, ob und – wenn ja – unter welchen Bedingungen die Demokratie eine Überlebenschance hat, wenn der Wohlstand der momentan noch relativ abgesichert lebenden Mehrheit der Mittelschicht schwindet.

Das Problem der Massenarbeitslosigkeit, der Niedrigstlöhne und der prekären Beschäftigungsverhältnisse wird seit Jahrzehnten von den Regierenden durchaus wahrgenommen. Sie suchen eine Lösung in der Stärkung der Wirtschaft. Aber unter Bedingungen der neoliberalen Globalisierung wächst dadurch die Macht der Wirtschaftselite immer mehr – eine Macht, die alle demokratischen Versuche, das Marktgeschehen zu zügeln, zur Erfolglosigkeit verdammt.

Der Bevölkerung wird suggeriert, eine bessere Bildung könne den Standort Deutschland im internationalen Wettbewerb retten, nach dem Motto: »Die Bildung sichert in Zeiten der Globalisierung den wirtschaftlichen Erfolg der Nation.« Dass die Bildung wichtig ist, bestreitet niemand, jedoch: Wie kann sie für Deutschland zu einem Wettbewerbsvorteil werden, wenn auch die anderen Nationen enorme Anstrengungen unternehmen, die Bildung der Bevölkerung voranzutreiben? Und wie vertragen sich die Appelle zu besserer Bildung mit der Tatsache, dass in Deutschland und anderen Industrieländern immer mehr Hochschulabsolventen Arbeitsplätze annehmen müssen, deren Anforderungen weit unter ihrer Qualifikation liegen?

Wenn immer mehr Arbeitsplätze entweder durch die steigende Produktivität eingespart werden oder in Billiglohnländer abwandern, wird die ohnehin hohe Massenarbeitslosigkeit weiter steigen. Darüber kann auch eine kurzfristige konjunkturbedingte Abnahme der Arbeitslosenzahlen nicht hinwegtäuschen. Neue Arbeitsplätze im Dienstleistungsbereich werden die durch De-Industrialisierung wegfallenden Arbeitsplätze längst nicht ersetzen können. Ein Land, dessen Industrie schwindet, verliert seinen Wohlstand. Im Niedriglohnsektor entstehende Arbeitsplätze und prekäre Beschäftigungsverhältnisse sind eine untaugliche Antwort auf den globalen Standortwettbewerb. Indien, China und andere Schwellenländer gründen ihre vorhersehbare Überlegenheit im Standortwettbewerb auf deutlich niedrigere Arbeitskosten, geringere Steuern und/oder anspruchslose soziale/ökologische Standards. Ein »Wettlauf nach unten« (*race to the bottom*) hat begonnen.

Die meisten Wähler haben keine Vorstellung davon, wie sehr sich die Spielräume der Politik auf nationaler Ebene verengt haben. Die demokratisch gewählten Politiker sind den politisch gemachten Sachzwängen der neoliberalen Globalisierung unterworfen. Der Zerfall der staatlichen Souveränität hat zur Folge, dass keine der gewählten Regierungen in der Lage ist, die brennenden Probleme wie Massenarbeitslosigkeit zu lösen und der Mittelschicht ihre zunehmende Angst vor dem Abstieg in die Armut zu nehmen. Die mit der Freiheit der Kapital- und Güterströme zusammenhängenden Finanz- und Wirtschaftskrisen werden wie Naturkatastrophen wahrgenommen. Die Verängstigung der Bevölkerung ist größer als der Glaube an die Zähmung der gewaltigen Marktkräfte, die außer Kontrolle geraten sind. Diese ungezähmten Kräfte zerstören seit Jahrzehnten schleichend die Vielfalt der Wirtschaftsstruktur und haben sich in der Finanzkrise wie ein Vulkanausbruch entladen.

Die Demokratie ist auf die Zustimmung der Bevölkerung angewiesen. Je ohnmächtiger die Regierenden agieren, desto mehr sinkt das Vertrauen in die Lösungskompetenz der Demokraten und desto wahrscheinlicher wird es, dass sich die Bevölkerung von einer selbst ernannten Elite in eine Wirtschaftsdiktatur führen lässt. Diese Wirtschaftselite, die immer mehr gesellschaftlichen Reichtum an sich zieht, profitiert von der neoliberalen Globalisierung und wird alles tun, um daran festzuhalten.

Demokratie ist unter allen schlechten Staatsformen die beste. Es lohnt sich der Versuch, sie vor einer feindlichen Übernahme zu retten. Ob dieser Versuch erfolgreich ist, hängt davon ab, ob wir die tieferen Ursachen ihrer Gefährdung klar erkennen und einen demokratieverträglichen Ausweg aus der Misere benennen und beschreiten können.

Ich kenne niemanden, der die Demokratie abschaffen will – aber das sagt nicht viel. Fast alle von uns stehen dieser Staatsform positiv gegenüber. Das hat viel damit zu tun, dass in unserem Bewusstsein Demokratie mit Wohlstand zusammenhängt. In Deutschland wurde dieser Zusammenhang nach den Zerstörungen des Zweiten Weltkriegs und nach dem Mauerfall erfahren. In den Zeiten starken wirtschaftlichen Wachstums wurde die sehr ungleiche Verteilung des Wohlstands kaum als Problem wahrgenommen. Denn die meisten Menschen erlebten einen kontinuierlichen Zuwachs ihres persönlichen Wohlstands, und viele von ihnen haben gehofft, irgendwann auch zur Gruppe der Wohlhabenden zu gehören.

Das hat sich inzwischen geändert. Die Zukunftsaussichten haben sich eingetrübt. Wenn früher die Eltern nicht ohne Grund sagten: »Unsere Kinder sollen es mal besser haben«, so schaut die heutige junge Generation eher ängstlich in die Zukunft in der zaghaften Hoffnung, dass es ihnen einmal nicht schlechter gehen wird als der Elterngeneration.

Massenarbeitslosigkeit, Niedrigstlöhne und prekäre Beschäftigungsverhältnisse versetzen große Teile der Bevölkerung schon heute in Angst und Schrecken. Allerdings sind diese Ängste, die wachsende Armut und Enttäuschung bisher im öffentlichen Raum kaum wahrnehmbar. Sie äußern sich bisher nur in stiller Resignation, die sich gelegentlich in Wahlenthaltung und Einzelprotesten Luft macht.

Was wird sein, wenn unsere Wirtschaft über längere Zeit am Boden liegt und der Wohlstand schwindet? Wenn auch die Mittelschicht in einem bisher nicht gekannten Ausmaß von Massenarbeitslosigkeit, Niedrigstlöhnen und prekären Beschäftigungsverhältnissen heimgesucht wird und die sozialen Sicherungssysteme unter dem Ansturm der neuen Armen zusammenbrechen? Wenn dem Staat die zur Stabilisierung notwendigen Steuereinnahmen fehlen und er die Bevölkerung nicht mehr vor wirtschaftlicher Not – sozialem Abstieg und bitterer Armut – schützen kann? Der *Spiegel* vom Januar 2009 (Nr. 5) widmet sich in seiner Titelgeschichte der Frage: »Wann ist der Staat eigentlich pleite?« Und in einer späteren Ausgabe (April 2009, Nr. 18) titelt er im Hinblick auf die Weltwirtschaftskrise 1929, die zum Untergang der Weimarer Republik beitrug und die Hitlerdiktatur vorbereitete: »Wiederholt sich die Geschichte doch?«

Die Demokratieversuche in Deutschland um die Mitte des 19. Jahrhunderts und nach dem Ersten Weltkrieg sind infolge ihrer sehr schlechten Startbedingungen gescheitert. Nach dem Zweiten Weltkrieg konnte die Demokratie unter besseren Bedingungen gedeihen. Ist sie heute, nach mehr als sechzig Jahren so stabil, dass sie sich auch unter widrigsten wirtschaftlichen Bedingungen halten kann?

Wir nehmen es schon seit Jahrzehnten hin, dass in den Entwicklungsländern Millionen von Kindern und Erwachsenen wegen Unterernährung sterben und dass sich dort eine kleine Schicht einflussreicher Familien diktatorisch über die Bedürfnisse der breiten Bevölkerung hinwegsetzt, um den eigenen Reichtum zu mehren – in enger Kooperation mit westlichen Ländern, die sich auf diese Weise Absatzmärkte, billige Rohstoffe und andere Vorteile verschaffen. Die ökonomische Macht dieser Eliten wäre ohne die global entfesselte neoliberale Wirtschaftsordnung nicht denkbar.

Das Versagen der »freien« (ungeregelten) Märkte wirkt sich schon seit Jahrzehnten verheerend auf Umwelt und Gesellschaft aus. Seit Ausbruch der aktuellen Finanz- und Wirtschaftskrise häufen sich auch in den reichen Industrieländern die Alarmmeldungen. Der bisher in religiöser Inbrunst verteidigte Glaube an die Fähigkeit des Marktes zur Selbstregulierung im Interesse des allgemeinen Wohlstands ist bei ernst zu nehmenden Wissenschaftlern zusammengebrochen. Inzwischen ist es nicht mehr möglich, die Schuld für jedes Marktversagen dem Staat zuzuschieben.

Die aktuelle Wirtschaftskrise überlagert und verdeckt einen langfristigen Trend. Etliche Branchen der Industrie, zum Beispiel die Textilindustrie und Zweige der industrienahen Dienstleistung, sind in den letzten dreißig Jahren bereits zu großen Teilen in Länder mit billigen Arbeitskräften, niedrigen Steuern sowie anspruchslosen sozialen und ökologischen Standards abgewandert. Absehbar ist folgende Entwicklung, die früher oder später schmerzhafte Dimensionen annehmen wird: mit der Steigerung der Produktivität – Ersatz von Arbeit durch Maschinen und Apparate – in Kombination mit der fortschreitenden Auslagerung industrieller Produktionsstätten werden Millionen Arbeitsplätze verschwinden. Und es ist eine Illusion, dass diese durch neue Arbeitsplätze im Dienstleistungsgewerbe ersetzt würden.

In den letzten dreißig Jahren wurde im Namen des (Neo-)Wirtschaftsliberalismus die Entmachtung des Staates systematisch vorangetrieben. Drei Strategien spielten und spielen dabei noch immer eine zentrale Rolle:

- Erstens die Deregulierung der Binnenmärkte; es erfolgen immer weniger Korrekturen des Marktgeschehens nach sozialen und ökologischen Gesichtspunkten, von den Neoliberalen pauschal als »Bürokratisierung« bezeichnet und verächtlich gemacht.
- Zweitens die Liberalisierung des Außenhandels; das heißt Öffnung der Märkte durch den Abbau von Zöllen, Kontingenten und Kapitalverkehrsregeln.
- Und drittens die Privatisierung öffentlicher Güter: Bildung, Gesundheit, Wasser- und Energieversorgung, Verkehr etc. müssen Rendite abwerfen.

Der Staat wird in die Rolle des »Nachtwächterstaates« gedrängt, dem nur noch die Rolle zugestanden wird, das Eigentum zu schützen und für Ruhe und Ordnung zu sorgen.

Der Neoliberalismus (die »neoklassische Theorie«) beherrscht nach wie vor als dominante Lehre die Denkweise der Wirtschaftswissenschaften – und die Köpfe der Regierenden, die sich von diesen Wirtschaftsexperten beraten lassen. Die Umsetzung dieser Theorie galt und gilt ihren Befürwortern als sehr erfolgreich. Es heißt, in der Zeit ihrer Anwendung sei der Wohlstand gewachsen. Gewachsen sind jedoch nur das Vermögen und die Macht der Wirtschaftseliten in aller Welt. Die wirtschaftsliberale Theorie war und ist immer noch bei den

Vermögenden, Unternehmern und Managern beliebt, »weil sie deren Rolle als Wertschöpfer hervorhob, Eigennutz als Gemeinwohl fördernd adelte und dem Eigeninteresse der Wirtschaftselite an niedrigen Steuern und wenig Regulierung massiv entgegenkam« (A. Görres, in: *VentureCapital Magazin* 7-8/2009).

Es ist nicht diese Theorie und ihre Umsetzung, sondern der technische Fortschritt, der das Durchschnittseinkommen in vielen Ländern der Welt in den letzten Jahrzehnten angehoben hat. Aber ein Urteil aufgrund von Durchschnittswerten hat einen fatalen Haken: Es blendet die ungerechte Verteilung des Reichtums aus. Der durchschnittliche Wohlstand hat nicht wegen, sondern trotz der neoliberalen Wirtschafts- und Gesellschaftspolitik zugenommen. Weil große Teile der Bevölkerung nicht oder nur sehr unzureichend am wachsenden Wohlstand teilhaben konnten und können, vertieft sich die Spaltung der Gesellschaften in die wenigen Gewinner und die vielen Verlierer der neoliberalen Globalisierung.

Bei aller Unsicherheit, die einer Prognose eigen ist, muss die Frage gestellt und beantwortet werden, ob unsere Demokratie nur in wirtschaftlich guten Zeiten funktioniert oder auch Zeiten des drastischen wirtschaftlichen Niedergangs verkraftet. Wir müssen versuchen, uns der Antwort auf realistische Weise anzunähern, statt aufkommende Gefahren einfach zu ignorieren oder zu verharmlosen. Und wenn wir zu dem Ergebnis kommen, dass die Demokratie diesen Niedergang nicht verkraftet, ist zu untersuchen, auf welche Weise Wohlstand demokratieverträglich gesichert werden kann.

Falls unsere Demokratie den schlechten Zeiten nicht gewachsen ist: Was kommt dann? Vielleicht ein autoritär verfasster und organisierter Staat, der den verständlichen Wunsch der Bevölkerung nach Wohlstand besser zu erfüllen verspricht als ein demokratisch regierter Staat, dem es nicht gelingt, sich über starke Partialinteressen hinwegzusetzen.

Aus dem Alten Testament kennen wir die Erzählung, wie »die Fleischtöpfe Ägyptens« auf die Mehrheit des Volkes Israel eine Zeit lang mehr Anziehungskraft ausgeübt haben als Freiheit und Menschenwürde.

Welche grundlegenden Weichen müssen wir neu stellen, wenn unsere soziale Marktwirtschaft in der Lage sein soll, den allgemeinen Wohlstand und nicht nur den Wohlstand einer Minderheit zu sichern – und so auch die Demokratie funktionsfähig zu halten? Mit der Antwort darauf befasst sich der letzte Teil des Buches. Zunächst müssen wir uns mit den gegenwärtigen Verhältnissen auseinandersetzen. Welche Rolle spielt der Staat in unserem gesellschaftlichen Leben, soweit es von der Politik beeinflusst ist? Worin liegt die Problematik der neoliberalen Wirtschaftsweise bei weltweit offenen Märkten? Wie kann der Vorrang der Politik gegenüber der Wirtschaft erreicht werden? Genügt es, wenn nur leichte Korrekturen am gegenwärtigen Zustand von Gesellschaft und Wirtschaft vorgenommen werden?

# Anzeichen der Entwicklung zur Wirtschaftsdiktatur

Im ersten Abschnitt geht es um die Bedrohung der Demokratie in Zeiten eines sich abzeichnenden wirtschaftlichen Niedergangs, der mit der neoliberalen Globalisierung zusammenhängt. Welche Ansprüche stellen wir an die Demokratie und welche Ansprüche stellt diese Staatsform an uns? Wie belastbar ist der demokratische Konsens? Dass Demokratie und wirtschaftliche Prosperität nicht unbedingt zusammengehören, führen uns wirtschaftlich erfolgreiche Diktaturen vor Augen. Anhand eines Zukunftsszenarios wird angedeutet, was uns in einer Wirtschaftsdiktatur erwarten würde. Am Beispiel zweier Länder mit demokratischer Tradition lässt sich erkennen, wie leicht tragende Säulen der Demokratie ins Wanken geraten.

## *Was wollen wir vom Staat?*

Ob die Staatsform demokratisch oder autoritär ist – der Staat muss Erwartungen erfüllen, um von der Bevölkerung akzeptiert zu werden. Jeder Staat und seine herrschende Elite bemühen sich daher um die Zustimmung der Bürger. Sogar Diktaturen sind darauf angewiesen, obwohl sie gewaltsam gegen unzufriedene Minderheiten vorgehen können, die ihre Macht bedrohen. In der heutigen Zeit ist eine Stützung der Herrschaft allein durch Militär längerfristig nicht erfolgreich. Denn keine staatliche Herrschaftsform kann sich auf Dauer gegen eine unzufriedene Mehrheit in der Bevölkerung halten.

Die Menschen erwarten von ihrem Staat, dass er sie über eine florierende Wirtschaft vor materieller Not, über ein geordnetes Rechtssystem vor privater und staatlicher Willkür und über das Gewaltmonopol vor kriminellen und militärischen Übergriffen schützt. Über das »geordnete Rechtssystem« sorgt der demokratische Staat unter anderem dafür, dass die allgemeinen Menschenrechte respektiert und mit geeigneten Gesetzen geschützt werden.

Im vorliegenden Buch geht es vor allem um eine dieser drei genannten zentralen staatlichen Aufgaben: um den Schutz der Bevölkerung vor Not, indem der Staat der Wirtschaft die Rahmenbedingungen schafft, die diese zur Versorgung der Bevölkerung mit Gütern und Dienstleistungen benötigt.

Damit die Wirtschaft floriert, hat der Staat nicht nur das dem Allgemeinwohl verpflichtete Eigentum zu schützen, sondern auch solche Rahmenbedingungen zu schaffen, die ein geordnetes und effizientes Wirtschaften möglich machen – ein Wirtschaften, das der gesamten Bevölkerung zugute kommt. Zu diesem Zweck muss der Staat Regelungen erlassen und Institutionen schaffen, die sowohl die Entstehung von Armut so weit wie möglich verhindern als auch eingetretene Notlagen überwinden helfen. Diese Aufgabe geht über die Befolgung des im Grundgesetz verankerten Sozialstaatsprinzips hinaus und betrifft auch die Sozialbindung des Eigentums.

Ernst-Wolfgang Böckenförde hat in seinem Aufsatz »Die Entstehung des Staates als Vorgang der Säkularisation« (1976) darauf hingewiesen, dass der Einzelne in der Wahrnehmung seiner Freiheit dadurch gehindert werden kann, dass Träger gesellschaftlicher (zum Beispiel ökonomischer) Macht ihn durch die massive Betätigung dieser Macht einschränken. Damit nun die Entstehung der Freiheit gewährleistet ist, müsse der Staat über die formale rechtliche Gewährleistung hinaus auch vorhandene und entstandene gesellschaftliche Macht begrenzen und kanalisieren. Da die Menschen nach natürlichen Anlagen, Interessen, Energien und sozialen Bedingungen verschieden sind, führt nach Böckenförde die Betätigung der gleichen Freiheit notwendig zu ungleichen Ergebnissen. Freiheit bedeute also notwendigerweise die Inkaufnahme sozialer Ungleichheit. Diese Ungleichheit könne Dimensionen annehmen, die in der Gesellschaft keine Akzeptanz mehr finden.

Böckenförde geht es um die Ausbalancierung von Freiheit und Gleichheit. Damit sich Freiheit nicht nur für eine privilegierte Minderheit, sondern für alle realisiert, bedürfe es spezifischer rechtlicher und sozialer Rahmenbedingungen. Die wichtigste sei dabei die ständige Relativierung der gesellschaftlichen Ungleichheit. Darin unterscheide sich der soziale vom liberalen Rechtsstaat.

Das Setzen von Rahmenbedingungen, die in das Marktgeschehen korrigierend und lenkend eingreifen, setzt voraus, dass der Staat die Macht hat, auch solche gesellschaftlichen Belange durchzusetzen, die den Interessen der Wirtschaftselite entgegenstehen.

Für jeden Staatsbürger ist es von zentraler Bedeutung, einen Arbeitsplatz zu besitzen, mit dem er sich ein hinreichendes Einkommen erwirtschaften kann. Der Anspruch auf Teilhabe am gesellschaftlichen Reichtum und der Anspruch auf Teilnahme am Wirtschaftsleben lassen sich nicht trennen. Wer über Jahre hinaus zur Arbeitslosigkeit gezwungen und daran gehindert ist, sich seinen Unterhalt zu verdienen, ist in seiner Freiheit in einem Ausmaß eingeschränkt, das in einer solidarischen Gesellschaft nicht hinnehmbar ist.

Zu den zentralen Aufgaben eines an das Prinzip der Solidarität gebundenen Staates gehört es daher, solche Rahmenbedingungen zu schaffen, die Vollbeschäftigung und ein hinreichendes Einkommen für alle Beschäftigten möglich machen. Aber kann er das durchsetzen, wenn die Wirtschaftsverbände aufgrund dieser Rahmenbedingungen die globale Wettbewerbsfähigkeit der Unternehmen bedroht sehen? Kann der Staat überhaupt noch Gesetze erlassen, die der Wirtschaft nicht gefallen, ohne mit der Abwanderung von Unternehmen rechnen zu müssen?

Die Kluft zwischen den Erwartungen an den Staat und ihrer Erfüllung wird immer größer. Kann die Marktwirtschaft mit Regeln ausgestattet werden, mit denen es möglich wird, dass Politik und Wirtschaft gemeinsam die Balance zwischen Gleichheits- und Freiheitsanspruch halten können? Da das in einer neoliberalen Wirtschaftsordnung nicht gelingen kann, zerstören die vom freien Markt entfesselten Kräfte früher oder später die Demokratie. Diese Aussage wird in diesem Buch begründet.

Wenn die Marktwirtschaft ihre konstruktive Rolle in der Demokratie erfüllen soll, dann darf sie nicht blind der Ideologie des freien Marktes folgen, sondern muss anspruchsvolle soziale und ökologische Standards einhalten. Nur so ist die Demokratie zukunftsfähig. Wie kann die Wirtschaft durch geeignete Rahmenbedingungen in die Lage versetzt werden, die elementaren Bedürfnisse der Bevölkerung nach materieller Sicherheit und Nachhaltigkeit zu erfüllen? Am Ende des vorliegenden Buches wird darauf eine Antwort gegeben, indem das Konzept der Regionalisierung skizziert wird. Zuvor werden die Realisierungsbedingungen untersucht. Der technische Fortschritt macht es möglich, dass alle Teile der Bevölkerung ohne Existenzängste leben können. In jeder Demokratie in der Welt geht es um die Würde des Menschen. Für ein Leben in Würde müssen und können die materiellen Voraussetzungen geschaffen werden.

## *Demokratie stellt hohe Ansprüche*

Der folgenden These kann kaum widersprochen werden:

*Wenn die fortschreitende Individualisierung nicht ein tragfähiges Gegengewicht – das Bewusstsein des Eingebundenseins in eine Zweckgemeinschaft – behält oder erhält, zerfällt der Staat in ein Gebilde ohne Zusammenhalt, in dem der Einzelne allein seinen Vorteil sucht – jeder gegen jeden und ohne Rücksicht auf die überindividuellen Belange des Gemeinwesens. Das wäre gleichbedeutend mit dem Ende der Demokratie.*

Bei allen politischen Entscheidungsprozessen in einer Demokratie ist das fragile Gleichgewicht zwischen Einzelinteressen und Gesamtinteresse neu zu finden. Das ist ein sehr hoher Anspruch nicht nur an die Politiker, sondern auch an die Bürger, die das Handeln der Politiker kritisch verfolgen und sich dazu ihre Meinung bilden. Vom Einzelnen wird verlangt, dass er sich in die Interessen auch solcher Personengruppen hineinversetzen kann, denen er selbst nicht angehört oder die ihm sogar fremd sind. Denn nur so kann der Einzelne im politischen Raum die Möglichkeit und Zumutbarkeit von Kompromissen beurteilen, wenn es gilt, für Interessenkonflikte eine Lösung zu finden, mit der alle leben können.

Wer sich nicht in die Lage eines Arbeitslosen versetzen kann, der sich lange vergeblich um Arbeit bemüht hat, der kann auch nicht die Bedeutung des Menschenrechts auf Arbeit ermessen und wird auch nicht den besonderen politischen Stellenwert erkennen können, der der Überwindung von Massenarbeitslosigkeit zukommt.

Demokratie lebt von Kompromissen. Von den einzelnen Bevölkerungsgruppen müssen auch Entscheidungen akzeptiert werden, die der eigenen Interessenlage widersprechen. Diese Akzeptanz verlangt jedoch, dass sich die politischen Entscheidungen an Kriterien orientieren, die den herrschenden Vorstellungen von Vernunft, Fairness und Solidarität der Starken mit den Schwachen entsprechen. Nach diesen Kriterien kann ein demokratisches Gemeinwesen nicht dulden, dass ein Teil seiner Mitglieder ohne Notwendigkeit an der Teilnahme und Teilhabe am Wirtschaftsleben ausgeschlossen bleibt.

Es ist ein anspruchsvolles Menschenbild, das sich hinter der Idee von Demokratie verbirgt: das Bild des mündigen Bürgers, der sich nicht nur für sein eigenes Leben, sondern auch für das Wohl aller Bürger im Staat verantwortlich fühlt und diesem Gefühl mit seinem Handeln Gestalt gibt. Die Demokratie ist der Versuch, eine unzählige Menge von Meinungen und Interessen unter einen Hut zu bekommen und dabei für die Gesamtheit der Bürger zustimmungsfähig zu bleiben. Und das muss derart geschehen, dass der Staat bei wichtigen Weichenstellungen handlungsfähig ist.

Wirtschaftsunternehmen sind nicht allein dazu da, ihren Eigentümern Gewinne zu bescheren. Sie müssen auch für das Wohl der Bürger des Gemeinwesens, zu dem sie gehören – Kommune und Staat –, Verantwortung übernehmen. Verantwortung, die über die betriebswirtschaftlichen Ziele hinausgeht, können sie nur insoweit übernehmen, wie ihnen vom Staat die Rahmenbedingungen (Ver- und Gebote, verbindliche Standards, wirtschaftliche Anreize) vorgegeben werden, die ihr Handeln auch an gesellschaftliche Ansprüche binden. Ein solcher Rahmen schafft die gleichen Wettbewerbsbedingungen für alle Unternehmen, die diesen Vorgaben unterworfen sind. Wer von einem Unternehmer verlangt, freiwillig soziale und ökologische Rücksichten zu nehmen, mit denen er seine Wettbewerbsfähigkeit schwächt und das Überleben des Betriebs gefährdet, lebt in einer Traumwelt. Daher ist es die Aufgabe des Staates, dafür zu sorgen, dass soziale und ökologische Pflichten für alle Unternehmen, die den entsprechenden Regeln unterworfen sind, gleichermaßen gelten. Nur so lässt sich verhindern, dass gesellschaftlich verantwortliche Unternehmen durch Wettbewerbsnachteile bestraft werden.

In einer Zeit der wirtschaftlichen Globalisierung – bei weltweit offenen Märkten – wirft das für die entwickelten Industrieländer die Frage auf, ob und wie ihre relativ anspruchsvollen sozialen und ökologischen Standards verteidigt werden können. Denn sie stehen in Konkurrenz mit Wirtschaftsräumen, deren Standortvorteil in niedrigen Löhnen, geringen Unternehmenssteuern sowie in anspruchslosen Sozial- und Ökostandards liegt.

Dem Sachzwang des globalen Standortwettbewerbs folgend, wurden in den vergangenen dreißig Jahren in Deutschland und Europa die sozialen Standards abgesenkt. Es wurde der Eindruck vermittelt, als habe der Staat nur zwischen zwei Alternativen die Wahl: Entweder er unterwirft sich den Interessen der Wirtschaftselite, indem er nur wirtschaftsfreundliche Gesetze erlässt und die Wirtschaft von allen sozialen und ökologischen Zumutungen verschont. Oder er schwächt mit sozial und ökologisch anspruchsvollen Gesetzen die Wettbewerbsfähigkeit der Unternehmen, die sich dann auf dem offenen Weltmarkt nicht mehr halten können – mit der Folge von Massenarbeitslosigkeit und Armut.

Der Historiker Tony Judt hat sich an linke Intellektuelle in Europa mit der Frage gewendet: »Wie konnte es passieren, dass wir in 30 Jahren, seit Thatcher und Reagan, so viele der in 100 Jahren erkämpften Errungenschaften des Sozialstaats klaglos aufgaben?« Und kurz vor seinem Tod (2010) machte er noch darauf aufmerksam, dass niemand bisher ein Rezept gefunden habe, das Sozialmodell an eine Gesellschaft von Individualisten und an das Zeitalter der Globalisierung anzupassen, in dem nationale Regelungen zunehmend irrelevant werden. Die Welt stehe am Beginn einer »Ära der Unsicherheit«.

## *Demokratisches Engagement nur in guten Zeiten?*

Was wird eigentlich an unserer Demokratie für so reizvoll oder gar für unverzichtbar gehalten? Wie wichtig ist es den meisten Bürgern, alle vier bis fünf Jahre die Abgeordneten auf der Ebene Europas, der Bundesrepublik, der Bundesländer sowie der Kommunen wählen zu können und in Plebisziten oder außerparlamentarisch ihren Willen kundzutun?

Wer will es einer Person verübeln, wenn sie sich für ihren Freundeskreis und die Familie, für ihre privaten Vorlieben, für ihr berufliches Fortkommen interessiert und weder Lust noch Zeit hat, sich politisch zu betätigen? Der Mensch ist zwar ein Gemeinschaftswesen, aber das ist er vor allem in seinem privaten und beruflichen Umfeld. Nur ein sehr kleiner Prozentsatz der Bevölkerung betätigt sich in seiner Freizeit gern in der relativ anonymen politischen Sphäre, die für ihn selten greifbare Erfolge bereithält. Auf die politisch aktiven Bürger und ihren Einfluss wird im Kapitel »Die Aktiven in Parteien und in der Zivilgesellschaft« noch eingegangen.

Obwohl die Demokratie auf das Engagement ihrer Bürger angewiesen ist, zwingt sie diese nicht, sich für die Belange der Allgemeinheit zu interessieren und einzusetzen. Sie verpflichtet ihre Bürger lediglich dazu, die beschlossenen Gesetze einzuhalten – und dazu gehört vor allem auch die Entrichtung von Steuern. Ansonsten lässt die Demokratie ihre Bürger in Ruhe, und sie gibt jedem von ihnen die Freiheit, sich nur um private Angelegenheiten zu kümmern. Diese Möglichkeit, sich gegenüber den Belangen der Allgemeinheit gleichgültig zu verhalten, wird ausgiebig in Anspruch genommen. Viele Anzeichen deuten darauf hin, dass für die meisten Staatsbürger die demokratische Mitbestimmung über ihr Schicksal nicht so wichtig ist – Hauptsache, ihre elementaren Schutzbedürfnisse werden erfüllt.

Wann beginnt der Zweifel an der als zentral eingeschätzten Kompetenz der Regierung? Bei dieser Frage ist zwischen oberflächlichem und fundamentalem Zweifel zu unterscheiden.

Der oberflächliche Zweifel äußert sich in der weit verbreiteten Unzufriedenheit sehr vieler Bürger mit Entscheidungen der Regierungen. An den Stammtischen und in den Medien wird viel kritisiert. Aber diese Unzufriedenheiten mit dem alltäglichen politischen Geschäft vermischen sich im Stimmengewirr der öffentlichen Meinungsäußerungen mit vielen anderen Nachrichten. Ein heiß diskutiertes Thema löst das andere ab. Wir sind es gewohnt, dass die Interessengruppen der verschiedensten Richtungen mehr oder weniger lautstark protestieren, wenn sie sich durch eine sie betreffende politische Entscheidung benachteiligt sehen. Wer zufrieden ist, äußert sich nicht.

Das Grundrauschen der Unzufriedenheit mit den Regierenden ist der harmlose Normalfall, in dem die Demokratie nicht infrage gestellt wird. Anschwellendes Grundrauschen äußert sich lediglich in geringerer Wahlbeteiligung und in einem erhöhten Anteil an Protestwählern.

Heribert Prantl stellte in der *Süddeutschen Zeitung* (17./18. Juli 2010) die Frage: »Sind wir vorbildliche Demokraten oder nur Stimmvieh?« Und Parteiforscher loben das wachsende demokratische Engagement mit den Worten: »Die Bürger haben genug von ihren Politikern, aber Freude an der Politik.« Diese Freude – so Prantl – breche sich Bahn in zahlreichen Bürgerbegehren und Bürgerentscheiden, in Volksbegehren und Volksentscheiden. Bekannte Beispiele sind die Volksentscheide für den Nichtraucherschutz in Bayern und gegen die Schulpolitik der regierenden Parteien in Hamburg. Immer mehr Bürger drängen darauf, abstimmen zu können – nicht mehr nur in Städten und Gemeinden oder in Bundesländern, sondern auch auf Bundesebene.

Unsere Demokratie ist in Zeiten des Wohlstands derer, die sich politisch engagieren, widerstandsfähig und kann auch nicht – wie manche fürchten – durch Plebiszite erschüttert werden. Diese Freude an praktizierter Demokratie kann allzu leicht den Eindruck erwecken, unsere Demokratie sei stabil. Diese Stabilität ist die eines dünnen Eises, wenn leichte Steine auf den zugefrorenen Teich geworfen werden – Steine, die das Eis nicht zerbrechen können. Um im Bilde zu bleiben: Das Eis bricht erst, wenn schwere Steine geworfen werden.

Es bleibt beim harmlosen Grundrauschen der Unzufriedenheit mit den Politikern und bei der Freude an der demokratischen Mitbestimmung, solange sich eine kritische Masse der Bevölkerung nicht in ihren existenziellen Interessen bedroht fühlt. Wenn allerdings das Gefühl einer solchen Bedrohung entsteht und in kollektive Angstreaktionen einmündet, ist die Wahrscheinlichkeit hoch, dass diese explosive Stimmung von einem charismatischen Politiker und seinen Anhängern aufgegriffen, demagogisch angeheizt und gegen die Demokratie gewendet wird. Niemand weiß, wann die »kritische Masse« erreicht ist. Wenn sich eine kollektive Furcht vor materiellem Niedergang und sozialem Abstieg ausgebreitet hat, dann ist damit zu rechnen, dass die verängstigte Mehrheit der Bevölkerung dem starken Arm folgt, von dem sie sich Rettung verspricht.

## *Die Unzufriedenheit wächst*

Die von der Komplexität der politischen Themen überforderten Bürger haben in ihrer überwiegenden Mehrzahl resigniert. Sie fühlen sich ohnmächtig und betrogen von »denen da oben«. In den privaten Medien ist es daher besonders populär, über Politiker zu schimpfen und sie zu verdächtigen, nur ihre eigenen Machtgelüste zu pflegen. Und wenn Politiker tatsächlich etwas Verwerfliches getan haben, dann werden sie nicht als »schwarze Schafe«, sondern als typisch für die politische Klasse hingestellt. So kommt die Demokratie als Staatsform in Verruf.

In ruhigen, »normalen« Zeiten ist das so gesäte Misstrauen nicht gefährlich. Wenn also über Politik und Politiker viel geschimpft und gelästert wird, dann gehört das einfach zum öffentlichen Leben und muss nicht allzu ernst genommen werden. In wirtschaftlich schlechter werdenden Zeiten kann jedoch die Saat des Misstrauens als vergiftete Frucht aufgehen. Denn Misstrauen gegen die Demokratie und ihre Institutionen (»korrupte Quasselbude ...«) ist genau das, was ein in Wirtschaftskrisen auftretender Demagoge braucht, um schnell Anhänger um sich zu scharen, die nach Patentrezepten suchen.

Die Parteien beklagen einen dramatischen Schwund an Wahlbeteiligung und Mitgliedern. Sie versuchen, die nachlassende Bindewirkung ihrer Inhalte zu kompensieren, indem sie sich für die verschiedenen Interessen- und Wählergruppen attraktiver machen. Als Ersatz für politische Programmatik und Glaubwürdigkeit fliehen sie in eine Verflachung und Personalisierung der Politik. Politiker wissen, dass sie nicht über die Köpfe ihrer potenziellen Wähler hinweg werben dürfen, wenn sie erfolgreich sein wollen. Sie versuchen deshalb, die Politik dem Bürger so weit wie möglich als Event nahezubringen. Mit all diesen Manövern verstärken sie jedoch nur den Trend unter den Wählern, sich von der Politik abzuwenden. Denn die Menschen spüren die Hilflosigkeit der Politiker in zentralen Entscheidungsfeldern.

Die folgenden drei typischen Wählergruppen unterscheiden sich in ihren Unzufriedenheiten und in ihrer Ansprechbarkeit grundsätzlich voneinander.

Die *erste Gruppe* besteht aus der kleinen Schar der schon immer politisch engagierten Bürger, zu denen auch die Parteimitglieder zählen. Die Mitglieder dieser Gruppe haben eine relativ klare Vorstellung von politischen Zielen und von den Wegen, wie diese Ziele erreicht werden sollen. Die meist aus der Mittelschicht kommenden Angehörigen dieser Gruppe gehören überwiegend nicht zu den Menschen, die selbst von Arbeitslosigkeit und ernsthaften Existenzsorgen betroffen sind. Sofern sie einer Partei angehören, bringen sie entweder ihren Unwillen über angeblichen oder tatsächlichen »Verrat« an den gewohnten Grundsätzen ihrer jeweiligen Partei zum Ausdruck oder sie folgen ganz einfach dem allgemeinen Trend, sich an keine Organisation mehr zu binden. Also kehren sie ihrer Stammpartei den Rücken, was diese natürlich beunruhigt. Die politisch engagierten Bürger fordern von den Politikern eine Übereinstimmung von Programm und politischem Handeln. Allerdings divergieren die Vorstellungen vom »richtigen« Programm innerhalb dieser Gruppe erheblich.

Die *zweite Gruppe* besteht zum großen Teil aus der meist schweigenden, eher unpolitischen Mehrheit: den Wählern und Nichtwählern, denen es unter den bestehenden Bedingungen relativ gut geht und die im politischen Hickhack ihr Augenmerk nur darauf richten, ob ihre persönliche Interessenlage durch eine anstehende politische Entscheidung positiv oder negativ berührt wird. Ihr Desinteresse an der sonstigen Politik rührt daher, dass in ihren Augen »die da oben« (die politische und wirtschaftliche Elite) ihre Sache im Großen und Ganzen gut genug machen, sodass sich eine persönliche Einmischung nicht lohnt. Dieser Gruppe gehören vorwiegend die wohlsituierten Angehörigen der Mittelschicht an.

Die *dritte Gruppe* besteht ebenfalls aus einem großen Teil der meist schweigenden, eher unpolitischen Mehrheit: allerdings den Wählern und Nichtwählern, deren materielle Situation weniger gut abgefedert ist und die unter Arbeitslosigkeit, prekären Beschäftigungsverhältnissen und Armut leiden oder unter der Angst vor dem Verlust ihres Arbeitsplatzes. Sie gehen (noch) nicht protestierend auf die Straße. Auch wenn sie sich nicht um die alltäglichen politischen Debatten kümmern, sind sie doch auf elementare Weise an der Funktionsfähigkeit der Demokratie interessiert, speziell am Funktionieren der Wirtschaft und an der Leistungsfähigkeit des Sozialstaates. Es steigt ihre Enttäuschung über einen Staat, der nichts gegen ihre Not unternehmen will oder kann. In ihnen wächst das Gefühl, dass die politischen und wirtschaftlichen Eliten des Landes kein echtes Interesse an wirkungsvollen Lösungswegen haben – vielleicht deshalb nicht, weil solche Lösungen für die Reichen zu schmerzhaft wären und daher von diesen blockiert werden.

In einer Wirtschaftskrise schmilzt die Zahl der Mitglieder der zweiten Gruppe zugunsten derjenigen der dritten Gruppe. Es kommt sehr stark auf die Größenordnung dieses »Abschmelzens« an, ob und wie sehr die Zufriedenheit mit der Demokratie wegbröckelt. Eine Bevölkerung, die vom Wohlstandsverlust bedroht ist, lässt sich nicht mehr abspeisen mit dem Hinweis, die bestehende neoliberale Wirtschaftsordnung sei ohne Alternative.

Die schon bestehende Verdrossenheit in Bezug auf Politiker, Parteien und Institutionen wird bei weiter zunehmender Kluft zwischen Arm und Reich immer mehr um sich greifen – eine Einladung an Demagogen, die es verstehen, diese Unzufriedenheit wie Wasser auf ihre Mühlen zu leiten.

Die Strategie »Brot und Spiele« haben schon die Eliten im alten Rom angewendet, um das Volk zu beruhigen und ihre eigenen Interessen ungestört voranzubringen. Sie haben nicht nur Spiele geboten, sondern wussten sehr wohl, dass sie sich keine hungernden Menschen leisten konnten. Wenn in unserer heutigen Zeit in den Medien die drückenden Probleme mehr oder weniger verharmlost oder totgeschwiegen werden und stattdessen dem Publikum eine Scheinwelt der Reichen und Schönen vorgegaukelt wird, dann geht das nur so lange gut, wie sich die Verlierer der Verhältnisse nicht zur Wehr setzen. Wenn das aber der Fall ist, wird der Funke des Aufstands überspringen. Die von der Politik der Eliten verratenen Bevölkerungsgruppen werden auf massive Weise ihr Recht auf Teilnahme und Teilhabe einfordern. Die an der Aufrechterhaltung demokratischer Rechte interessierten Kräfte in unserer Gesellschaft dürfen es nicht so weit kommen lassen.

Obwohl es in Deutschland (und nicht nur hier) bereits seit vielen Jahren eine beträchtliche Massenarbeitslosigkeit gibt und die noch verfügbaren Arbeitsplätze zu großen Teilen nur geringe Löhne abwerfen, immer höhere Anforderungen stellen und zugleich unsicherer werden, herrscht in der Gesellschaft bei der Mehrheit der Bevölkerung noch Zufriedenheit »im Großen und Ganzen« vor. Man erkennt zwar, dass das Leben härter und unsicherer geworden ist, hält das aber angesichts der wirtschaftlichen Globalisierung für unvermeidbar – und hofft auf den nächsten Konjunkturaufschwung.

Zur stillschweigenden Akzeptanz eines Zustands der Angst, Unsicherheit und Ratlosigkeit tragen die Medien bei, die zwar unermüdlich Kritik an vielen Aktionen der Regierungspolitik üben, die jedoch den Kern des Übels möglichst wenig ansprechen: die Massenarbeitslosigkeit und Armut einer wachsenden Zahl von Menschen. Die davon unmittelbar betroffenen Menschen bleiben eher im Verborgenen. In den Medien geben stattdessen Personen den Ton an, die selbst nicht von Arbeitslosigkeit bedroht sind und eher zur Gruppe der Saturierten gehören.

Die Mehrheit der Bevölkerung, so ist zu vermuten, wird erst dann nicht nur wie gewohnt nörgeln, sondern aufwachen und sich laut Gehör verschaffen, wenn sie das Gefühl überkommt, dass ihre wirtschaftliche Existenzgrundlage ins Schwanken gerät; wenn der einzelne Erwerbslose sich nicht mehr isoliert fühlt, sondern als Teil einer großen Menge gleichermaßen Betroffener, und wenn diese Menge die weitverbreitete Vorstellung nicht mehr teilt, das gesellschaftliche Problem der Massenarbeitslosigkeit sei nichts anderes als das Problem von Einzelnen, die auf dem Arbeitsmarkt gescheitert sind, weil sie nicht genug Leistung gebracht haben.

Die hier angedeutete Reaktion auf die Krisensituation wird dann hochkochen, wenn große Teile der Mittelschicht von der Angst vor drohender materieller Not getrieben werden. Wenn die bisher als verlässlich geltende Funktionsfähigkeit der sozialen Marktwirtschaft plötzlich versagt, dann wird mit aller Energie ein Ausweg gesucht werden.

Es fragt sich allerdings, wo eine Alternative gesehen wird: in einer grundlegenden Veränderung unseres Wirtschaftens im Rahmen der Demokratie – Primat der Politik – oder in der absoluten Herrschaft der Wirtschaftselite – Primat des Marktes.

Es kann aber auch ganz anders kommen: statt eines eruptiven Aufbegehrens zunächst eine Angststarre und dann die Bereitschaft der Bevölkerung, die Diktatur der Wirtschaftselite hoffnungsfroh zu begrüßen oder wenigstens zu akzeptieren. Diese Diktatur nähert sich nicht mit Pauken und Trompeten, sondern auf Samtpfoten. Die Gefährlichkeit dieses schleichenden Prozesses wird am Ende des Buches (»Wir sind keine Frösche – eine Schlussbemerkung«) angedeutet.

## *Die selbstbewusste Mittelschicht ist nicht wehrlos*

Die Bevölkerung ist in hohem Maße leidensfähig. Millionen von Arbeitslosen und Armen bedeuten noch keine Bedrohung für den demokratischen Staat, solange diese Menschen ihre Situation ergeben hinnehmen. Das konnte man bisher in Deutschland vor allem bei den Bevölkerungsteilen beobachten, die zur Unterschicht gezählt werden. Vor allem die Bezieher niedriger Einkommen sind bisher von der Massenarbeitslosigkeit erfasst worden, weil diese Personengruppe sowohl von der Verdrängung menschlicher Arbeit durch Maschinen zwecks Erhöhung der Produktivität als auch von der Auslagerung der arbeitsintensiven Industrieproduktion in Billiglohnländer am meisten betroffen war. Die Erfahrung zeigt, dass gerade in einer Konsum- und Leistungsgesellschaft wie der unsrigen die aus Arbeit und Konsum ganz oder weitgehend ausgeschlossenen Teile der Bevölkerung stillhalten, weil sie sich oft selbst die Schuld an ihrer Lage geben.

Es gibt eine große gesellschaftliche Gruppe, die das ihr von einer falschen Politik auferlegte Schicksal anhaltender Arbeitslosigkeit und unsicherer Zukunft nicht hinnehmen wird: Das sind die gut ausgebildeten Teile der Mittelschicht. Ihr in der Ausbildung und im Arbeitsprozess erworbenes Selbstbewusstsein ist zu stark, um bei Arbeitslosigkeit oder prekärer Beschäftigung verloren zu gehen. Dieses Selbstbewusstsein ist eine notwendige Voraussetzung, um sich offen aufzulehnen und auf einer Kursänderung zu bestehen.

Wie Peter Plöger in seinem Buch »Arbeitssammler, Jobnomaden und Berufsartisten. Viel gelernt und nichts gewonnen?« (2010) feststellt, sind von den prekären Arbeitsbedingungen nicht nur Geringqualifizierte betroffen, sondern in zunehmendem Maße auch gut ausgebildete, motivierte und leistungsfähige Hochqualifizierte, die sich dennoch nur durchwursteln, ohne wirklich Fuß fassen zu können. Andere Hochqualifizierte akzeptieren Festanstellungen, die nichts mit ihrer Ausbildung zu tun haben. Sie arbeiten unter ihrem Ausbildungsniveau und erzielen nur ein geringes Einkommen. Über diese Situation können auch die Meldungen über einen angeblichen Fachkräftemangel (der sich auf hoch spezialisierte und ausbildungsintensive Berufsanforderungen bezieht) nicht hinwegtäuschen.

Eine geschichtlich orientierte Studie des Soziologen Berthold Vogel, die 2009 vorgelegt wurde, trägt den Titel: »Wohlstandskonflikte. Soziale Fragen, die aus der Mitte kommen«. Die Mittelschicht hat sich in den Jahrzehnten nach dem Zweiten Weltkrieg enorm ausgeweitet. Die Einkommen stiegen in dieser Zeit deutlich an. Auch der Sektor der öffentlichen Beschäftigten wuchs erheblich. Viele qualifizierte Arbeitsplätze entstanden. In der Industrie gelang zwischen 1950 und 1970 etwa der Hälfte aller Beschäftigten der Aufstieg vom Industriearbeiter zum Techniker, Industriemeister oder Ingenieur. Die Stellen mit gut bezahlter Arbeit waren in allen Branchen sicher und die Karrieren berechenbar. Vor dem Hintergrund dieser Erfahrung von Dynamik und Stabilität lässt sich die Verunsicherung der Mittelschicht verstehen, die durch die Veränderung der wirtschaftlichen Verhältnisse seit den 1980er-Jahren um sich greift und ständig zunimmt. Berthold Vogel spricht von der Verwundbarkeit von Lebensentwürfen. »Die Mitte der Gesellschaft erlebt sich als gefährdet durch Kräfte, auf die sie kaum einwirken kann. Aus dem sorgenden Staat ist der gewährleistende geworden, der noch die Minimalhilfe bereitstellt, doch keine Statusabsicherung mehr bietet.«

Niemand weiß heute, wie tief greifend sich die Verschuldungen der Staaten als Folge der Megafinanzkrise und die befürchtete Inflation auf die Angehörigen der Mittelschicht auswirken wird. Weitere Blasen des globalen Finanzmarktes und entsprechende Wirtschaftskrisen sind absehbar.

Noch vor Ausbruch der Finanz- und Wirtschaftskrise hat die Friedrich-Ebert-Stiftung im Jahr 2006 die Studie »Gesellschaft im Reformprozess« vorgelegt, die schon damals einen Eindruck davon gab, wie groß die Verunsicherung und Angst in der Bevölkerung ist – und das, obwohl ihr ständig eingeredet wurde, dass die neoliberalen »Reformen« zu ihrem Besten seien. Fast zwei Drittel (63 Prozent) der Befragten gaben an, die gesellschaftliche Entwicklung mache ihnen Angst. Die Hälfte glaubte, dass sie ihren Lebensstandard in Zukunft nicht wird halten können. Ähnliche Ergebnisse erbrachten auch Studien in anderen Ländern. Die Studie hat aufgezeigt, dass und in welchem Ausmaß die Angst vor dem sozialen Abstieg in der Mittelschicht angekommen ist. Sie hat inzwischen weiter zugenommen.

Im Februar 2010 hat das Deutsche Institut für Wirtschaftsforschung (DIW) die Studie »Polarisierung der Einkommen: Die Mittelschicht verliert« vorgelegt. 60 Prozent der Deutschen zählen gegenwärtig zur Mittelschicht, vor zehn Jahren waren es noch 66 Prozent. Die Studie warnt vor dem sozialpolitischen Problem einer schrumpfenden Mittelschicht. Beim unteren Teil der Mittelschicht bestehe die Gefahr von »Statuspanik« – die Angst vor dem Abstieg in die Unterschicht. »Gerade bei den mittleren Schichten, deren Status sich auf Einkommen und nicht auf Besitz gründet, besteht eine große Sensibilität gegenüber Entwicklungen, die diesen Status bedrohen.« Die mittlere Einkommensgruppe sei, so stellen die Wissenschaftler fest, der Verlierer des vergangenen Jahrzehnts. Dagegen haben die Gutverdiener ein exzellentes Jahrzehnt hinter sich – mit rasant steigenden Gehältern und sinkenden Steuersätzen.

Peter Fahrenholz beschrieb schon am 20. November 2006 in einem Leitartikel der *Süddeutschen Zeitung* realistisch die unsichere Lage des Arbeitnehmers: »Die Politik unterschätzt das Ausmaß der Angst und des Zorns. Längst sind davon nicht mehr nur Randgruppen der

Gesellschaft betroffen, was schlimm genug wäre. Heute ist der Kern der Gesellschaft bedroht, weil es jeden treffen kann. Den BenQ-Mitarbeiter, den Telekom-Ingenieur, den Allianz-Sachbearbeiter, den Bankkaufmann. Selbst Firmen, die schwarze Zahlen schreiben, sind nicht mehr sicher; sie werden einfach in ein billigeres Land verlagert. So wird die Mittelschicht destabilisiert. Für eine demokratische Gesellschaft ist das eine Katastrophe; denn eine intakte Mittelschicht ist der Kitt, der alles zusammenhält.«

Eine Bevölkerung, die sich keine funktionierende Alternative zur miserablen Situation vorstellen kann, ist leidensfähiger als eine Bevölkerung, die eine Alternative kennt. Die Gefahr mangelnder Akzeptanz der neoliberalen Wirtschaftsordnung durch eine unzufriedene Mittelschicht haben die Lobbyisten der Wirtschaft seit Langem erkannt. Daher werden seit Jahren Kampagnen durchgeführt mit dem Ziel, die neoliberale Globalisierung als alternativlos erscheinen zu lassen. Dabei wird ganz bewusst eine Differenzierung zwischen wirtschaftlicher und kultureller Globalisierung vermieden, um die Kritiker »der« Globalisierung besser diskriminieren zu können. Denn kein vernünftiger Mensch stellt sich gegen die kulturelle Globalisierung (weltweiter Austausch von Wissen, von Informationen und kulturellen Ausdrucksformen).

## *Die Rechtfertigung von Demokratien hat sich gewandelt*

Aus der Geschichte wissen wir, dass die Demokratien aus autoritären Staaten hervorgegangen sind – sei es nach gewaltsamen oder nach gewaltlosen Aufständen der Bevölkerung gegen die jeweils herrschende Elite. Bei diesen Aufständen haben Proteste gegen materielle Missstände und das Streben nach geistiger Freiheit zusammengewirkt. Der Schritt von der Diktatur zur Demokratie war bisher stets mit der Hoffnung auf materielle Besserstellung der Bevölkerung verbunden. Denn in den »klassischen« Diktaturen wurden und werden die für ein erfolgreiches Wirtschaften erforderlichen Mindestfreiheiten der Unternehmen zu stark behindert. Eine Befreiung dieser Volkswirtschaften von ihren übertriebenen Fesseln wurde und wird daher mit einer erhöhten Wirtschaftsleistung belohnt. Das hat sich inzwischen geändert. Denn die ökonomische Überlegenheit der Demokratie ist im Blick auf die »modernen« Diktaturen nicht mehr selbstverständlich.

In den Jahrzehnten seit dem Fall der Mauer erleben wir, dass in autoritären Staaten wie China und Singapur das Wachstum des Bruttoinlandsprodukts steiler und von Krisen unabhängiger verläuft als in den alten Demokratien der etablierten Industrienationen. Der wirtschaftliche Erfolg hat sich von der Staatsform Demokratie entkoppelt und taugt daher nicht mehr zu deren Legitimation. Er kann sogar inzwischen als Argument gegen Demokratie ins Feld geführt werden. Am Beispiel Chinas und Singapurs wird im nächsten Kapitel dieser Gedanke vertieft.

Der Staat hat, wie weiter oben bereits ausgeführt wurde, einerseits die an ihn von seinen Bürgern herangetragenen Erwartungen zu erfüllen: Schutz vor Not, Willkür und Gewalt. Andererseits verlangt er von seinen Bürgern, dass sie sich seinen Regeln fügen. Er benötigt dazu in einer Demokratie ein hinreichend großes Machtpotenzial, um geeignete Maßnahmen zum Wohl der Allgemeinheit durchzusetzen. Dabei steht er in der Gefahr, diese Macht nicht für das allgemeine Wohl, sondern für die einseitige Durchsetzung von Interessen der herrschenden Elite zulasten der anderen Teile der Bevölkerung zu missbrauchen.

Die demokratischen Staaten Europas haben vom Glauben an das Gottesgnadentum der Herrscher Abschied genommen und an seine Stelle das Vertrauen in den aufgeklärten Volkswillen gesetzt. Wenn es keine »höhere« Autorität gibt, die nach unanfechtbaren Prinzipien und Regeln (niedergelegt in einem »heiligen Buch«) Macht ausübt, dann bleibt dem Staatsbürger nichts anderes übrig, als seine Geschicke in die eigene Hand zu nehmen. Und da es nicht »den« Staatsbürger gibt, sondern viele Individuen mit unterschiedlichen Lebensentwürfen und Interessen, müssen diese »Geschicke« im Sinne eines pluralistischen Gemeinwesens benannt, organisiert und geregelt werden.

Die Legitimation demokratischer Politik steht und fällt mit der Frage, ob sich die Marktkräfte dem Primat einer demokratischen Politik unterordnen lassen oder ob sie eine Eigendynamik entfalten, der die Politiker ausgeliefert sind.

So wie es im feudalistischen Staat die damalige Elite – Adel und Klerus – verstand, ihre Interessen als die Interessen des Ganzen darzustellen, so besteht auch im demokratischen Staat die Gefahr, dass die mächtigsten Gruppen den Staat für ihre eigenen Zwecke instrumentalisieren. Dafür suchen sie nach einer Legitimation, die sie nicht mehr aus der Religion ableiten können. In unserer neoliberalen Wirtschaftsordnung beruft sich die Wirtschaftselite auf eine Autorität, die in der heutigen Zeit relativ große Zustimmung erfährt: auf den freien Markt und seine Mechanismen, denen der Status von »Gesetzen« zugeschrieben wird. An dieser Deutung des Marktgeschehens haben die Wirtschaftseliten der neoliberalen Globalisierung ein fundamentales Interesse, weil sie darüber ihre Macht im Staat begründen.

Die meisten Bürger stellen sich auf den Standpunkt: Wenn die Vertreter der Wirtschaft erfolgreich dafür sorgen, den Wohlstand zu erhalten oder gar zu mehren, dann sollen sie ruhig auch das Sagen im Staate haben. »Warum sollen wir uns politisch engagieren, wenn alles ganz gut läuft?« Wer sich nicht für Politik interessiert, der fühlt sich auch nicht entmündigt durch Mächte, die vor und hinter den Kulissen die politischen Entscheidungen im Sinn ihrer Partialinteressen steuern. Wer an den Satz glaubt: »Was der Wirtschaft nützt, das nützt auch dem gesamten Gemeinwesen«, der überlässt gern den Wirtschaftsführern das Lenkrad.

## *China und Singapur – autoritär regiert und wirtschaftlich erfolgreich*

»Moderne Diktaturen« belegen, dass wirtschaftlicher Erfolg nicht auf eine demokratische Verfassung angewiesen ist. Die autoritäre Führung definiert das Wohl der Allgemeinheit, setzt es mit strengen Gesetzen durch und versucht, die Bevölkerung durch erzieherische Maßnahmen bei der Stange zu halten. Für diese Form autoritärer Macht, die sich in unterschiedlichen Facetten gern auch nationalistischer Töne bedient, gibt es zahlreiche Beispiele.

*China* ist ein Beispiel für einen autoritär regierten Staat, der wirtschaftlich erfolgreich agiert. Das Land hat sich Jahrzehnte erfolgreich gegen die Einflüsse der neoliberalen Wirtschaftsdoktrin abgeschirmt und konnte so vermeiden, mit seiner Wirtschaft in Abhängigkeit von den großen westlichen Wirtschaftsmächten zu geraten. Es werden keine freien Wahlen abgehalten. Eine kleine Gruppe ideologisch motivierter Personen – die Einheitspartei – bestimmt, wo es langgeht. Mit strengen Gesetzen werden dem freien Markt nur klar umgrenzte Spielräume gelassen.

Die chinesische Umweltpolitik ist ein Beispiel für autoritäre und Erfolg versprechende Regulierung. »Chinas ökologische Aufholjagd gleicht dem Goldrausch im Wilden Westen. Das Tempo ist halsbrecherisch« – trotz Wirtschaftskrise, meldet die *Süddeutsche Zeitung* am 27./28. Juni 2009. Chinas Zentralregierung fördert den Ausbau von erneuerbaren Energien. Damit können Unternehmen gute Gewinne erzielen. »Im Prinzip ist das gut, denn Solarenergie ist eine sinnvolle Sache. Allerdings werden die Bürger oft gar nicht gefragt, bevor sie zahlen müssen«, heißt es in dem Bericht.

Wolfgang Hirn beschreibt in seinem Buch »Herausforderung China« (2005) die gigantische wirtschaftliche Bedeutung dieser Großmacht mit ihrer »einmaligen Mischung aus Kapital, Know-how, jede Menge billiger Arbeitskraft und einem riesigen Markt«. 700 bis 800 Millionen Chinesen seien bereit, für zwei Dollar am Tag zu arbeiten. Ausländische Firmen würden angelockt, die von hier aus die Weltmärkte beliefern. »Die Verlagerung der Produktion (und Arbeitsplätzen) wird deshalb weiter zunehmen – zulasten der USA, Japans und Europas, deren De-Industrialisierung und Massenarbeitslosigkeit unaufhaltsam voranschreiten.« Bedrohlich sind für die westlichen Industrieländer nicht nur die schlecht ausgebildeten Billigarbeitskräfte, sondern auch die gut ausgebildeten und hoch motivierten Hochschulabsolventen, von denen in diesem Jahr (2009) 5,6 Millionen auf den Arbeitsmarkt drängen. So berichtet die *Süddeutsche Zeitung* in der oben zitierten Ausgabe. »Und weil auch schon in den vergangenen Jahren mehrere Millionen Akademiker keine Arbeit gefunden haben, sind jetzt bald mehr als zehn Millionen von ihnen arbeitslos.«

Die chinesische Führung wird von den Millionen arbeitsloser Menschen in den Export getrieben, der im eigenen Land Arbeit schafft. China ist inzwischen zur »Werkbank der Welt« aufgestiegen – mit enormen Exportüberschüssen, die dazu führen, dass in den alten Industrieländern massiv Arbeitsplätze abgebaut werden.

In seinem Buch »Weltkrieg um Wohlstand – Wie Macht und Reichtum neu verteilt werden« (2006) schildert Gabor Steingart, wie die asiatischen Staaten ohne Rücksicht auf die Bevölkerung um mehr Marktanteile kämpfen. »Der Westen wird bei Löhnen und Sozialstandards unterboten, sein in Jahrzehnten erworbenes Wissen oftmals gezielt abgesaugt. Die Folgen spüren wir täglich: Wanderten zuerst die einfachen Industriearbeitsplätze aus, gilt die neueste Angriffswelle dem Mittelstand und den Hightech-Jobs.«

Als Staatswirtschaftsland ohne unabhängige Gewerkschaften und Streikrecht ist China in der Lage, seine Arbeitskosten auf einem niedrigen Niveau zu halten, den Wechselkurs nach unten zu manipulieren und den Export noch zusätzlich zu subventionieren.

China ließ sich viele Jahre lang vom Westen industriell aufrüsten, indem es über Investitionen westlicher Unternehmen massiv Kapital importierte. China war klug genug, als Bedingung für diese Investitionen die Errichtung von technischen Entwicklungslabors in China vorzuschreiben. Der deutsche Wirtschaftsführer Jürgen Hambrecht (BASF) hat sich im Rahmen des Besuchs von Angela Merkel beim chinesischen Ministerpräsidenten Wen Jiabao über die »erzwungene Offenlegung von Know-how im Gegenzug für Investitionsentscheidungen« beklagt. China nutzte die Gewinnerwartungen westlicher Konzerne zum eigenen Vorteil. Mit massivem Technologietransfer aus dem Ausland und massiven Ausbildungsprogrammen zu Hause hat es China geschafft, eine wichtige Rolle im Welthandel und auf dem globalen Finanzmarkt zu erringen.

China ist inzwischen die drittgrößte Volkswirtschaft der Welt – nach den USA und Japan und vor Deutschland. Nicht nur westliche Unternehmen investieren in China, um die niedrigen Arbeitskosten dort auszunutzen, mit dem Ergebnis, dass mit billigen Einfuhren die an hohe Löhne und anspruchsvolle soziale Standards gebundene Wirtschaft des eigenen Landes einem Verdrängungswettbewerb ausgesetzt ist. Es läuft auch andersherum. Mit den aufgehäuften riesigen Devisenreserven kann China westliche Technologieunternehmen aufkaufen.

Längst sind die Zeiten vorbei, in denen der chinesische Export nach Deutschland aus Textilien und anderen Einfachprodukten bestand. Mehr als die Hälfte der Importe aus China sind heute Datenverarbeitungsgeräte, optische Erzeugnisse, Maschinen und elektrische Ausrüstungen (Statistisches Bundesamt: Struktur der Einfuhren aus China 2009). Die Machthaber in China haben sich als gelehrige Schüler der Neoliberalen erwiesen. Das zeigt sich auch am Auseinanderklaffen von Arm und Reich. Die Einkommensschere zwischen der breiten Masse und einer kleinen Schicht von Reichen öffnet sich immer weiter, wie die *Süddeutsche Zeitung* am 1. September 2010 unter Berufung auf offizielle chinesische Statistiken feststellt. Zu den Reichen gehören nicht nur die superreichen Unternehmer, sondern auch Parteikader sowie Angestellte und Manager großer Staatsbetriebe mit Monopolcharakter. Einem Bericht der Weltbank zufolge besitzt heute ein Prozent der Chinesen 41,4 Prozent des privaten Vermögens in ihrem Land.

Der chinesische Staat kann mit seiner autoritären Macht jeden Widerstand in der Bevölkerung brechen. Die Löhne und Arbeitsbedingungen haben ein Niveau, das zum Beispiel in Deutschland und anderen europäischen Industrieländern als unzumutbar gilt. Dieses Niveau nutzen europäische Unternehmen aus, die ihre in China produzierten Waren in Europa billig auf den Markt bringen.

Ohne Zweifel ist China zwar nicht hinsichtlich seiner sozialen und ökologischen Verhältnisse, jedoch hinsichtlich seiner wirtschaftlich rasanten Entwicklung ein Erfolgsmodell. »Den meisten Menschen in China ist die Demokratie egal«, sagt Wang Dan, einer von denen, die 1989 auf dem Platz des Himmlischen Friedens demonstriert haben und von denen Tausende zusammengeschossen worden sind. Er saß acht Jahre im Gefängnis und wurde dann in die USA abgeschoben, von wo aus er sich noch immer für Demokratie in China einsetzt (Zitat aus *SZ-Magazin* vom 19. Mai 2009).

Auch in seltener erwähnten Staaten wie *Singapur* finden wir real existierende Beispiele dafür, dass im Hinblick auf Wirtschaftskraft und Wachstum eine Diktatur erfolgreicher sein kann als eine Demokratie.

Die Politik des faktischen Einparteienstaates Singapur wird von der People's Action Party (PAP) beherrscht. Der als charismatisch geltende Lee Kuan Yew war über dreißig Jahre lang (1959-1990) Premierminister; seit 2004 hat sein ältester Sohn dieses Amt inne.

Bei Antritt der Regierung im Jahr 1959 und nach Erlangung der Unabhängigkeit im Jahr 1965 sah sich die Regierung von Singapur mit drückenden Problemen konfrontiert: Massenarbeitslosigkeit, Knappheit an Wohnraum und Rohstoffen, ethnische Konflikte. Während der Amtszeit Lee Kuan Yews wurde die Massenarbeitslosigkeit überwunden, eine leistungsstarke Wirtschaft aufgebaut und der durchschnittliche Lebensstandard der Bevölkerung deutlich erhöht. Innerhalb einer Generation hat Singapur den Sprung vom Entwicklungsland hin zu einer Industrienation geschafft. Der Stadtstaat gehört inzwischen auch zu den bedeutendsten internationalen Finanzplätzen. Die Regierung schätzt, dass die Wirtschaft in diesem Jahr (2010) um 13 bis 15 Prozent wächst – stärker noch als die chinesische.

Anna Marohn schreibt in der *Zeit* vom 9. September 2010: »Singapur ist das Paradebeispiel für asiatischen Erfolg, der ohne Demokratie nach westlichem Vorbild auskommt.« Sie zitiert einen Schweizer Banker: Der große Standortvorteil in Singapur sei die Effizienz, mit der hier gearbeitet werde. Und nebenbei bemerkt er: »Man wird hier nicht ständig von Wahlen abgelenkt.« Das Zitat lässt ahnen, dass die Wirtschaftselite aus demokratischen Ländern die in Singapur praktizierte Staatsform für vorbildlich hält.

Der Autoritarismus Singapurs ist durch Zwang »von oben« und begrenzten Pluralismus gekennzeichnet: Staatliche und parastaatliche Repressionsorgane dienen dazu, Kritik und Opposition zu unterdrücken. Politische Partizipation wird entweder unterbunden oder gesteuert. So etwa wird eine staatliche Lizenz verlangt, wenn mehr als drei Menschen öffentlich über Politik, Religion oder innere Angelegenheiten des Staates reden wollen. Printmedien, Fernsehen und Rundfunk sind staatlich kontrolliert. Die Medien unterliegen einer strengen staatlichen Zensur. Politisch »sensibles« Material ist verboten. Darüber hinaus führt der permanente staatliche Druck zur Selbstzensur – Schere im Kopf. Für die Berichterstattung ausländischer Korrespondenten gilt das Verbot, sich kritisch zur Regierungspolitik zu äußern.

Die *Zeit* berichtet von Dr. Chee Soon Juan, dem Generalsekretär der oppositionellen Singapore Democratic Party. »Mehrfach verbrachte Juan Wochen und Monate im Gefängnis, manchmal auch ohne Gerichtsverfahren, weil er öffentlich gegen die Regierung und die PAP rebellierte und auf seinem Recht auf freie Meinungsäußerung bestand. Der studierte Neuropsychologe wurde so oft zu hohen Geldstrafen verurteilt, dass er Privatinsolvenz anmelden musste und nun nicht mehr das Land verlassen darf.« Das Bild von seiner Heimat beschreibe er so: »Singapur ist wie ein goldener Käfig. Viele sehen das Gold, ich sehe die Stäbe.«

Als charakteristisch für Singapur gilt das Zusammenspiel aus staatlich-öffentlich kommunizierter Ethik, strengen Gesetzen, einem hohen Grad an Überwachung und geringer Korruption. Hohe Strafen gibt es schon für kleine Delikte. Essen, Trinken und Rauchen in öffentlichen Verkehrsmitteln werden zum Beispiel mit 5000 Singapurdollars (SGD) geahndet. Für eine Lüge muss der Ertappte 2000 bis

10 000 SGD (1 SGD entspricht ca. 1,7 Euro) bezahlen. Auch die Prügelstrafe wird angedroht und vollzogen.

Singapur ist der Form nach zwar eine parlamentarische Republik, in der Wahlen abgehalten werden, jedoch kann von »freien« Wahlen angesichts staatlich gesteuerter Medien und angesichts der Repressionen gegenüber oppositionellen Kräften nicht die Rede sein. Trotz dieser Unterdrückung scheinen große Teile der Bevölkerung mit der Diktatur zufrieden zu sein. Darauf weisen die großen Wahlerfolge der PAP hin, die – obgleich nicht unter freien und demokratischen Bedingungen abgehalten – eine gewisse Aussagekraft besitzen. Der Hauptgrund für die Wahlerfolge ist in den wirtschaftlichen Erfolgen der Regierung zu finden. Die Zufriedenheit mit der guten materiellen Versorgung der Bevölkerung sichert der PAP die Macht.

Die Regierung Singapurs hat ihren wirtschaftlichen Kurs in besonderer Weise nach der neoliberalen Wirtschaftsdoktrin ausgerichtet und setzt vor allem auf den Export von Gütern und Dienstleistungen. Der Stadtstaat zählt zu den Volkswirtschaften in der Welt, die am meisten die Deregulierung der Märkte und die Privatisierung der öffentlichen Daseinsgrundfunktionen vorangetrieben haben. Gleichzeitig sichert sich der Staat eine starke Stellung. Dies kommt nicht nur in dem stark regulierten Wohnungsmarkt zum Ausdruck, sondern auch im staatlichen Einfluss auf alle Lebensbereiche, die direkt und indirekt mit der Wirtschaftsentwicklung zusammenhängen. Der Staat setzt seine starke Stellung dafür ein, den Marktkräften zu dienen, indem er der Wirtschaft möglichst gute Bedingungen schafft und so die internationale Wettbewerbsfähigkeit des Standorts fördert.

Christoph Schemel hat in seiner Magisterarbeit »Maßnahmen zur Förderung des Wirtschaftswachstums in Singapur« (2010) Beispiele für die Wirtschafts- und Gesellschaftspolitik der PAP-Regierung zusammengetragen. In dieser Arbeit werden die folgenden Beispiele aus der Wirtschaftspolitik (Regeln, Investitionsförderung, Lohnpolitik, Renten) und aus der Gesellschaftspolitik (Bildung, Werteerziehung, Identität, Demografie) erwähnt:

- Die Regierung nimmt eine planende Rolle ein, bekennt sich aber zu einem freien Unternehmertum, das sich an staatliche Regeln zu halten hat.
- Während zunächst arbeitsintensive Industrien gefördert wurden, fand mit dem Anstieg der Löhne eine Neuausrichtung auf wissensbasierte Industrien statt.
- Die stark auf multinationalen sowie staatlichen Unternehmen basierende Wirtschaftsstruktur erhöhte die Möglichkeiten der Regierung, die Entwicklung der Wirtschaft zu kontrollieren und zu lenken.
- Mithilfe des National Wages Council steuerte die Regierung einem schnellen Anstieg der Löhne entgegen, um eine Verschlechterung der Wettbewerbsposition zu verhindern.
- Die Gewerkschaften wurden aufgelöst und in einer regierungstreuen Dachorganisation zusammengefasst, um Streiks zu verhindern und die Löhne auf einem Niveau zu halten, das die Wettbewerbsfähigkeit des Standorts nicht gefährdet.
- Die Erwirtschaftung hoher Ersparnisse mithilfe von Steuern, aus den Gewinnen der staatlichen Unternehmen sowie den Beiträgen zum CPF-Fund (Pflicht-Rentensystem nach dem Vorsorgereserve-Prinzip) ermöglichte es der Regierung, infrastrukturelle Investitionen zu tätigen, mit denen vor allem die globale Wettbewerbsfähigkeit der Unternehmen verbessert wurde.
- Ein relativ großer Teil des staatlichen Budgets fließt in die Ausbildungsinstitutionen (größter Posten im Haushalt). Ein nationaler Lehrplan sorgt für eine Ausbildung, die den Anforderungen des Marktes gerecht wird.
- Nationale Wertekanons und die Vermittlung dieser Werte in den Ausbildungsstätten zielen darauf ab, die Effektivität des Einsatzes der Bewohner als Arbeitskräfte zu erhöhen. Dazu gehört auch die besondere Betonung des Leistungsprinzips (im Sinne der »normierenden Sanktion« nach Michel Foucault).
- Während die Belohnungen innerhalb des Bildungssystems nach Leistung erfolgen, ist der Zugang zu gut bezahlten Arbeitsplätzen de-

terminiert: ökonomisch aufgrund hoher Studiengebühren (Privatisierung der Bildung) und biologisch infolge früher Auslese allein nach dem Intelligenzquotienten.

- Mit dem Bildungsprogramm »Religiöses Wissen« wird versucht, religiöse Vorstellungen in die offizielle Staatsideologie zu integrieren. Von allen konfessionellen/religiösen Institutionen wurde zum Beispiel verlangt, dass sie zur »Unterstützung der Marktwirtschaft« beitragen. So heißt es in einem regierungsamtlichen Schulbuch im Rahmen dieses Programms: »Bei unserem Streben nach größerer Produktivität müssen vor allem zwei Faktoren berücksichtigt werden: das Management menschlicher Beziehungen und eine gute Einstellung gegenüber der Arbeit …«
- Die Regierung etabliert eine nationale Identität, um zur Mobilisierung der Ressource Arbeitskraft beizutragen. Für das »Überleben der Nation« sollen individuelle Interessen hintangestellt werden. Die nationale Identifikation wird mithilfe zielorientierter (also zurechtgestutzter) Geschichtsdarstellungen sowie durch das Aufstellen gemeinsamer Werte und Symbole vorangetrieben.
- Gezielt versucht die Regierung, die Geburtenrate von Personen mit hoher Ausbildung zu steigern. Im »Graduate-Mother-Programm« beispielsweise werden Mütter mit hohem Bildungsabschluss, die mehr als drei Kinder bekommen, finanziell belohnt. Im staatlich organisierten »Dating« (Kennenlerntreffen) werden Personen zusammengeführt mit dem Ziel späterer Heirat. Die Teilnehmerschaft an diesen Kursen steht nur gut ausgebildeten Angestellten des öffentlichen Dienstes und der großen multinationalen Unternehmen offen.

Zusammenfassend ist im Hinblick auf Singapur festzuhalten: Dieser Staat ist ein Beispiel für ein politisches Gemeinwesen, in dem die Politik fast ausschließlich darauf ausgerichtet ist, die Wettbewerbsfähigkeit des Standorts zu stärken. Der Gedanke der internationalen Wettbewerbsfähigkeit beeinflusst nicht nur die gemeinhin als Wirtschaftspolitik definierten Bereiche staatlichen Handelns, sondern dominiert auch die Politik in den Bereichen der Bildung, der Werteerziehung, der nationalen Identitätsbildung und der Familienplanung. Die wirtschaftliche Verwertbarkeit steht als Leitidee hinter allen vom Staat beeinflussten Erscheinungen des Lebens in Singapur.

Was lehren uns die Beispiele China und Singapur? Sie lassen erkennen: Wohlstand ist nicht mehr ein typisches Charakteristikum von Demokratien, sondern kann auch im Rahmen von Diktaturen entstehen. Autoritäre Politik hält die Bevölkerung gezielt in der Unmündigkeit. Die strikte und kompromisslose Anpassung der Politik an die Erfordernisse des Marktes gehen zulasten von Freiheit und Selbstbestimmung. Belohnt wird diese Anpassung mit wachsender Wirtschaftskraft und relativ hohem Wohlstand.

Der Blick auf diese autoritär regierten Staaten macht deutlich, dass der eigentliche Wert einer Demokratie nicht am Maßstab wirtschaftlicher Effizienz, sondern an Kriterien der Menschenwürde zu messen ist. Allerdings hängt die Zufriedenheit und Akzeptanz der Bevölkerung sowohl in autoritär als auch in demokratisch regierten Staaten in ganz besonderem Maße davon ab, ob es den Regierungen gelingt, Wohlstand zu schaffen beziehungsweise zu erhalten.

Wie bereits ausgeführt, ist damit zu rechnen, dass eine Demokratie die Zustimmung der Mehrheit verliert, wenn sie nicht in der Lage ist, die materielle Sicherheit der Bevölkerungsmehrheit zu gewährleisten. Das folgende Kapitel beschreibt, was uns in Deutschland erwartet, wenn sich unsere Demokratie in eine Wirtschaftsdiktatur verwandelt.

## *Wollen wir den autoritären Wirtschaftsstaat? Ein Szenario*

In Deutschland und anderen westlichen Industrieländern liegt die Gefahr einer Wirtschaftsdiktatur weniger in einer Machtergreifung, die mit einem Paukenschlag – etwa einer Revolte oder einem Militärputsch – eingeleitet wird, sondern in einer schleichenden, für die meisten Bürger unmerklichen Eroberung des politischen Raumes, der nach außen hin weiterhin sein demokratisches Mäntelchen trägt.

Es geht um eine schleichende »Umwertung der Werte«, um die allmähliche Veränderung des Denkens und der Sprache. Am Schluss hat dann die Effizienz als alleiniger Maßstab politischen Handelns alle anderen Werte in unserer Gesellschaft verdrängt.

Unserer Demokratie ist durch eine autoritäre Wirtschaftsmacht gefährdet, die es sich schließlich wird leisten können, auf jegliche demokratische Verschleierung und Relativierung zu verzichten und ganz offen und kompromisslos ihr Handeln an den Gesetzen des Marktes auszurichten. Dabei wird sie sich die Bevölkerungsmehrheit über das Wohlstandsversprechen gewogen halten. Das funktioniert auch mit einem Mehrparteiensystem.

Was würde geschehen, wenn die schon heute mächtige Wirtschaftselite über die absolute Macht im Staate verfügte? Worin besteht der allein auf die ökonomische Effizienz zielende autoritäre Charakter der Herrschaft einer Wirtschaftselite? Das folgende *Zukunftsszenario* versucht darauf eine Antwort zu geben.

Die Gesetze des Marktes werden in der veröffentlichten Debatte als unumstößlich und zwingend dargestellt – vergleichbar mit Naturgesetzen, denen sich jeder anzupassen hat, der nicht untergehen will. Die Standortgunst des eigenen Landes und seine Bedrohung durch andere Volkswirtschaften im globalen Wettbewerb beherrscht die öffentliche Debatte. Jedes Pochen auf den Primat der Politik gegenüber wirtschaftlichen Interessen wird als naiv abgestempelt, zum Beispiel wenn bei Gesetzesvorhaben Werte wie Solidarität mit wirtschaftlich schwachen Personengruppen oder die Rücksicht auf die Natur in Konflikt mit den Forderungen der Wirtschaftselite geraten. Die Unternehmerverbände setzen sich regelmäßig mit dem Argument durch, die Wettbewerbsfähigkeit des Standorts sei gefährdet, sofern ihre Forderungen nicht vollständig erfüllt werden.

Wenn mehr als drei Menschen in der Öffentlichkeit – etwa auf Straßen, Plätzen oder in Gasthäusern – über Politik sowie über Fragen zum Verhältnis von Wirtschaft und Gesellschaft reden wollen, müssen sie sich vorher eine staatliche Genehmigung holen. Diese wird davon abhängig gemacht, dass die Weisheit des freien Marktes nicht infrage gestellt wird. Sonst seien die »Grundlagen der staatlichen Ordnung« bedroht.

Damit sich nicht trotzdem eine substanzielle Opposition entwickeln kann, besteht ein dichtes Netz der Überwachung. Auf diese Weise kann jeder Versuch im Keim erstickt werden, die öffentliche Meinung auf Kritik an der Macht der Wirtschaftselite einzustimmen. Solche Versuche gelten als subversiv. Sie sind unter den Bezeichnungen »Aufwiegelung der öffentlichen Meinung gegen den Staat« und »Hinführung zum Terrorismus« gesetzlich verboten und mit hohen Strafen belegt.

Die ungeschminkte Eliminierung der Demokratie – die Aufgabe des Primats der Politik und der freien Meinungsäußerung – wird selbst von einst kritischen Intellektuellen schulterzuckend hingenommen. Denn auch sie sind davon überzeugt, dass angesichts des extrem hohen Wettbewerbsdrucks, unter dem unsere Volkswirtschaft stehe, die Unternehmen unter allen Umständen für den Weltmarkt fit gehalten oder gemacht werden müssten. Anders könne der Abstieg in die materielle Not der Bevölkerung, insbesondere der Mittelschicht, nicht abgewendet werden. Öffentliche Debatten würden den Wirtschaftsstandort nur schwächen.

Die im Lande noch ansässigen Konzerne haben ihre industriellen Produktionsstätten fast vollständig in Länder mit sehr günstigen Wettbewerbsbedingungen ausgelagert – in Länder, die Unternehmen von sämtlichen Steuern und Umweltauflagen befreit haben und mit sehr niedrigen Löhnen locken können. Die nationale Wirtschaftselite unternimmt Schritte, diese Entwicklung umzudrehen, indem sie im eigenen Land eine Politik mit dem Ziel betreibt, sich den wirtschaftsfreundlichen Bedingungen der konkurrierenden Standorte anzupassen.

Die Wirtschaftselite muss ihre absolute Herrschaft nicht rechtfertigen, denn ihre Protagonisten verstehen es, ihre Steuerungsmacht nur im Hintergrund auszuüben – in Expertenzirkeln, von denen die Politik beraten wird. Das ist erst nach sorgfältigen Vorbereitungen gelungen, die einer langfristigen Strategie folgten. Diese Strategie wird im Folgenden knapp skizziert:

Wirtschaftswissenschaftliche Lehrstühle an den Universitäten wurden systematisch mit Leuten besetzt, die eine marktradikale Lehre vertreten. Diese Lehre lief auf die »Erkenntnis« hinaus, die Welt sei zu komplex, als dass sie vom menschlichen Verstand begriffen und sinnvoll gesteuert werden könnte. Eine »unsichtbare Hand«, die einer »höheren« (vom Menschen nicht verstehbaren) Vernunft folgt, stehe hinter allem Marktgeschehen und diene einer »höheren« Ordnung, die irgendwann zum Wohl der ganzen Menschheit führe. Der freie Markt sei das Instrument dieser Ordnung. Daraus folgt: Wenn Politiker das Marktgeschehen mit Regelungen in eine bestimmte Richtung lenken wollen, um zum Beispiel den erwirtschafteten Reichtum anders zu verteilen, als es der Markt »will«, dann ist ihr Eingriff eine Störung der »höheren Ordnung«. Auch wenn die Politiker es gut meinten, schädigten sie also mit ihrem dilettantischen Tun das Wohl der Allgemeinheit. Die Gesetze des Marktes seien klüger als alle von Menschen ersonnenen Gesetze es sein könnten.

Die Wirtschaftselite dringt mit Verweis auf die Gesetze des globalen Marktes darauf, auf den Schutz regionaler Wirtschaftskreisläufe zu verzichten. Die globale Öffnung der Finanz-, Güter- und Dienstleistungsmärkte – der global ungeregelte Kapitalverkehr und der Freihandel – erzeuge Wohlstand für alle Menschen auf der Welt. Dem Staat falle die Aufgabe zu, den durch keinerlei Beschränkungen regulierten Güterverkehr und störungsfreie Finanztransaktionen über alle staatlichen Grenzen hinweg durchzusetzen. Er könne sich dadurch zwar nicht ganz überflüssig machen, jedoch wenigstens »gesundschrumpfen« auf einen »Nachtwächterstaat«, der den Schutz des Eigentums gewährleistet und ansonsten für Ruhe und Ordnung zu sorgen hat. Nur ein Staat, der seine Aufgabe allein in der Dienstleistung für die Wirtschaft sieht, sei in der Lage, den Wirtschaftsstandort im globalen Wettbewerb zu stärken und damit das Wohl der Allgemeinheit herbeizuführen.

Ein Beispiel für strategisch ausgerichtete Maßnahmen, die dieser Lehre zum Durchbruch verhalfen: Wirtschaftsunternehmen vergaben Stipendien an Studierende mit guten Abiturnoten und an hoffnungsvolle junge Wissenschaftler. Diese wurden in renommierten privaten Ausbildungseinrichtungen mit den »Erkenntnissen« der wirtschaftsfreundlichen Lehre gefüttert. Wenn sie sich in der perfekten Beherrschung dieser Lehre profiliert hatten, wurden sie auf wissenschaftliche Kongresse geschickt, wo sie zunächst vor allem von solchen Medien Beifall erhielten, die sich bereits vollständig in der Hand der Wirtschaftselite befanden. Selbst die öffentlichen Medien waren schließlich beeindruckt vom »wissenschaftlichen« Auftreten der Experten. Die marktradikale Lehre wurde nun auch in diesen Medien verbreitet. Nach einiger Zeit beherrschte sie die gesamte öffentliche Debatte.

Die Wirtschaftswissenschaften beanspruchen für ihre »Erkenntnisse« den Rang von naturwissenschaftlich gewonnenen Daten. Sie gelten nun als »bewiesen«, und wer ihnen widerspricht, der setzt sich dem Vorwurf aus, er verfüge entweder über zu wenig ökonomisches Fachwissen oder über einen nicht besonders leistungsfähigen Verstand. Wer sich außerhalb dieses Mainstreams noch zu Wort meldet, gilt als eine Person, die irrational verbohrt an überholtem Denken festhält. Sie wird milde belächelt oder spöttisch angegriffen, jedenfalls nicht ernst genommen.

Auch außerhalb der Fachdebatte weiß sich die Wirtschaftselite geschickt zu positionieren. Einige ihrer Vertreter profilieren sich in der Öffentlichkeit, indem sie als soziale Wohltäter und kulturelle Mäzene auftreten. Vor allem machen sie über die Medien positiv auf sich aufmerksam, indem sie sportliche Großereignisse und Spitzensportler fördern. Die Wirtschaftsverbände schreiben Wettbewerbe aus, um »die Besten« aus allen möglichen Lebensbereichen herauszufinden. Der Glanz der ausgewählten »Besten« strahlt auch auf die Wirtschaftsvertreter aus, die sich bei den vom Fernsehen übertragenen Preisverleihungen in liebenswürdiger Bescheidenheit neben (und nicht auf) das Siegerpodest stellen.

Staat und Kommunen befinden sich gegenüber der herrschenden Lehre hoffnungslos in der Defensive. Jeder Schritt in die Defensive – genauer gesagt: in die willige Übertragung staatlicher Aufgaben an private Unternehmen – wird in den Medien als »Reform« gefeiert. Als Reformen gelten nicht mehr Regelungen zur Verbesserung der Situation bisher unterprivilegierter Teile der Bevölkerung, sondern Maßnahmen, mit denen die Privatisierung, Deregulierung und Liberalisierung der Märkte vorangetrieben werden. Die Politiker aller Parteien denken nicht daran, sich den Wünschen der Wirtschaftselite zu verweigern, sondern wetteifern um deren Gunst. Von dieser Gunst allein hängen ihre Chancen ab, wiedergewählt zu werden.

Wenn zum Beispiel ein Unternehmen am Stadtrand einen für den Naturschutz sehr hochwertigen Lebensraum seltener Tiere und Pflanzen als Bauplatz für seine Montagehalle in Anspruch nehmen will, dann wird ihm das ohne Diskussion gestattet. Denn die Zerstörung des Biotops muss hingenommen werden, um die Wettbewerbsfähigkeit des Unternehmens nicht zu gefährden. Ein ökologisch unbedenklicher Bauplatz hätte das Unternehmen mit Kosten belastet. Ein anderes Beispiel: Die Zerstörung eines Naturschutzgebietes durch die Anlage eines Golfplatzes wird mit dem Argument genehmigt, es sei notwendig, dass die Geschäftsleute auf den ausgedehnten Rasenspielflächen ihrem wichtigen Bedürfnis nach Ruhe und ungestörten Kontakten nachgehen können.

Die Armut des Staates hat ungeahnte Ausmaße angenommen. Das hat mehrere Gründe. Einer davon ist, dass die öffentliche Hand auf alle Steuern verzichtet, die Unternehmen belasten. Die weiterhin vom Staat eingenommenen Konsumsteuern halten sich in engen Grenzen, weil wegen massenhafter Erwerbslosigkeit und herabgesetzter Löhne die Kaufkraft der Bevölkerung drastisch abgenommen hat. Die Gruppe der Besserverdiener wird in jeder Hinsicht »entlastet«. So etwa wird die Progression in der Einkommensteuer abgeschafft. Jedes Einkommen unterliegt dem gleichen Steuersatz. Diese Reform wird in den Medien als gerecht gefeiert.

Ein weiterer Grund für die Armut der öffentlichen Hand liegt darin, dass alle öffentlichen Einrichtungen, die einen Überschuss abwerfen könnten, privatisiert werden. Alle Sparkassen und Genossenschaftsbanken müssen in Aktiengesellschaften umgewandelt werden, ebenso sämtliche kommunalen Wohnungsgesellschaften, Wasser- und Elektrizitätswerke. Die Gewinne fließen nun nicht mehr in die öffentlichen Kassen, sondern in die Taschen der Investoren. Die höheren Preise (ehrfurchtsvoll als »Marktpreise« bezeichnet) belasten die Konsumenten. Sofern sie murren, wird ihnen vorgeworfen, am Ast zu sägen, auf dem sie gemeinsam mit den Unternehmern sitzen.

Als sehr ergiebige Geldquelle für die Konzerne erweist sich die Privatisierung sämtlicher Straßen und Wasserwege. Die öffentliche Hand muss sie preisgünstig verkaufen. Daher bringen der Staat oder die Kommunen diese Infrastrukturen an die Börse. Die Besitzer der Straßenaktien können mit den Mauteinnahmen hohe Renditen für das eingesetzte Kapital kassieren. Die öffentliche Hand konnte die Neubau- und Unterhaltskosten nicht mehr aufbringen und brauchte Geld, um ihre wichtigste Aufgabe erfüllen zu können: die Ausrüstung einer schlagkräftigen Polizei, die sich im Wettbewerb mit den privaten Sicherheitsdiensten zu behaupten hat. Die murrenden Autofahrer, die nun laufend Straßenbenutzungsgebühren entrichten müssen, werden darauf hingewiesen, dass sie froh zu sein haben, dass es jemanden gibt, der sich besser als der Staat um das Straßennetz kümmert. Es sei nicht mehr vertretbar, Leistungen in Anspruch zu nehmen, ohne die damit zusammenhängenden Kosten und Gewinne zu bezahlen. Die Steuermittel seien zu knapp, um sie dafür und für andere öffentlich genutzte Infrastrukturen zu verschwenden.

Auch die Deutsche Bahn wird nach einigem Hin und Her an die Börse gebracht. Der Staat will oder kann das Kapital, das für die Instandsetzung des Schienennetzes und für die Modernisierung von Bahnhöfen und Transportkapazitäten gebraucht wird, nicht mehr aufbringen – auch nicht das Kapital für die geplante Expansion in andere

Länder. Private Investoren haben sich gefunden, die ihr Kapital anlegen wollen. Sie haben die gesamte Bahn einschließlich der Schienen, der Immobilien und der Reserveflächen billig übernommen. Reichliche Gewinne werden seitdem erzielt. Denn alle nichtrentablen Strecken konnten stillgelegt und ehemalige Betriebsflächen teuer verkauft werden. Bahngesellschaften anderer Länder werden gewinnträchtig aufgekauft. Für sämtliche Leistungen für die Mobilität, die aus rein betriebswirtschaftlicher Sicht nicht erforderlich, jedoch zur Aufrechterhaltung des öffentlichen Lebens notwendig sind, lassen sich die Investoren von der öffentlichen Hand entschädigen, zum Beispiel ermäßigte Fahrkarten für Schulkinder und Rentner.

Auch die kommunalen Schulen und Krankenhäuser werden privatisiert. Die öffentliche Daseinsvorsorge wird von der veröffentlichten Meinung als kontraproduktiv verurteilt. Alle privatisierten Leistungen müssen hinreichend Gewinn abwerfen, sonst werden sie aus dem Angebot genommen. Nur noch die Nachfrage, die sich auf dem Markt behaupten kann, wird wahrgenommen. Zum Beispiel ist alle Kulturförderung eingestellt. Museen, Ausstellungen, Konzerte und alle anderen kulturellen Angebote müssen sich wirtschaftlich rentieren, sonst sind sie überflüssig – es sei denn, es finden sich private Sponsoren. Diese finden sich, indem zum Beispiel für einen auserwählten Kundenkreis kulturelle Veranstaltungen mit berühmten Künstlern durchgeführt werden.

In den Städten werden die Plätze und Einkaufsstraßen der Verfügungsgewalt der privaten Geldgeber unterstellt. Dadurch lassen sich alle den Verkauf eventuell störenden Elemente wie zum Beispiel Straßenmusikanten eliminieren. Das nicht auf Konsum gerichtete Interesse von Menschen an der Stadt gilt als kontraproduktiv. Städtische Plätze sind nicht mehr als öffentlicher Raum nutzbar. Auf ihnen ist zum Beispiel die Bestuhlung entfernt worden, auf denen sich Stadtbesucher früher kostenlos ausruhten. Solche Sitzgelegenheiten, so heißt es, halten die Stadtbesucher davon ab, ihr Geld in der Gastronomie auszugeben.

Städtische Grünanlagen, die ebenfalls inzwischen privatisiert sind, dürfen nur betreten werden, wenn dafür ein Eintritt entrichtet wird. Das Eintrittsgeld muss hoch genug sein, damit sich das eingesetzte Kapital der Investoren rentiert. Das gilt auch für Wälder am Stadtrand, die früher einmal der kostenlosen Naherholung gedient hatten.

Es hat Zeiten gegeben, in denen über die Begrenzung der Laufzeit von Atomkraftwerken debattiert wurde. Darüber kann man inzwischen nur noch lächeln. Zahlreiche neue Kernkraftwerke sind inzwischen gebaut worden. Es ist der Wirtschaftselite gelungen, der Bevölkerung die Angst vor dieser Technologie zu nehmen. Über mehrere Jahre hinweg haben Atomlobby-»Experten« fast täglich in allen größeren Medien neue Fortschritte der Kerntechnik gepriesen und alle Zweifler, die noch Unfallrisiken oder die Endlagerproblematik erwähnen, als unwissende »Berufsnörgler« an den Pranger gestellt. Wer immer noch davor warnt, dass die Strahlung der endgelagerten Brennelemente Tausende von Jahren die folgenden Generationen belaste, bekommt die Antwort zu hören: »Wir leben im Hier und Jetzt.« Wer mit seiner Zukunftsangst nicht klarkomme, solle zum Psychiater gehen und nicht versuchen, den gesellschaftlichen Fortschritt aufzuhalten.

Die Erschließung alternativer Energiequellen, insbesondere die Nutzung der Sonnenenergie, wird vonseiten der Wirtschaftselite befürwortet – allerdings nur in Form von Großanlagen (Beispiel »Desertec«). Denn sie lassen eine zentralisierte Versorgung durch Konzerne zu. Die Entwicklung dezentral nutzbarer Energiequellen wird abgebrochen. Denn die Dezentralität könnte die Möglichkeit der Kontrolle und der wirtschaftlichen Beherrschbarkeit des Energiemarktes durch die Energiekonzerne gefährden.

Die Rechtfertigung für all diese Privatisierungen und Zentralisierungen heißt ganz einfach: Der Markt kann es besser. Er sorgt für den effektivsten Einsatz der Mittel. Effizienz wird nach rein betriebswirtschaftlichen Kriterien bemessen. Soziale und ökologische Rücksichten beeinträchtigen diese Effizienz. Solidarität wird zum Unwort erklärt.

Für den Staat ist wirtschaftlicher Erfolg alles – und dieser Erfolg wird am Bruttoinlandsprodukt gemessen. Der Erfolgsmaßstab hat sich auch im privaten Bereich durchgesetzt. Verachtet werden Menschen, die auf dem »Markt der Eitelkeiten« nicht mithalten können oder wollen. Sie werden menschlich und beruflich als gescheitert bezeichnet. Wer längere Zeit arbeitslos ist oder einer prekären Beschäftigung mit niedrigem Einkommen nachgeht, wird aus der Leistungsgesellschaft ausgegrenzt.

Die Spaltung der Bevölkerung in Arm und Reich hat große Ausmaße angenommen. Das ist jedoch im öffentlichen Raum nicht erkennbar. Die Schaufenster der Geschäfte an den Straßen zeigen edle und teure Angebote in Fülle, die von der reichen Oberschicht gekauft werden. Wer arm ist, versteckt sich und schaut sich im Fernsehen Filme an, die ihm vor Augen führen, dass er ein Versager ist. Wenn sich Personen mit ärmlicher, abgerissener Kleidung in der Öffentlichkeit zeigen, laufen sie Gefahr, von den privaten Sicherheitsdiensten aus den Geschäftsstraßen vertrieben zu werden mit der Begründung, dass sie mit ihrem Auftreten den Konsumenten die Kauflaune verderben. Die Armut der Bevölkerungsmehrheit wird daher im öffentlichen Raum nicht wahrgenommen.

Die Arbeitnehmer sind in drei Gruppen gespalten. Die erste relativ kleine Gruppe besteht aus Fachkräften mit einer aufwendigen Spezialausbildung, die hoch bezahlte Arbeitsplätze innehaben. Nach solchen Fachleuten suchen hoch spezialisierte Unternehmen – oft global führend in ihrer Marktnische. Die Mitglieder der zweiten – sehr großen – Gruppe der Arbeitnehmer sind durchschnittlich gut ausgebildet und werden vor allem in der öffentlichen Verwaltung und im privaten Dienstleistungssektor eingesetzt. Aus dieser zweiten Gruppe wechseln immer mehr Menschen in die dritte große Gruppe über. Diese besteht aus Personen, die auf schlecht bezahlten und unsicheren Arbeitsplätzen sitzen. Sie sind von Erwerbslosigkeit bedroht und strengen sich in ihrem Job bis zum Umfallen an, um dieses Schicksal, das wie ein Damoklesschwert über ihnen hängt, noch eine Weile hinauszuschieben. Die Statistik meldet die wenigen Krankheitstage der Beschäftigten als Erfolg einer steigenden Arbeitsmoral.

Diese dritte Gruppe findet zunehmend als Dienstpersonal für die Arbeitnehmer der ersten Gruppe und für den gut verdienenden Teil der Arbeitnehmer aus der zweiten Gruppe Beschäftigungsmöglichkeiten – allerdings für eine sehr niedrige Entlohnung: Dem Dienstpersonal wird von den Arbeitgebern Kost und Logis gewährt, hinzu kommt Taschengeld und die Übernahme der Beiträge für die Krankenkasse. Da der inzwischen deutlich abgesenkte Hartz-IV-Satz nur ausgezahlt wird, wenn jedes Arbeitsangebot angenommen wird, hat sich ein beachtlicher Arbeitsmarkt entwickelt. Die Zahl der Erwerbslosen konnte dadurch erheblich gesenkt werden, was von der Regierung immer wieder als Erfolg herausgestellt wird. Böse Zungen sprechen in diesem Zusammenhang von einer »Re-Feudalisierung« unserer Gesellschaft. Aber solche kritischen Töne dürfen nur hinter vorgehaltener Hand geäußert werden. Jeder weiß, dass er seine Arbeit verliert, sobald er sich als Kritiker des Systems zu erkennen gibt.

Die Wirtschaftselite achtet sorgfältig darauf, dass die Zahl der Erwerbslosen nicht unter ein bestimmtes Niveau fällt. Denn Massenarbeitslosigkeit ist der Garant ihrer Macht, die sich auf die Angst des Einzelnen vor gesellschaftlicher Ausgrenzung stützt. Trotz der großen Zahl von Universitätsabgängern, die eine Arbeitsmöglichkeit suchen, werden von Wirtschaftsverbänden in regelmäßigen Abständen Kampagnen (»Ingenieure verzweifelt gesucht«) durchgeführt mit der Botschaft, ein enormer Fachkräftemangel sei zu beklagen. Währenddessen drängen Tausende Ingenieure, die keinen ihrer Ausbildung entsprechenden Arbeitsplatz gefunden haben, in Berufe hinein, in denen sie unterfordert sind. Sie verdrängen die nicht akademisch ausgebildeten Arbeitnehmer. Die Politik reagiert in zweierlei Weise: Erstens startet sie Aufrufe an die Bevölkerung mit dem Versprechen, mehr Bildung erhöhe die Wahrscheinlichkeit eines sicheren Arbeitsplatzes, außerdem sei der »Bildungsnotstand« zu überwinden, damit unser

Land wettbewerbsfähig bleibe. Und zweitens öffnet sie gezielt den Arbeitsmarkt, indem sie die sogenannte »intelligente Zuwanderung« zulässt: Hunderttausende IT-Experten, Ingenieure und ähnliche Fachkräfte werden aus dem Ausland abgeworben und erhöhen die Exportchancen der global agierenden Wirtschaft.

Neben dem so aufrechterhaltenen Ungleichgewicht auf dem Arbeitsmarkt – viel mehr Nachfrage nach Arbeit als Angebot von Arbeitsplätzen – und den damit erworbenen Möglichkeiten, mit »guten Gründen« die Löhne niedrig zu halten, ist ein weiterer erwünschter Nebeneffekt eingetreten: Die Betriebe brauchen sich nicht mehr selbst mit der teuren Aus- und Weiterbildung ihrer spezialisierten Fachkräfte herumzuschlagen.

Der Staat hatte in früheren Zeiten einmal ernsthaft versucht, zumindest ansatzweise für Chancengleichheit zu sorgen und die schlimmsten Ungerechtigkeiten bei der Verteilung des erwirtschafteten Reichtums auszugleichen. Das ist nun endgültig Vergangenheit. Angesichts der Intensivierung des internationalen Standortwettbewerbs war diese als »Sozialromantik« verspottete Rolle des Staates nicht mehr vertretbar. Man war sich in den Medien sehr schnell einig geworden, dass die Wettbewerbsfähigkeit der Wirtschaft durch solche unerfüllbaren Erwartungen zu stark behindert wird. »Wer nicht genug leistet, der soll selber sehen, wo er bleibt«, ist zur unwidersprochenen Devise in allen mit hochrangigen Experten besetzten Talkshows geworden.

Wirtschaftskritische Meinungsäußerungen und andere Einflüsse, die den »freien Wettbewerb« und die Eigendynamik der Märkte stören, sind verboten. Das wird allgemein gutgeheißen. Denn nach vorherrschender Meinung würde solches Benehmen dem Wirtschaftsstandort Deutschland Schaden zufügen und den ohnehin gefährdeten Wohlstand gänzlich zerstören.

Aus dem gleichen Grund sind alle sozialen und ökologischen Standards abgesenkt worden. Mieterschutz und Kündigungsschutz sind aufgehoben. Was den Schutz vor gesundheitlich schädlichen Stoffen, den Lärmschutz und den Schutz seltener Arten betrifft, so wird dieser nur gewährt, wenn dadurch keine wirtschaftlichen Interessen beeinträchtigt werden. Die Wirtschaftselite hat erreicht, dass alle Politiker die eine Meinung teilen: Alle Debatten über soziale Gerechtigkeit, ethische Rücksichten, Einhaltung von Menschenrechten und besseren Umweltschutz lenken nur von der Kraftanstrengung ab, die notwendig ist, damit sich das Land im Wettbewerb auf den global offenen Märkten behaupten kann.

Es gibt keine Gewerkschaften mehr, die in früheren Zeiten einmal stark genug gewesen waren, Lohnerhöhungen und Arbeitszeitverkürzungen gegen die Interessen der Unternehmer durchzusetzen. Dabei war es nicht einmal nötig, die Gewerkschaften zu verbieten. Sie lösten sich selbst auf, weil ihnen die Mitglieder davongelaufen waren. Dies lag vor allem daran, dass die Ratlosigkeit der Gewerkschaften immer wieder öffentlich demonstriert wurde, wenn große Unternehmen trotz guter Gewinne Massenentlassungen durchsetzten, um den Wert ihrer Aktien zu erhöhen. Die Gewerkschaften sahen sich gezwungen, klein beizugeben, und kümmerten sich nur noch um Sozialpläne. Denn wenn die Beschäftigten von den Unternehmern, die mit der Verlagerung der Produktion drohten, vor die Wahl gestellt wurden, entweder den Arbeitsplatz zu verlieren oder auf einen Teil ihres Lohns zu verzichten, entschieden sie sich aus verständlichen Gründen für ihren Arbeitsplatz. Wofür also sollten Gewerkschaften nützlich sein?

Die Macht der Wirtschaftselite wird von der Angst der Beschäftigten gespeist. Wie bereits erwähnt, sorgen die Unternehmen dafür, dass die Nachfrage nach Arbeit immer bei Weitem das Angebot an Arbeitsplätzen übersteigt. Dass die Massenarbeitslosigkeit in ihrem Interesse liegt, wird natürlich nie öffentlich eingestanden. Ganz im Gegenteil. Ein Fachkräftemangel wird als nationaler Notstand ausgerufen. Viele Arbeitsplätze mit und ohne Berufsqualifikation seien unbesetzt. So wird in der veröffentlichten Meinung geschickt der Eindruck erweckt, es liege nur an der Faulheit und Unfähigkeit der Erwerbslosen, dass sie keinen Arbeitsplatz finden.

Immer wieder wird von Billiglohnländern in Asien und Afrika berichtet, in denen die Arbeitskosten der Unternehmen nur einen Bruchteil der im eigenen Land gezahlten Löhne und Lohnnebenkosten erreichen. Eine Erhöhung der bereits abgesenkten Löhne komme trotz Inflation nicht infrage, um die Arbeitsplätze erhalten zu können. Permanent steht die Forderung im Raum, die Produktivität der Unternehmen müsse erhöht werden. Denn nur bei hinreichend niedrigen Lohnstückkosten könne vermieden werden, dass die in den Billiglohnländern (etwa in China, Indien oder Brasilien) sitzenden Unternehmen mit ihren Produkten den Weltmarkt beherrschen und damit die heimische Wirtschaft zerstören.

Es gelingt der Wirtschaftselite, in der Bevölkerung eine Art nationaler Aufbruchsstimmung zu erzeugen. »Wir machen uns fit für den Weltmarkt«, ist das Motto. Die Politiker reagieren mit entsprechendem Tatendrang, zum Beispiel mit dem Aufruf: »Wir müssen die besten Köpfe haben, um die Herausforderungen der Globalisierung zu meistern.« Die Exporterfolge werden gefeiert. So wie früher die Aufmerksamkeit der Medien bei der Fußball-Weltmeisterschaft auf die Erfolge der Nationalmannschaft gerichtet war, so stehen heute die Aktienwerte der global agierenden Konzerne (»Global Player«) im Zentrum des veröffentlichten Interesses. Die Stärke einer Volkswirtschaft wird am Exportüberschuss gemessen. Dieser kann die sinkende Binnennachfrage mehr als ausgleichen.

Da der öffentlichen Hand immer weniger finanzielle Mittel zur Verfügung stehen, muss an allen Ausgaben gespart werden, die früher einmal den wirtschaftlich schwachen Teilen der Bevölkerung zugute kamen, zum Beispiel den Arbeitslosen, Kranken und Alten, die keine Ersparnisse bilden konnten, um sich mit eigenen Mitteln zu helfen.

Zu Beginn dieser Sparmaßnahmen waren an den Straßen immer mehr Bettler aufgetaucht. Auch die Eigentumsdelikte waren statistisch signifikant gestiegen. Daraufhin wurden strenge Gesetze erlassen, die das Betteln unter hohe Strafen stellten. Die Reichen schützen sich durch private Wachdienste in ihren Wohnquartieren. Ein großer

Teil der Steuermittel wird in die Stärkung der Polizei, in die Personalausstattung der Gerichte und in den Bau von Gefängnissen investiert. Man geht allerdings immer mehr dazu über, auch die Gerichte und Gefängnisse zu privatisieren.

Das Militär verschlingt einen großen Teil der Steuereinnahmen. Die Militärausgaben für die Berufsarmee sind vor allem deshalb gestiegen, weil weltweit der Zugang zu fossilen Energiequellen erzwungen und der Schutz vor einer Invasion von Hungerflüchtlingen aus den armen Ländern Afrikas sichergestellt werden muss. Mehr und mehr private Firmen versorgen die Staaten mit einer »Freiwilligenarmee«, bestehend aus gut gedrillten und gut bezahlten Soldaten. Diese werden immer dann eingesetzt, wenn ein Land sich weigert, die von der Welthandelsorganisation WTO verordnete Öffnung der Märkte vollständig durchzuführen, oder wenn Unternehmen oder Einzelpersonen daran gehindert werden, ihre in diesem Land erworbenen Reichtümer in Steuerparadiesen unterzubringen. Solche Paradiese stehen unter dem Schutz der internationalen Staatengemeinschaft, seitdem man sich auf einer internationalen Konferenz nicht über ihre Abschaffung einigen konnte.

Kein Staat wagt es, den auf dem Weltmarkt agierenden Konzernen die Möglichkeit zu beschneiden, in seinem Hoheitsgebiet ihre wirtschaftlichen Interessen durchzusetzen, auch wenn diese dem nationalen Interesse zuwiderlaufen. Denn ein solcher Staat wird vor den internationalen Gerichtshof zitiert, der über die Freiheit der Wirtschaft wacht. Die Regierungen wissen: Bei fehlender Einsicht des renitenten Staates in die Unzulässigkeit seiner den Freihandel störenden Vorgehensweise würde von den Sprechern der Staatengemeinschaft die Durchführung einer militärischen Intervention nicht nur akzeptiert, sondern gefordert.

Um eventuellen Protesten aus der Bevölkerung die Legitimität zu entziehen, hatte die Wirtschaftselite schon vor langer Zeit die Weichen gestellt, um das Wertebewusstsein der Bevölkerung in eine wirtschaftsfreundliche Richtung zu lenken. Der Leistungsbegriff wurde umdefiniert, genauer gesagt: Er wurde enger gefasst und nur noch im Sinne solcher Eigenschaften verstanden, die sich wirtschaftlich in klingender Münze auszahlen. Die Fähigkeit zu kritischer Reflexion und eigenständigem Urteil sind unerwünscht und werden als Zeichen von Charakterschwäche gedeutet.

Die Regierung hat eine verbesserte Ausbildung der Bevölkerung zur Priorität erklärt. In einem Land ohne nennenswerte fossile Rohstoffquellen müsse der »Rohstoff Bildung« vermehrt werden, heißt es. Nur wenn unsere Arbeitskräfte besser qualifiziert sind als die der Konkurrenten, kann unser Land im internationalen Wettbewerb Schritt halten. Um führend in der Innovation sein zu können, wird besonders die Eliteförderung vorangetrieben. Unterstellt wird die folgende Arbeitsteilung: Wir bringen hoch veredelte kapitalintensive Produkte auf den Weltmarkt, und die heute noch wenig industrialisierten Länder bieten arbeitsintensive Produkte an, für deren Herstellung die Arbeitskräfte wenig technisches und sonstiges Knowhow benötigen.

Da am langfristigen Bestand dieser Arbeitsteilung sogar die Wirtschaftselite zweifelt, werden Anstrengungen unternommen, um die Bevölkerung für die Unterwerfung unter die Gesetze des freien Marktes zu konditionieren. Die Anerkennung des Marktes als unanfechtbare Autorität soll bewirken, dass sich jeder Mensch auf seine individuelle Weise den Gesetzen des Marktes unterwirft. Das hat den Vorteil, dass niemand auf den Gedanken kommt, die Ursache für seine Arbeitslosigkeit oder seinen Hungerlohn liege nicht bei ihm selbst. Motto: Der Markt kann nicht irren. Wer sich ihm nicht anzupassen versteht, hat selber Schuld.

Diese »Anleitung zu richtigem Denken und Handeln« – so wird die Public-Private-Partnership-(PPP-)Anstrengung zur Volksaufklärung bezeichnet – betrifft die Manipulation des Wissens ebenso wie die Formung charakterlicher Eigenschaften. Die Neuausrichtung des Denkens und Fühlens wird in den Kindergärten, Schulen und Universitäten pädagogisch unterfüttert und mit den neuesten psychologischen

Methoden flankiert. Wissen und Fertigkeiten müssen wirtschaftlich verwertbar sein, um als Lernstoff anerkannt zu werden.

Die Wissenschaft an den Universitäten ist komplett privatisiert worden. Wirtschaftsverbände und einzelne große Konzerne haben sich als »Mäzene der Wissenschaft« profiliert. Nur noch solche Forschungsprojekte werden durchgeführt, die einen deutlich erkennbaren wirtschaftlichen Nutzen erwarten lassen. Die Entscheidungen über Forschungsthemen werden von Gremien gefällt, die ausschließlich von Vertretern der Wirtschaft und ihnen nahestehenden Experten besetzt sind. Die Wahrscheinlichkeit verwertbarer Patente (das »Innovationspotenzial«) ist alleiniger Maßstab der Bewertung von Forschungsanträgen. Sozial-, Geistes- und Kulturwissenschaften erhalten Forschungsmittel nur noch unter der Voraussetzung, dass ihre Ergebnisse für neue Methoden des Marketings und für sonstige wirtschaftliche Zwecke zu gebrauchen sind.

Es gilt als »zwingend notwendig«, die Forschung auf allen für die Wettbewerbsfähigkeit wichtigen Gebieten voranzutreiben und sich dabei von keinerlei ethischen Zweifeln aufhalten zu lassen. Es wurden zum Beispiel genug »gute Gründe« dafür gefunden, die Möglichkeiten der Gentechnik in Medizin und Landwirtschaft voll auszureizen und sich über alle ethisch oder ökologisch motivierten Einsprüche hinwegzusetzen – immer mit dem Hinweis: Andere tun es auch (zum Beispiel Diktaturen irgendwo auf der Welt), und wir dürfen nicht ins wirtschaftliche und/oder militärische Hintertreffen geraten.

Die Erziehung an den Schulen ist darauf ausgerichtet, den jungen Menschen eine an maximaler Effizienz orientierte Einstellung beizubringen. Streng wird nach dem marktkonformen Leistungsbegriff selektiert. Schon früh wird den Kindern vermittelt, dass nur der leistungsstarke Mensch etwas wert ist. Denn allein auf die »Leistungsträger« komme es an. Jeder soll wissen: Weil der Wohlstand des Landes gegen die Konkurrenz der anderen starken Wirtschaftsstandorte verteidigt werden muss, kann man sich keine Schwäche erlauben. Wer wirtschaftlich erfolgreich ist und viel konsumiert, der macht sich um sein Land verdient, weil er mit seiner Leistung und seinem Konsum die Wirtschaft ankurbelt. Wer wenig konsumiert, der fällt dem Land zur Last.

Schon im Kindergarten, später in der Schule und an der Universität wird trainiert, wie der eigene Vorteil schnell erkannt und gegen Konkurrenten mit Raffinesse und mit Ellenbogen durchgesetzt werden kann. Dafür sorgt die enge PPP-Kooperation der öffentlichen Bildungseinrichtungen mit Institutionen der Wirtschaft. In vielen Wettbewerben wird spielerisch marktförmiges Denken und Fühlen eingeübt. Beliebt ist das Rollenspiel: Wie kann ich mich als Ware dem potenziellen Kunden am besten präsentieren? Wie kann ich mich am besten an die Nachfrage anpassen? Die jungen Menschen werden auf den Leitspruch programmiert: »Ich konsumiere, also bin ich.«

Längst sind flächendeckend Studiengebühren eingeführt worden, die laufend erhöht werden. Denn eine anspruchsvolle Ausbildung kostet Geld, das der Staat nicht mehr aufbringen kann. Dafür zahlen nun die privaten Haushalte, wenn sie ihren Sprösslingen eine hohe Qualifikation und bessere Berufsaussichten verschaffen wollen. Die Wirtschaftselite hat die Bildungspolitiker vom Sinn hoher Studiengebühren überzeugt. Nach amerikanischem und englischem Vorbild kann durch die Studiengebühren eine Auslese getroffen werden, die gut funktionierende Manager hervorbringt. Begründung: Die Kinder reicher Eltern bringen aufgrund ihrer günstigen Startbedingungen im Elternhaus und wegen ihrer genetisch bedingten höheren Intelligenz bessere Voraussetzungen mit. So können Kosten für die Ausbildung eingespart werden.

Die Erziehung zu Werten, die sich wirtschaftlich nutzen lassen, hat auch in den Schulen einen hohen Stellenwert. Kreativ nutzbare Freiräume sind beseitigt worden. Möglichst früh wird eine Selektion der Kinder nach der Wahrscheinlichkeit mehr oder weniger karrierefähiger Lebensläufe vorgenommen. Eine schmalspurige, hoch spezialisierte Ausbildung für nutzbringende Wissensgebiete, so wird vermeldet, dient dem Standortwettbewerb mehr als die Förderung des allgemeinen Bildungsgrades im Sinne eines breiten Wissens und der Fähigkeit zur kritischen Reflexion dieses Wissens.

Die Vermittlung von abfragbarem Faktenwissen, Konformität, Unterordnung unter vorgegebene Effizienzkriterien, Identifizierung mit unternehmerischen Zielen sind die wichtigsten Unterrichtsziele. Ihr Erreichen wird durch Konsumversprechen angeregt und durch gesellschaftliches Ansehen belohnt. Psychologisch ausgefeilte Methoden der Werbebranche werden eingesetzt, um die Vorstellung von persönlichem Glück auf die Befriedigung von Konsumwünschen zu fixieren.

Wer ein bestimmtes Konsumniveau verweigert, obwohl er sich dieses leisten könnte, gilt als verdächtig. Gruppen, die den Konsum als Maßstab der Lebensfreude infrage stellen, werden vom Staat ebenso überwacht wie die aus anderen Gründen politisch unzuverlässigen Personen. Denn auch die Konsumverweigerer setzen sich dem Verdacht aus, die Grundlagen des Staates zerstören zu wollen – vergleichbar einem terroristischen Akt.

Die »Neuausrichtung der Demokratie« wird nicht nur im Rahmen der Ausbildung mit allen propagandistischen Mitteln vorangetrieben. Eine Erziehung zu »neuen Werten« wird auch über die Medien und Institutionen der Erwachsenenbildung betrieben. Dabei werden Sekundärtugenden wie Disziplin, Ordnungsliebe und Gehorsam in den Vordergrund gestellt. Sie werden für wichtiger gehalten als Primärtugenden, etwa die Toleranz gegenüber Minderheiten, die der eigenen Kultur oder Denkweise fremd sind, oder die Bereitschaft, Verantwortung für Schwächere zu übernehmen.

Mit der Begründung, dass sich Tugenden wie Toleranz überhaupt erst dann entfalten können, wenn Wohlstand herrscht, wird die Stärkung des »Wirtschaftsstandorts Deutschland« zum Leitwert. Wohlstand sei nur möglich, wenn der Staat den Gesetzen des Marktes gehorcht. Wer sich dem Konformitätsdruck entzieht, wird zur Störgröße für das System, dessen reibungsloser Ablauf nicht gefährdet werden darf.

Im Berufsleben ist Autoritätsgläubigkeit verlangt nach dem Motto: Wer in der Hierarchie höher steht, hat immer recht. Das Management ist nach militärischem Muster aufgestellt. Offene Diskussionen über alternative Vorgehensweisen werden nicht zugelassen, da sie die Autorität des Vorgesetzten untergraben könnten. Die Neigung zur Reflexion von Zielen und Methoden wird als störend empfunden und als dekadent abgestempelt.

Die Meinungs- und Pressefreiheit wurde bereits sehr früh ausgehebelt, indem alle publizistischen Organe einschließlich aller Hörfunk- und Fernsehsender in private Hand gelangt sind. Die Wirtschaftselite versteht es, über die Personalpolitik alle nicht konformen Denkrichtungen und eigenständigen Personen auszuschalten. Die Zensur findet im Verborgenen statt und funktioniert perfekt. »Gebt dem Volk Brot und Spiele«, ist das Motto der Wirtschaftselite, die genau weiß, wie von politisch brisanten Themen abgelenkt werden kann. Flache Unterhaltung hat jeden anspruchsvollen Diskurs verdrängt. Geld wird mit spektakulären Events verdient. Die kleine Zahl der Mediennutzer, die Informationen immer noch aus schwer auffindbaren unabhängigen Informationsquellen beziehen, wird als weltfremd ausgelacht oder als politisch unkorrekt angeprangert.

Die Gleichschaltung der Medien wird in der Öffentlichkeit nicht thematisiert. Denn die Redakteure, die im Solde der privaten Medieneigentümer stehen, fühlen sich – ebenso wie die Eigentümer selbst – dem Land und seiner Wettbewerbsfähigkeit verpflichtet. Ethik erschöpft sich in Wirtschaftsethik, auf die sich werbewirksam jedes Unternehmen beruft. Wertschöpfung bei höchstmöglicher Effizienz gilt als dominantes Kriterium für ethisch vorbildliches Verhalten.

In der mehr oder weniger versteckten Wirtschaftsdiktatur wird an der allgemeinen, gleichen und geheimen Wahl festgehalten. Das gehört zur sogenannten »neuen Demokratie«, die deutlich von der »alten Demokratie« unterschieden wird.

Das Amt des Bundeskanzlers und andere hohe staatliche Ämter bekleiden Personen, die früher Schauspieler, Tagesschausprecher oder andere beliebte Persönlichkeiten aus der Medienwelt waren und die es verstehen, ihre Bekanntheit und Beliebtheit für ihre politische

Funktion nutzbar zu machen. Bei ihren Auftritten können sie sich großer Sympathien in der Bevölkerung sicher sein. Politik ist Showbusiness. Für Politiker kommt es darauf an, sich gekonnt in Szene zu setzen. Für Inhalte sind nur noch die Wirtschaftsexperten zuständig. Für die Wirtschaftselite war es bei den Wahlen nicht schwer, mithilfe der von ihnen abhängigen Medien die entsprechenden Kandidaten als die Vertreter des Volkes mit der höchsten Kompetenz und mit dem größten Verständnis für »die Nöte des kleinen Mannes« zu präsentieren.

Eine realistische Alternative zur Politik der Wirtschaftselite wird von der Bevölkerungsmehrheit nicht für möglich gehalten. Man ist davon überzeugt, dass demokratische Politik die Gefahr materieller Not heraufbeschwört. Demokratische Politik nach dem Muster der »alten Demokratie« gilt als populistisch, weil sie nicht in der Lage ist, die Vorschläge der wirtschaftsliberalen Experten umzusetzen. Die Medien sorgen dafür, dass die Gefahr materieller Not in den Köpfen ihrer Konsumenten präsent bleibt. Wohlstandsverlust gilt als Merkmal von parlamentarischen Demokratien, über die mit Ausdrücken wie »inkompetente Quasselbude« gesprochen wird ...

Das hier knapp skizzierte Szenario einer düsteren Zukunft ist abschreckend für Menschen, die sich in einer Demokratie wohler fühlen als in einem autoritären Staat. Die abschreckende Wirkung des Szenarios setzt eine Identifizierung mit den Grundideen der Demokratie voraus – gerade auch angesichts der Mängel, mit denen diese Staatsform in ihrem praktischen Vollzug behaftet ist.

Aber was nützt alle Empathie für die Demokratie, wenn durch unbedachte politische Beschlüsse sogenannte »Sachzwänge« entstehen, die früher oder später zum Abbau demokratischer Rechte führen? Wenn bei realistischer Vorhersage wirtschaftlicher Not auch die Sympathisanten der Demokratie dem »kleineren Übel« einer Wirtschaftsdiktatur zuneigen? Es gibt bereits Länder, die sich den »Gesetzen des Marktes« in hohem Maße gefügt haben, wenn sie auch immer noch als »angeschlagene Demokratien« gelten können.

## *Die USA und Italien als Beispiele für »Mutationen der Demokratie«*

Beispiele für Staaten mit unübersehbarer Tendenz zur Wirtschaftsdiktatur sind die USA unter George W. Bush und Italien unter Silvio Berlusconi. In beiden Fällen hatte beziehungsweise hat die Wirtschaftselite bereits die Demokratie zu beträchtlichen Teilen ausgehebelt.

In den USA ist seit Ronald Reagan – und in Großbritannien seit Margaret Thatcher – die fast vollständige Freiheit des Marktes und die Forderung, dass sich der Staat den Marktgesetzen unterzuordnen hat, ein von der Bevölkerungsmehrheit geduldetes Dogma, das erst seit dem Regierungsantritt von Präsident Barack Obama etwas ins Wanken gerät. Die amerikanische Wirtschaft gilt als die dynamischste der Welt. Dieses Image ist durch die von den USA ausgehende Finanzkrise nur am Rande angekratzt worden.

Der einzigartige Motor der amerikanischen Volkswirtschaft, deren Erfolg nur einer relativ dünnen Schicht Wohlhabender zugute kommt und die die Misere der öffentlichen Infrastruktur ebenso wie die Millionen »Working Poor« ausblendet, ist die Angst der Bevölkerung vor wirtschaftlichem Absturz. Es gibt kein nennenswertes soziales Netz, das diese Angst mildern könnte. Die Befreiung von dieser Angst würde die Macht der Wirtschaft schmälern. Wenn es der Wirtschaft dient, werden sogar Kriege geführt. Das hat in jüngerer Zeit zum Beispiel der mit vorgetäuschten Fakten begründete Überfall auf den Irak gezeigt.

Der frühere Chefvolkswirt des Internationalen Währungsfonds (IWF) und heutige Professor am Massachusetts Institute of Technology (MIT) Simon Johnson hat festgestellt, dass in den USA eine »Finanzoligarchie« die Macht ergriffen habe. »Der stille Coup« nennt Johnson seinen Aufsatz in der Zeitschrift *Atlantik*. Die politischen Entscheidungen der letzten Jahrzehnte haben ihm zufolge eines gemeinsam: größere Aussichten auf Gewinne für die Hochfinanz. Wirtschaftsoligarchen hätten die politische Macht an sich gerissen, Regulierungen verhindert und so den Nährboden für Spekulationsblasen gelegt. Der Wirtschaftselite sei es gelungen, den Politikern weiszumachen, dass alles, was gut ist für ihre Gewinnaussichten, auch gut ist für das Land. In der jetzigen Krisensituation zeige sich, dass der »gekaperte Staat« nicht in der Lage sei, das zu tun, was getan werden muss.

In der öffentlichen Wahrnehmung ist der Eindruck entstanden, dass erst die Terroranschläge vom 11. September 2001 und die Reaktion von George W. Bush (»Krieg gegen den Terror«) zum Abbau demokratischer Rechte geführt haben. So etwa zeigt der Staatsrechtler Thomas Darnstädt in seinem Buch »Der globale Polizeistaat« auf, wie fast unmerklich ein neues Recht entsteht, und fürchtet, die neue Praxis könne »das Ende unserer Freiheiten bedeuten«.

Es spricht allerdings viel für die Vermutung, dass nicht die Terroranschläge, sondern eine früher einsetzende Veränderung der politisch wirksamen Kräfteverhältnisse die Demontage der Demokratie eingeleitet hat. Dazu folgende Anhaltspunkte: Zunächst sind die tief greifenden ökonomischen Weichenstellungen unter Ronald Reagan von Bedeutung. Dieser Präsident hat in Kooperation mit der britischen Premierministerin Margaret Thatcher mit seiner marktradikalen Politik eine für die Demokratie gefährliche Richtung zur Dominanz gebracht, die von Bill Clinton und den folgenden Präsidenten im Grundsatz beibehalten wurde: Mit der von ihm beförderten neoliberalen, auf Weltherrschaft gerichteten Dogmatik – die USA als Vorreiter einer globalen Entfesselung des Marktes – hat er den Wirtschaftseliten in den USA und in anderen mit der amerikanischen Wirtschaft verflochtenen Ländern zu einer Machtfülle verholfen, deren Unvereinbarkeit mit modernen Formen der Demokratie erst allmählich erkannt wird.

In kaum einem Land der Welt ist die Spaltung der Bevölkerung so tief wie in den USA. Viele Millionen »Working Poor« können sich nach einem harten Arbeitstag keine eigene Wohnung leisten. Sie und die vom Abstieg in die Armut bedrohte untere Mittelschicht leben in ständiger Existenzangst. Ein soziales Netz gibt es kaum. Die Einrichtungen der Daseinsgrundversorgung sind fast alle privatisiert mit der Folge, dass sie für ärmere Nutzerkreise zu teuer sind. Darüber hinaus sind die Einrichtungen der Daseinsvorsorge sehr oft technisch veraltet und kaum noch funktionsfähig.

Hinter dem Mythos des freien Bürgers verbirgt sich eine nur kommerziell verstandenen Freiheit. Und in ihrem Namen beherrscht die Wirtschaftselite die veröffentlichte Meinung in einem so großen Ausmaß, dass es ihr gelingt, die benachteiligten Teile der Bevölkerung glauben zu machen, ihre Not sei selbst verschuldet. Auf der anderen Seite steht eine große Zahl von Multimillionären und Milliardären, die Regierungen dazu bringen, Gesetze zu verabschieden, die vor allem die Renditen des eingesetzten Kapitals erhöhen sollen. Die relativ stark ausgeprägte Mittelschicht zwischen diesen beiden Extremen gerät seit der negativen US-Handelsbilanz immer mehr unter Druck. Die Massenarbeitslosigkeit wächst.

Das neoliberal untermauerte Vormachtstreben der USA schreckt auch vor einer kriegerischen Durchsetzung amerikanischer Interessen nicht zurück. Der zweite Irakkrieg und der Afghanistankrieg haben vor den Augen der ganzen Welt die Verlogenheit sichtbar werden lassen, mit der Angriffskriege als Verteidigungskriege gegen den Terror deklariert werden. Bezeichnend ist der schon vor diesem Krieg gemachte Ausspruch von Thomas Friedmann, dem Berater der damaligen Staatssekretärin und späteren Außenministerin Madeleine Albright: »Damit die Globalisierung funktioniert, darf Amerika nicht zögern, wie die unbesiegbare Supermacht, die sie in Wirklichkeit ist, zu handeln. [...] Die unsichtbare Hand des Marktes wird niemals ohne eine unsichtbare Faust funktionieren. McDonald's kann nur mithilfe von McDonald Douglas, dem Hersteller der F-15, expandieren. Und die unsichtbare Faust, die weltweit die Sicherheit der Technologien von Silicon Valley gewährleistet, heißt die Armee, die Luftwaffe, die Marine und das Marinecorps der USA.« Das Zitat ist dem *New York Times Magazine* vom 28. März 1999 entnommen.

Dieses Zitat widerlegt den Mythos vom Freihandel als Friedensstifter. Ähnliche Äußerungen über den Zusammenhang von Freihandel und militärischer Intervention sind schon aus der Frühzeit des ungeregelten Freihandels überliefert, wie das folgende Zitat von US-Präsident Woodrow Wilson (1913-1921) belegt: »Der Handel kennt keine nationalen Grenzen. Die gesamte Welt soll laut unseren Produzenten als Markt für ihre Produkte dienen. Die Flagge ihrer Nation muss ihnen dabei folgen. Und die Türen, die verschlossen sind, müssen eingetreten werden [...], selbst wenn dies einen Anschlag auf die Souveränität ablehnender Staaten bedeutet.« Die USA haben unter Präsident Wilson in neun lateinamerikanischen Ländern sowie in Russland, China und in Ungarn mit dieser Begründung militärisch interveniert. Das Zitat ist dem Beitrag von Marcia Pally, Professorin für Multilingual Multicultural Studies an der New York University, in der *Süddeutschen Zeitung* vom 8. September 2008 entnommen: »Die Wahrheit der großen Fußstapfen«.

Gibt es Anzeichen dafür, dass die politisch wirksamen Kräfte in den USA unter Barack Obama die Vormacht der Wirtschaftselite abschwächen? Der neue Präsident wird von seinem Freund Cass R. Sunstein in Fragen der Marktregulierung beraten. Der seit 2008 in Harvard lehrende Professor – Jurist und Gesellschaftstheoretiker – hat in seinem Buch »Nudge« einen sogenannten »liberalen Paternalismus« entworfen. Diese Formel steht für politisch gelenkte freie Entscheidungen. Die »Lenkung« und die »Freiheit« der Entscheidung werden hier nicht mehr als Gegensätze gesehen. Das erinnert an die Anleitung aus einer Schäferei: »Man muss die Leithammel in die richtige Richtung lenken, dann läuft die Herde hinterher.« Steht der »liberale Paternalismus« für den offen formulierten Abschied vom Glauben an die Fähigkeit des Staatsbürgers, sich selbstständig ein vernünftiges Urteil in politischen Fragen zu bilden? Vielleicht soll auch nur angesichts der politischen Unmündigkeit der Bevölkerungsmehrheit eine »vernünftige Lenkung von oben« das Schlimmste verhüten? Aber dann kommt es darauf an, ob diese Lenkung demokratisch legitimiert ist oder durch die »unsichtbare Hand« der Wirtschaftselite geschieht.

Wie dem auch sei – Barack Obama ist ohne Zweifel ein Präsident, der glaubwürdig die Demokratie erneuern und aus dem allmächtigen Griff der Wirtschaftselite befreien will. Ob er seinen Versuch überlebt und es ihm gelingt, der Wirtschaft seines Landes den marktradikalen Charakter zu nehmen und ihr einen anspruchsvollen sozial-ökologischen Ordnungsrahmen zu geben, muss abgewartet werden.

In Italien konnte es sich der Regierungschef erlauben, mithilfe seiner Abgeordneten die Gesetze so auf seine Person hin zuzuschneiden, dass die Gerichte dem begründeten Verdacht auf seine kriminellen Machenschaften nicht nachgehen können. Auch wenn es ihm nicht gelingt, die Wirtschaft seines Landes in Schwung zu bringen, so hält er doch die Bevölkerung mit Sportveranstaltungen und Fernsehunterhaltung so gut bei Laune, dass sie ihm beim Wahlgang in ihrer Mehrheit ihre Stimme geben. Die Opposition kommt mit ihren eher rationalen und moralischen Argumenten beim Wähler schlecht an.

Berlusconi hat die Wächterfunktion der Medien weitgehend ausgehebelt. Er hat ein Informations-, Meinungs- und Unterhaltungsimperium aufgebaut, das Zeitungen, Zeitschriften, Filmproduktionsfirmen und die wichtigsten Sender des Privatfernsehens umfasst. »Seit Jahrzehnten wirkt dieses Imperium auf die Italiener ein – und verändert so die Gesellschaft«, stellt Stefan Ulrich am 27. Mai 2009 in der *Süddeutschen Zeitung* fest und fährt fort: »Berlusconi hat sich mit seinen Fernsehsendern sein Wahlvolk herangezogen. [...] Die Entwicklung Italiens ist ein Menetekel.«

Die Berlusconi-Regierung setzt auf Zentralismus und Nachgiebigkeit gegenüber den Interessen der Wirtschaftselite, zu der sie selbst gehört. Ein Beispiel: Im Jahr 2008 schafft der Finanzminister Giulio Tremonti die Grundsteuer auf Immobilienbesitz ab. Damit werden Italiens Bürgermeistern Milliardeneinnahmen weggenommen. Den Gemeinden versiegt über Nacht ihre Hauptfinanzierungsquelle, aus der sie zuvor Kindergärten, Schwimmbäder und Straßenbahnen bezahlen konnten.

Der italienische Politikwissenschaftler Gian Enrico Rusconi, Direktor des Historischen Instituts in Trient, untersucht in seinem Artikel »Ein Clown in ernster Rolle« (*Süddeutsche Zeitung* [SZ] 13./14. Juni 2009) die Gründe für die Wahlerfolge eines Mannes, der nach Meinung angesehener Zeitungen und ausländischer Kommentatoren in anderen europäischen Staaten längst hätte zurücktreten müssen – wegen »politischer Unanständigkeit«. Seine gut begründeten Ergebnisse: Der »demokratische Populismus« in der Version Berlusconis sei eine »Mutation der Demokratie«. Es sei übertrieben, von einer Art »Mediendiktatur« zu sprechen, denn es gebe trotz einiger Behinderungen doch viel öffentlich wahrnehmbare Kritik an der Regierung, wobei allerdings eine wachsende Selbstzensur von Journalisten zu bemerken sei. Berlusconis Anhänger umfassen alle Bevölkerungsschichten. »Er verspricht allen eine allgemeine Verbesserung, vorausgesetzt, man lässt ihn gegen die bestehende Ordnung der Institutionen vorgehen, die jede Erneuerung verhindern, und lässt ihn gegen die Linken arbeiten«, die ihn »hassen«. Mit der Gegenüberstellung Freund/ Feind, die er wieder salonfähig gemacht hat, finde Berlusconi großen Anklang.

Bei der Analyse des Phänomens Berlusconi werde oft ein Fehler gemacht, nämlich der Verweis auf eine »Fremdheit zwischen dem ›politischen System‹ (ineffizient, unzulänglich) und der ›Zivilgesellschaft‹ (lebendig und reich an Ressourcen und Energien)«. Daraus leite man die Hoffnung ab, die italienische Zivilgesellschaft werde sich gegen Berlusconi auflehnen. Das sei jedoch ein Irrtum. Denn der »Berlusconismus« sei selbst Ausdruck der italienischen Zivilgesellschaft in ihrer »tiefen Orientierungslosigkeit«. Gemeint ist hier die politisch unkritische Zivilgesellschaft. Rusconi spricht von »vielen sozialen Krankheiten« und nennt als Beispiele dafür die Abwesenheit von Bürgersinn und Staatssinn, die tief verwurzelte Verbundenheit vieler Regionen und sozialer Gruppen mit Mafia und Camorra (einer illegalen Wirtschaftselite), unsolidarisches Verhalten und latenter Rassismus. Diese Einstellungen kommen »aus dem Bauch der Zivilgesellschaft«. Rusconi zieht den Schluss, der Berlusconismus sei nicht Folge des einfachen Willens eines Mannes und seiner Mitarbeiter, sondern das Symptom und die Antwort auf »die Unfähigkeit italienischer Regierungen, Entscheidungen zu treffen«.

Die Demokratie ist – nicht nur in den USA und in Italien – mehr und mehr zur Hülle für eine Wirtschaftselite geworden, die zulasten der einfachen Bevölkerung vor allem ihre eigenen Interessen zielstrebig und ohne Skrupel verfolgt.

In beiden Ländern gibt es zwar freie Medien, jedoch bezieht sich die Bezeichnung »frei« hier mehr auf die Marktkräfte als auf die Meinungsbildung. Die meisten Medien befinden sich im Eigentum von Wirtschaftskonzernen, die es einzurichten wissen, dass ihr politischer Einfluss im Dunkeln bleibt und an ihrer politischen Macht nicht gerüttelt wird: durch zahlreiche Unterhaltungsangebote und durch die Unterdrückung für sie unbequemer Informationen und Debatten. Die wenigen kritischen Medien werden kaum beachtet und spielen in der Politik die Rolle einer gelegentlich dissonant klingenden, jedoch für das Machtgefüge insgesamt völlig ungefährlichen Begleitmusik. Die beiden genannten Länder sind zwar noch keine (Wirtschafts-)Diktaturen, sie haben sich dieser Staatsform jedoch schon bedenklich angenähert.

Wir nennen es Wetterleuchten, wenn ein aufkommendes Gewitter am Horizont schon von Ferne erkennbar wird. Diese blitzenden Himmelserscheinungen lassen uns als Vorboten des Unwetters noch Zeit, um uns gegen Sturm, Hagel, Regen und Blitzschlag zu wappnen. Bezogen auf erkennbare Gefahren für die Demokratie ist dieses Bild jedoch insofern schief, weil man auf ein Gewitter nur reagieren, es aber nicht aufhalten kann. Die Erhaltung oder der Verlust von Demokratie folgt jedoch keinem Naturgesetz, sondern hängt davon ab, was die politisch wirksamen Kräfte wollen – genauer: welche dieser Kräfte sich durchsetzen – und wie sie ihren Willen in die Praxis umsetzen.

Bezogen auf Deutschland besteht das Risiko für die Demokratie weniger in der Entstehung eines autoritären Staates in Form einer Einparteiendikatur, wie sie etwa in China und Singapur zu besichtigen ist, als vielmehr in der schleichenden Entwicklung zu einer Diktatur der Wirtschaft, die sich mit der altbewährten Strategie »Brot und Spiele« an die Macht bringt und dort auch hält. Deutschland ist zwar noch weit von den skizzierten Zuständen der USA und Italiens entfernt, muss sich jedoch die Frage gefallen lassen, wie weit es bereits den Vorbildern des marktradikalen Modells gefolgt ist.

Die gefährlichsten Feinde unserer Freiheit sind diejenigen Kräfte in unserer Gesellschaft, die das Wort Freiheit ständig im Munde führen – »Liberalisierung der Märkte, Freihandel« – und dabei nichts anderes im Sinn haben als die Freiheit der global agierenden Konzerne, die wirtschaftlich mächtig genug sind, um die demokratischen Regierungen wie Schoßhunde an der Leine führen zu können. Mit dem Hinweis auf die Zwänge des weltweiten Standortwettbewerbs wird eine »wirtschaftsfreundliche Politik« durchgesetzt und die soziale Komponente unserer Marktwirtschaft nach und nach eliminiert.

Der Reichtum der wenigen geht zulasten der vielen, die nicht frei sind, weil sie in Angst vor Arbeitslosigkeit, sozialem Abstieg und Armut leben. Sie müssen in ihrer Existenzangst die Bedingungen akzeptieren, die ihnen von den wirtschaftlich Starken diktiert werden. Die weltweite Finanz- und Wirtschaftskrise ist noch längst nicht ausgestanden. Durch konjunkturelle Aufschwünge werden sich die Banken und die weltweit agierenden Konzerne sanieren – zugunsten der Wohlhabenden und zulasten der ärmeren Schichten der Bevölkerung in aller Welt.

In den 16 Ländern mit Euro-Währung waren im April 2009 ca. 14,6 Millionen arbeitswillige Menschen ohne Arbeit. In Deutschland lag zur gleichen Zeit die Erwerbslosenquote bei 7,7 Prozent, das sind ca. 3,5 Millionen Arbeitslose. Ohne Kurzarbeit wäre die Zahl höher. Es mag sein, dass durch einen neuen Aufschwung die Zahlen kurzfristig besser werden, jedoch stehen langfristig die Zeichen auf Sturm.

## *Demokratie um ihrer selbst willen?*

Der Kern von Demokratie besteht darin, dass die Menschen ihre politischen Vertreter frei bestimmen können. Die Menschen können mithilfe von Wahlakten ihre Geschicke selbst in die Hand nehmen und müssen sich nicht einer Macht unterwerfen, die sich mit »höherer Wahrheit« rechtfertigt und auf religiöse oder ideologische Lehren beruft. Das Recht auf freie Wahlen und Abstimmungen ist das entscheidende Merkmal, mit dem sich die Demokratie von anderen Staatsformen unterscheidet.

Das setzt die Möglichkeit voraus, dass sich die Wähler ungehemmt informieren können. Ohne diese Möglichkeit wären Wahlen und Abstimmungen eine reine Farce. Daher gehört die Meinungs- und Pressefreiheit zum Kern der Demokratie.

In der modernen Demokratie, die sich auf die Kantsche Aufklärung beruft, ist neben dem allgemeinen Wahlrecht und der Meinungsfreiheit der Anspruch auf die vollständige Erfüllung aller Menschenrechte der Maßstab, an dem sich die Glaubwürdigkeit des demokratischen Anspruchs stets neu messen lassen muss.

Vom Bürger in einer Demokratie kann erwartet werden, dass er sich informiert, bevor er seine Wahl trifft. Eine Wahl ohne gute Gründe ist irrational. Aber was sind »gute Gründe«? Hier wird stillschweigend der vernünftige Bürger vorausgesetzt, also ein Bürger, der reif ist für die Demokratie. Bürger sind dann prinzipiell in der Lage, eine vernünftige Wahl zu treffen, wenn sie ihre wohlverstandenen Interessen erkennen können. Interessen des Einzelnen sind dann »wohlverstanden«, wenn er diese nicht isoliert als reines Partialinteresse wahrnimmt, sondern ihre Eingebundenheit in das allgemeine Wohl erkennt und dabei auch längerfristige Entwicklungen berücksichtigt. Ist die Prämisse des vernünftigen Bürgers realistisch?

Die Europäische Union ist ein Beispiel dafür, dass die Bevölkerung gleichgültig darauf reagiert, wenn ihre Möglichkeiten zur demokratischen Mitwirkung allmählich schwinden und anonyme Gremien (Expertenzirkel) ohne demokratische Legitimation über sehr wichtige Gesetze beraten und *de facto* (nicht *de jure*) darüber entscheiden. Diese haben zum Beispiel auf globaler Ebene mit großer Energie daran gearbeitet, das neoliberale Dogma durchzusetzen, das vor allem die Interessen der weltweiten Wirtschaftseliten bedient. Es wurden Verträge mit der WTO geschlossen, ohne dass die Bevölkerungen über die sehr einschneidenden Konsequenzen dieser verbindlichen Abmachungen auch nur ansatzweise informiert wurden. Die weitreichenden neoliberalen Weichenstellungen, die mit dem Freihandel innerhalb der EU und zwischen der EU und anderen Weltregionen verknüpft sind, wurden in der Öffentlichkeit nie ernsthaft und informiert erörtert.

Der aufgeklärte Bürger weiß: Die Demokratie ist die Krönung eines langen geschichtlichen Prozesses der Befreiung von Bevormundung und angemaßten Privilegien. Die Demokratie ist die politische Lebensform einer Menschheit, die in den Genuss der Aufklärung gekommen ist. Sie darf als Staatsform auch nicht von einer Mehrheit zur Disposition gestellt (abgewählt) werden können, wie Deutschland aus den Erfahrungen der Weimarer Republik lernen musste.

Dass sich Demokratie in vielen Ländern etablieren konnte, war vielfach nicht das Ergebnis eines Siegs der Vernunft der Bevölkerungsmehrheit, sondern hatte andere Gründe, insbesondere wirtschaftliche. Die Demokratie wurde meist von Minderheiten erkämpft oder – wie in Westdeutschland – nach einem Krieg von den Siegern vorgeschrieben. Sofern die Demokratie ihre Startschwierigkeiten überstehen konnte, war sie bisher in fast allen Ländern, die sich zu ihr bekannt haben, eine Erfolgsgeschichte.

Es fragt sich allerdings, ob im Bewusstsein der Bevölkerungsmehrheit die Demokratie einen Eigenwert besitzt, oder ob sie nur als Mittel zum Zweck verstanden wird: als der Weg zu mehr Wohlstand. Wer Demokratie nur als Mittel zum Zweck ansieht, der wird ihre Daseinsberechtigung infrage stellen, sobald sie für die reibungslose Entwicklung des Wirtschaftsstandorts nur als »Sand im Getriebe« empfunden wird und ein anderer Weg zum Wohlstand erfolgreicher zu sein scheint.

Keine der in unserer relativ weit fortgeschrittenen Demokratie entwickelten Institutionen und Möglichkeiten der direkten und indirekten Einflussnahme hat bisher noch einen echten Härtetest in Form dramatisch sinkenden Wohlstands bestehen müssen. Vielleicht funktioniert unsere Demokratie bis heute nur deshalb halbwegs gut, weil der politische Streit bisher nur um Themen kreiste, die den »schlafenden Tiger« (die politisch uninteressierte Mehrheit der Bevölkerung) nicht aufwecken konnten. Es ist absehbar: Wenn er – aufgeschreckt von bevorstehender oder schon eingetretener Not – zu spät aufwacht, dann wird er nicht vernünftig und bedächtig reagieren, sondern wird sich ungestüm in eine Richtung bewegen, in der er die Befriedigung seiner elementaren Bedürfnisse zu finden meint.

Ob in Notzeiten die demokratische Mitbestimmung zu den elementaren Bedürfnissen der Bevölkerungsmehrheit gehört, ist eher unwahrscheinlich. Aber auch dann, wenn die Mehrheit der Bevölkerung aus Angst vor Wohlstandsverlust und materieller Not bereit sein sollte, auf ihre demokratischen Rechte zu verzichten, bleibt die Demokratie ein Wert an sich, dessen Verteidigung die Pflicht aller aufgeklärten Staatsbürger ist. Es fragt sich allerdings, ob es in Notzeiten genügend aufgeklärte Staatsbürger geben wird, die über hinreichende Bereitschaft und genügend Einfluss verfügen, um die Demokratie gegen ihre Feinde verteidigen zu können.

Hier sind Zweifel durchaus angebracht. Schon ist die Rede von »postdemokratischen Zeiten«. Einen Vorgeschmack von Resignation gegenüber demokratiefeindlichen Tendenzen des Zeitgeists gibt folgende Gedankenführung des Journalisten Thomas Assheuer, formuliert in der *Zeit* (Nr. 25 vom 10. Juni 2009): »Das reale ›Projekt der Moderne‹ ist defensiv geworden, seine selbstzerstörerischen Tendenzen und Erschöpfungen sind nicht mehr zu übersehen. Möglich, dass die alten streitbaren und vitalen Demokratien in naher Zukunft einer abgelaufenen Epoche angehören und der große Kolonialherr, die weltweit tätige Ökonomie, die letzten nichtmonetarisierten Flecken der Lebenswelt erobert.« Sicherlich ist diese Aussage als reine Analyse gemeint, der kaum widersprochen werden kann. In der zitierten Formulierung kann zwischen den Zeilen allerdings auch eine resignierende Haltung herausgelesen werden, die sich überspitzt wie folgt in Worte fassen lässt: ›Schauen wir mal, was da so auf uns zukommt. Irgendwie liegt es ja in der Luft und man kann verstehen, warum Demokratie und Rechtsstaat am Ende sind. Dass das Projekt der Moderne scheitert, war ja abzusehen. Wir werden uns arrangieren. Es hat schon Schlimmeres gegeben. Eine Wirtschaftsdiktatur ist immer noch besser als eine nationalistische, islamistische oder kommunistische Diktatur mit Planwirtschaft. Es gibt keine Alternative. Machen wir das Beste draus!‹ Im Kapitel »Es geht auch ohne postdemokratische Resignation« wird auf diese Haltung noch näher eingegangen.

Die intellektuelle Beliebigkeit (»Alles ist möglich«) öffnet den Kräften, denen an der Abschaffung der modernen Demokratie gelegen ist, Tür und Tor. Sie lässt die Argumente und Instrumentarien ungenutzt, die Jürgen Habermas, Hannah Arendt, John Rawls, Hans Jonas und viele andere verantwortungsbewusste Denker zur Verteidigung und Weiterentwicklung der Moderne formuliert bzw. vorgeschlagen haben.

Zum Beispiel hat sich Jürgen Habermas, der im Juni 2009 anlässlich seines achtzigsten Geburtstages als »Deutschlands wichtigster lebender Philosoph« gefeiert wurde, als Theoretiker der vernunftgeleiteten demokratischen Debatte einen Namen gemacht. In seiner Diskurs- und Verfahrensethik entwickelte er Kriterien eines vernünftigen Umgangs mit gesellschaftlichen Konflikten. Diese Überlegungen zu einer auf Verständigung basierenden Ethik sind keine weltfremden Konstruktionen, sondern fußen auf Erfahrungen: An der alltäglichen Verständigung sei – so Habermas – das schlichte Wunder erlebbar, dass sie funktioniert, wenn sich Menschen bei ihrer Kommunikation an bestimmte Regeln halten und sich offen und gleichberechtigt begegnen. Alle Ansprüche auf Wahrheit, alle soziale Anerkennung sind in solchen herrschaftsfreien Begegnungen enthalten, wie verdeckt und verborgen auch immer.

Es gilt nun, diese Grunderfahrung für die Institutionen des demokratischen Staates fruchtbar zu machen. Dabei ist zu beachten, dass die akzeptierten Regeln der Kommunikation – Offenheit, Herrschaftsfreiheit – vor allem in überschaubaren Entscheidungssituationen funktionieren: in der Familie, im Verein, in der Kommune. Daraus kann die Einsicht gewonnen werden, dass dezentrale Formen der Entscheidungsfindung der Demokratie besonders zuträglich sind.

Die Anwendung der Regeln des kommunikativen Handelns fördert die Emanzipation des Bürgers aus seiner selbst verschuldeten politischen Unmündigkeit und eröffnet ihm die Chance, seine Rolle als konstruktiv-kritischer Bürger der modernen Demokratie auszufüllen. Bis diese Emanzipation, die gerade auf den Entscheidungsebenen einer größeren Region wie Bundesland oder Nationalstaat oft als Überforderung gesehen wird, real werden kann, ist noch ein langer und steiniger Weg zu gehen – mit Unsicherheiten und der Gefahr, dass bei allem Auf und Ab des Gelingens und Misslingens eine wirtschaftliche Situation eintritt, die solche demokratischen Gehversuche unmöglich macht. Das ist dann der Fall, wenn sich eine autoritäre Macht im Staate etabliert, die alle emanzipatorischen Bemühungen unterdrückt.

Das Projekt der Moderne ist noch nicht gescheitert, sondern bislang nur unzureichend entwickelt. Das junge und empfindliche Pflänzchen der modernen Demokratie darf nicht durch eine von der Wirtschaftselite verursachte und in Kauf genommene Gefährdung des allgemeinen Wohlstands vernichtet werden.

In dem Kapitel über die USA und Italien als Beispiele für marktradikale Mutationen der Demokratie (siehe oben) wurde aufgezeigt, wie weit allseits als stabil eingeschätzte und anerkannte Demokratien gekommen sind bei ihrem Bestreben, den »Gesetzen des globalen Marktes« zu dienen, und dabei demokratische Grundsätze hintanstellen.

## *Demokratie und Marktwirtschaft – für immer unzertrennlich?*

Demokratie und Marktwirtschaft gehören zusammen – davon sind wir überzeugt. Der Motor der Entwicklung von der autoritären zur demokratischen Gesellschaftsform war das erwachte Selbstbewusstsein der bürgerlichen Schicht. Das wirtschaftlich erfolgreiche Bürgertum wollte es sich nicht mehr gefallen lassen, von einer relativ kleinen Gruppe – Adel und Klerus – regiert und legal ausgeplündert zu werden, von einer Elite, die ihre Macht und Privilegien auf den göttlichen Willen zurückführte. Die Epochen der Aufklärung und der Romantik haben das Vertrauen in die Vernunft des Menschen gestärkt, die alten Herrschaftsformen zumindest in Europa und Nordamerika auf den Müllhaufen der Geschichte geworfen und die Ideale »Freiheit, Gleichheit, Brüderlichkeit« zu Leitwerten erhoben. An ihnen sollte sich das Zusammenleben der Einzelnen und der Völker orientieren.

Nach den Abstürzen, die Europa und Teile der übrigen Welt durch fürchterliche Diktaturen, Kriege und Völkermorde im 20. Jahrhundert erlitten haben, scheint es, als habe die Völkergemeinschaft inzwischen Lehren aus dem Versagen der Vergangenheit gezogen. Das Zeitalter der Demokratie ist angebrochen. Grundlegende Menschenrechte wurden deklariert und ihre Umsetzung wird mehr oder weniger erfolgreich versucht.

Die treibende Kraft dieser Entwicklung, das Bürgertum, schöpfte und schöpft noch immer sein Selbstbewusstsein aus seinen wirtschaftlichen Erfolgen. Was nach der Evolutionstheorie von Darwin in der Natur die Durchsetzung der Stärksten ist – genauer: der Erfolg derer, die sich am besten an die unverrückbar gegebenen Verhältnisse anpassen können –, das wird inzwischen auch auf das nach neoliberalen Grundsätzen gestaltete Gesellschafts- und Wirtschaftsleben übertragen nach dem Motto: Nur wer sich im Wettbewerb behauptet, hat seine Daseinsberechtigung unter Beweis gestellt und Respekt verdient. Aber die Regeln eines gedeihlichen Zusammenlebens von Menschen sind andere als die Gesetze der Natur.

Die Wirtschaft ist ein wichtiger Teil der Gesellschaft. Zwischen den beiden »Systemen« Wirtschaft (mit der primären Aufgabe der Erzeugung und Verteilung von Gütern und Dienstleistungen) und Politik besteht ein gegenseitiges Abhängigkeits- und Verantwortungsverhältnis. Der Politik fällt dabei die primäre Aufgabe zu, die Verteilung der erwirtschafteten Erträge über die marktwirtschaftliche Dynamik hinaus so zu regeln, dass auch nichtökonomische Belange der Gesellschaft hinreichende Berücksichtigung finden.

Die beiden hochkomplexen Bereiche der Gesellschaft lassen sich zwar auf der Ebene von theoretischen Konstruktionen – etwa aus soziologischem oder rein ökonomischem Blickwinkel – getrennt betrachten und analysieren, in der Realität sind sie jedoch untrennbar miteinander verwoben. Der ursprünglichen Idee der sozialen Marktwirtschaft lag die Anerkennung dieser Verflechtung von Gesellschaft und Wirtschaft zugrunde. Die Idee besagt, dass die Wirtschaft über die Summe ihrer betriebswirtschaftlichen Einzelinteressen hinaus an ihrem Standort auch Verantwortung für die anderen gesellschaftlichen Bereiche trägt.

Die Wirtschaft hat mit ihrer marktwirtschaftlichen, sozial geregelten Ordnung über Jahrzehnte hinweg große Erfolge erzielt und den Wohlstand nicht nur in Deutschland deutlich angehoben. Demokratie und eine nach sozialen und ökologischen Zielen geregelte Marktwirtschaft gehören zusammen.

Der Umschwung im Sinne einer Missachtung der sozialen und ökologischen Komponente der Marktwirtschaft nahm in den 1970er-Jahren des vergangenen Jahrhunderts seinen Anfang, als nach einer schweren Krise (Inflation und beginnende Massenarbeitslosigkeit weltweit) in den Wirtschaftswissenschaften die neoliberale Theorie von der Fähigkeit des Marktes zur Selbstregulierung im Interesse aller Menschen zur Dogmatik wurde. Diese Dogmatik schlug sich in der »wissenschaftlich« beratenen Wirtschafts- und Sozialpolitik der Regierungen nieder. Die Schlagworte »Liberalisierung« (globale Öffnung der Märkte), »Deregulierung« (Rückzug aus wirksamer Bankenaufsicht, Abbau von Schranken wie Zöllen, Mengenkontingenten, Kapitalverkehrsregeln, Verzicht auf gezielte staatliche Unterstützung bestimmter Branchen, um sie im Lande zu halten) und »Privatisierung« (Rückzug des staatlichen Engagements aus Unternehmen der Daseinsgrundversorgung) wurden zu Hoffnungsträgern gemacht, und es hieß, sie seien Garanten eines Wohlstands für alle. Denn der Staat sei überfordert, er störe nur, wenn er sich regulierend einmischt, er müsse sich den Gesetzen des Marktes unterordnen.

Eine ursprünglich fortschrittliche Idee von Freiheit ist inzwischen umgekippt in ein Herrschaftssystem in den Händen einer weltweit operierenden Wirtschaftselite, die zu ihrem eigenen Vorteil die grundlegenden Werte eines gedeihlichen Miteinanders in der Gesellschaft unterhöhlt und früher oder später zerstört. Die »Befreiung« des Marktes von Regeln, die das Wirtschaften an seine Verantwortlichkeit für das Ganze binden, hat dazu geführt, dass sich die im Kern richtigen Prinzipien der Leistung und der Effizienz verselbstständigt haben und ihr zerstörerisches Potenzial freigelegt wurde. Dieser Gedanke wird in den folgenden Kapiteln noch ausdifferenziert.

Wenn die Marktwirtschaft die Sozialbindung des Eigentums dem ungebremsten weltweiten Wettbewerb opfert, verliert sie ihre Zukunftsfähigkeit. Wenn sich das harmlose Motiv, Gewinn erwirtschaften zu wollen, um eine angemessene Belohnung für unternehmerische Initiative und Risikobereitschaft zu erhalten, in einer Weise verselbstständigt, dass der Gewinnmaximierung alle anderen Ziele des Wirtschaftens untergeordnet werden, dann hat die Entwicklung eine falsche Richtung genommen. Dann ist ein Punkt erreicht, an dem sich die ursprünglich menschenfreundliche und den Wohlstand beflügelnde Idee der Befreiung des Wirtschaftens von übermäßigen Beschränkungen zu einer Kraft pervertiert, die kaum mehr der Allgemeinheit, sondern primär den Sonderinteressen der Wirtschaftselite dient.

Die Dominanz marktförmigen Denkens in unserer Gesellschaft verdrängt andere Weisen des Denkens und Empfindens sowohl im privaten als auch im politischen Leben. Es fehlt an Regeln, die nicht die Fixierung auf den wirtschaftlichen Erfolg belohnen, sondern auch Lebensweisen jenseits ökonomischer Dimensionen beflügeln. Es geht um die Bedingungen eines Wettbewerbs, der im Berufsalltag dem Einzelnen nicht das Äußerste abverlangt (Stichwort »Verdichtung der Arbeit«) und alle seine Kräfte bindet, sondern Zeit und Gelegenheiten für ein erfülltes Leben auch außerhalb der beruflichen Arbeit lässt. Es geht um die Befreiung aus der existenziellen Angst vor Arbeitslosigkeit und sozialem Abstieg. Die menschliche Arbeitskraft ist infolge des technischen Fortschritts produktiv genug geworden, um jedem Menschen ein Leben ohne Not und ohne Hektik zu ermöglichen – aber die Realisierung dieser Möglichkeit setzt eine andere Ordnung der Wirtschaft voraus.

Die von demokratisch beschlossenen Regeln »befreite« Wirtschaft – der Primat der Wirtschaft vor der Politik – ist zu einer Bedrohung des Menschenrechts auf Freiheit und körperliche Unversehrtheit geworden. Der Staat kann seine Schutzaufgaben auch hinsichtlich der sonstigen Freiheitsrechte (zum Beispiel Meinungs- und Pressefreiheit) immer weniger erfüllen, seit er im globalen Standortwettbewerb zum Spielball der Wirtschaftseliten geworden ist. Dieser Gedanke wird im Kapitel über »den Systemzwang der neoliberalen Globalisierung« vertieft.

## *Die Entmachtung des demokratischen Gesetzgebers*

In seinem Essay »Eine politische Verfassung für die pluralistische Weltgesellschaft?« (2005) äußert sich Jürgen Habermas zur Handlungsfähigkeit des Staates und zur demokratischen Legitimation seiner Entscheidungen vor und nach dem Beginn der neoliberalen Globalisierung. Zunächst stellt Habermas fest, der Staat – auch wenn er seine genuinen Aufgaben der Ordnungswahrung und Freiheitssicherung erfülle – könne das erforderliche »Legitimationsniveau« auf Dauer nicht aufrechterhalten, »wenn nicht eine funktionierende Wirtschaft die Voraussetzungen für eine akzeptierte Verteilung sozialer Entschädigungen schafft und wenn nicht eine aktive Bürgergesellschaft die Motive für ein hinreichendes Maß an Gemeinwohlorientierung erzeugt«.

Die demokratische Legitimation von Entscheidungen ist an den nationalstaatlichen Geltungsbereich gebunden. Laut Habermas hatten die nationalen Regierungen vor dem Beginn der neoliberalen Globalisierung für ihre eigenen Territorien einen als hinreichend empfundenen Handlungsspielraum. Die in »nationale gesellschaftliche Kontexte eingebetteten Wirtschaftssysteme blieben für staatliche Interventionen empfindlich.« Die öffentlich relevanten gesellschaftlichen Prozesse seien zu dieser Zeit noch politisch beherrschbar gewesen. Mit der politischen Beherrschbarkeit – so Habermas – stehe und falle die verfassungsrechtliche Konstruktion einer Gesellschaft, die über staatliche Institutionen gemäß dem Willen der Bürger auf sich selbst einwirkt. An der Möglichkeit einer solchen Selbsteinwirkung hängt die demokratische Substanz einer Verfassung, welche die Bürger zu Autoren der Gesetze macht, denen sie als Adressaten zugleich unterworfen sind. Nur in dem Maße, wie eine Gesellschaft mit politischen Mitteln auf sich selbst einzuwirken in der Lage ist, könne die politische Autonomie der Bürger einen Inhalt gewinnen.

Mit der Ausweitung seiner politischen Verantwortungsbereiche sei der Nationalstaat bereits bis an die Grenze des normativ Erträglichen belastet worden. Habermas stellt besorgt fest, dass mit der Umstellung auf ein neoliberales Wirtschaftsregime auf internationaler Ebene diese Grenze definitiv überschritten worden sei. Seit die politisch gewollte Globalisierung der Wirtschaft eine Eigendynamik entfaltet, sei der demokratische Gesetzgeber »entmächtigt«.

Die gesellschaftlichen Prozesse, die für die Garantie von Rechtssicherheit und Freiheit, Verteilungsgerechtigkeit und gleichberechtigtes Zusammenleben relevant sind, entziehen sich nun der politischen

Beherrschung. Mit der Deregulierung (Öffnung) der Märkte entstehe ein Regelungsbedarf, der zwar von transnationalen Netzwerken und Organisationen (zum Beispiel wirtschaftspolitischen Gremien auf EU-Ebene) aufgefangen werde. Die Entscheidungen dieser politischen Netzwerke jedoch greifen – so Habermas – tief in das öffentliche Leben der Nationalstaaten ein, ohne an deren Legitimationsketten angeschlossen zu sein. Eine Demokratie, deren Regierung in wichtigen Fragen nicht nach dem Willen der Bürger fragt, sondern sich an die Entscheidungen von nicht gewählten Expertengremien bindet, unterhöhlt und verliert schließlich ihre demokratische Legitimation.

Müssen wir uns mit der Entmachtung des demokratischen Staates und der dadurch bedingten Zerstörung der Legitimation von Demokratie abfinden, weil es dazu keine Alternative gibt? Wie lässt sich der Vorrang der Politik gegenüber der Wirtschaft wiederherstellen?

Aus Sicht der Anhänger des neoliberalen Dogmas ist im Wirtschaftsgeschehen die Entmachtung des Staates erwünscht. So etwa bezeichnet Wolf Schäfer, Direktor des Institute for European Integration des Europa-Kollegs Hamburg, in einem Beitrag für die *Frankfurter Allgemeine Zeitung* vom 25. Mai 2010 politische Absprachen zur Regulierung von Märkten als »politisches Kartell« und beruft sich dabei auf die »Neue Politische Ökonomie«. Die »empirische Erfahrung« bestätige, »dass Politiker prinzipiell ebenso eigennutzorientiert handeln wie alle anderen Menschen auch«. Er zitiert zustimmend die von dem österreichischen Ökonomen Eugen von Böhm-Bawerk formulierte Alternative: »Macht oder ökonomisches Gesetz« und stellt die Frage: »Sind es politische Regierungen oder ökonomische Gesetzmäßigkeiten, die auf längere Sicht die Welt bewegen?« Schäfer hält es für ökonomisch vernünftig, im Interesse von »Millionen Bürgern« den Gesetzen des Marktes zu gehorchen. Hier steht er in der Tradition des Nobelpreisträgers Milton Friedman mit der Aussage: »Es gibt keine Arbeitslosigkeit, sondern nur zu hohe Löhne.« Wenn die Löhne gegen null gehen, findet jeder Mensch eine bezahlte Arbeit. Der Zynismus dieser Aussage wirft ein Licht auf die Inkompetenz und Verantwortungslosigkeit der Neoliberalen, wenn es um Verteilungsfragen geht.

Mit der zitierten Argumentationsfigur nach dem Motto »Die Gesetze des Marktes sind vernünftiger als demokratisch gewählte Politiker« fügen sich die Neoliberalen willig einem quasi überirdischen Wesen, das höher ist als alle menschliche Vernunft: »die unsichtbare Hand« (Adam Smith), die alles zum Besten lenke. Es wäre schön, wenn auch Theoretiker der neoliberalen Ökonomie endlich begreifen würden, dass der schmale ökonomische Blickwinkel nicht die ganze Wirklichkeit erfasst und dass die Unterwerfung unter diese irrationale Glaubenslehre sehr großen Schaden anrichtet. Wer die »Vernunft des Marktes« über die menschliche Vernunft stellt, demaskiert sich als Verächter und Feind der Demokratie.

# Die Politiker, die Zivilgesellschaft und die »Gesetze« des Marktes

Im zweiten Abschnitt geht es um den Zusammenprall einer ungeregelten Wirtschaftsdynamik mit den grundlegenden Werten unserer Demokratie. Die zunehmende Spaltung unserer Gesellschaft in Arm und Reich wird skizziert, und es wird aufgezeigt, wie ohnmächtig die Politik in Zeiten der neoliberalen Globalisierung der Aufgabe gegenübersteht, den wirtschaftlichen Abstieg der Mittelschicht aufzuhalten. Welche gesellschaftlichen Kräfte bestimmen die Entscheidungen in unserem demokratischen Staat maßgeblich? Die These wird vertreten, dass das Überleben unserer Demokratie von einer kleinen Minderheit abhängt: von den politisch aktiven Teilen der Bevölkerung, die primär von eigennützigen oder gemeinwohlorientierten Motiven geleitet sind. Von ihnen hängt es ab, ob rechtzeitig die politischen Weichen so gestellt werden können, dass ein Entkommen aus der neoliberalen Sackgasse gelingt.

## *Zur Dynamik der Ungleichheit im Marktgeschehen*

Das Marktgeschehen folgt bestimmten Regelmäßigkeiten. Wenn von den »Gesetzen« des freien Marktes die Rede ist, dann ist das vorhersehbare Verhalten der Marktteilnehmer gemeint. Diese »Gesetze« funktionieren seit Jahrhunderten in unterschiedlichen kulturellen und politischen Zusammenhängen.

Der simple Marktmechanismus, bei dem sich Angebot und Nachfrage über den Preis finden, entfaltet eine Eigendynamik, die Innovation und Produktivität vorantreibt und sich in der Vergangenheit für den Wohlstand vieler Menschen als sehr erfolgreich erwiesen hat. Dieser Mechanismus wird auch mit den »Gesetzen des Marktes« umschrieben. Er ist deshalb so leicht nachzuvollziehen, weil er eine sehr verbreitete Eigenschaft der Menschen als Motor verwendet: den Eigennutz. Der Unternehmer produziert nicht, um anderen Menschen zu helfen, sondern um sich selbst einen Vorteil zu verschaffen. Auch der Konsument will mit seiner Kaufentscheidung nicht dem Anbieter der Ware einen Gefallen tun, sondern seine eigenen Bedürfnisse erfüllen.

Der potenzielle Käufer eines Gutes oder einer Dienstleistung wird sich bei gleicher Qualität in aller Regel für das Angebot mit dem niedrigsten Preis entscheiden – und die Preise sind auf dem Weltmarkt über die Leitwährungen Dollar und Euro leicht vergleichbar. Nur eine kleine, wirtschaftlich nicht ins Gewicht fallende Minderheit wird neben Qualität und Preis auch ethische Gesichtspunkte in ihre Kaufentscheidung einfließen lassen.

Der Markt kennt nur einen verengten Leistungsbegriff. Nur Leistungen, die als Angebot auf kaufkräftige Nachfrage stoßen, werden vom Markt überhaupt wahrgenommen. Die monetäre Messbarkeit wird zum alleinigen Maßstab und vernachlässigt all die anderen Ausprägungen von Leistung. Im Anbieten marktgängiger Leistungen sind manche Menschen erfolgreicher als andere; es gibt immer Gewinner und Verlierer. Manchen gelingt es, sich erfolgreich selbstständig zu machen, andere scheitern bei diesem Versuch früher oder später. Wieder andere fühlen sich besser als Arbeitnehmer aufgehoben und erzielen Einkommen in unterschiedlicher Höhe.

Dieser Prozess der Herausbildung von wirtschaftlichen Tätigkeiten im Verbund mit unterschiedlichem Einkommensniveau wird unter drei Bedingungen zum Problem:

- Erstens, wenn Menschen trotz Bereitschaft keine bezahlte Arbeit finden und wenn am unteren Ende der Einkommenspyramide angekommene Menschen zu wenig verdienen, um sich ein von Existenzängsten freies Leben leisten zu können.

- Zweitens, wenn die Menschen am oberen Ende der Einkommensskala eine wirtschaftliche/politische Macht erlangen, mit der sie sich Privilegien zulasten der anderen Menschen sichern.
- Drittens, wenn Gemeinschaftseinrichtungen für Geringverdiener zu teuer werden, wenn natürliche Ressourcen verbraucht werden, für die es keine aus dem Gleichgewicht von Angebot und Nachfrage abgeleiteten realen Preise gibt und die daher trotz ihrer lebensnotwendigen Funktionen knapp werden.

Der moderne, auf die Zustimmung der Mehrheit seiner Bürger angewiesene Staat reagiert auf die angedeuteten Problemlagen auf dreierlei Weise:

- Über das Sozialstaatsprinzip (in Verbindung mit Daseinsvorsorge) will er verhindern, dass die wirtschaftlich mehr oder weniger erfolglosen Menschen in materielle Notlagen geraten, aus denen sie sich nicht mehr aus eigener Kraft befreien können. Und er will sowohl die existenzielle Grundversorgung als auch gleiche Bildungschancen für alle Menschen sicherstellen.
- Mit dem Prinzip Demokratie will er der ungleichen Verteilung der Macht entgegenwirken und insbesondere die Zusammenballung von demokratisch nicht legitimierter Macht verhindern.
- Dem Prinzip Nachhaltigkeit will er Geltung verschaffen, indem er erstens Daseinsvorsorge betreibt, um durch geeignete Institutionen und bezahlbare Angebote dauerhaft die Grundversorgung auch der Geringverdiener sowie ihre Teilnahme am öffentlichen Leben sicherzustellen. Und zweitens will er mit umweltpolitischen Maßnahmen die dauerhafte Nutzbarkeit der beschränkt verfügbaren natürlichen Güter sicherstellen (Beispiel: Arten- und Klimaschutz, Ressourcenschutz).

Diese drei wirtschaftsrelevanten Prinzipien und die daraus abgeleiteten Staatsaufgaben sind darauf angelegt, die blinden Flecken (das Versagen) des freien Marktes auszugleichen. Die geeigneten Maßnahmen dafür können nachsorgend (nach dem Feuerwehrprinzip) und vorbeugend (nach dem Vorsorgeprinzip) konzipiert sein.

Die genannten Aufgaben manifestieren sich in demokratischen, sozialen und ökologischen Standards, die mehr oder weniger anspruchsvoll sein können. Sie sind entweder verbindlich in Gesetzen festgelegt oder existieren in Gestalt von ethischen Forderungen, die auf Selbstverpflichtung der Akteure am Markt – der Produzenten, Dienstleistenden, Konsumenten – angewiesen sind.

Die den Wirtschaftsunternehmen liebste Form der gesellschaftlichen Einflussnahme auf ihr Handeln sind ethische Appelle an ihre Selbstverpflichtung zur Unterstützung von Zielen, die außerhalb ihrer betrieblichen Zwecke liegen. In diesem Zusammenhang ist das Konzept der »Corporate Social Responsibility« (CSR) zu nennen, das mit unternehmerischer Gesellschaftsverantwortung übersetzt werden kann. Die Europäische Kommission hat in einem »Grünbuch« (Diskussionspapier) dieses CSR-Konzept wie folgt definiert: »Konzept, das den Unternehmen als Grundlage dient, auf freiwilliger Basis soziale Belange und Umweltbelange in ihre Unternehmenstätigkeit und in die Wechselbeziehungen mit den Stakeholdern zu integrieren.« Im Rahmen von CSR nehmen die Unternehmen gern die Gelegenheit wahr, höchstmögliche Imagegewinne bei minimalem Einsatz und nicht nennenswerter Einschränkung ihrer ökonomischen Handlungsspielräume zu erzielen. Dass der Weg der freiwilligen Selbstverpflichtung in Konfliktfällen – bei drohenden wirtschaftlichen Einbußen in nennenswertem Umfang – versagt, ist bekannt und darf nicht verwundern. Hinsichtlich einer tief greifenden sozialen oder ökologischen Rücksichtnahme der Akteure am Markt bleibt dieser Weg wirkungslos und muss deshalb hier nicht weiter erörtert werden.

Der Wirtschaft mit einer nicht nur oberflächlichen, sondern tief greifenden Ordnungspolitik zu begegnen: darin liegt die einzige Chance, dass die in Deutschland offiziell geltende »soziale Marktwirtschaft« nicht nur in der Theorie, sondern auch in der Praxis ihre soziale Komponente erhält und sie weiterentwickelt. Aber um der Wirtschaft Zügel anlegen zu können, braucht der Staat hinreichende Macht, der auch die global agierenden Konzerne unterworfen sein müssen.

## *Das Grundgesetz und die Verteilungsfrage*

Im Grundgesetz der Bundesrepublik Deutschland sind – abgeleitet aus dem Leitsatz »Die Würde des Menschen ist unantastbar« – Grundsätze festgelegt: »Das deutsche Volk bekennt sich zu unverletzlichen und unveräußerlichen Menschenrechten als Grundlage jeder menschlichen Gemeinschaft, des Friedens und der Gerechtigkeit in der Welt.« Ebenso wie dieser Grundsatz darf auch die in Artikel 20 niedergelegte zentrale Bestimmung nicht durch eine Zweidrittelmehrheit aufgehoben werden: »Die Bundesrepublik Deutschland ist ein demokratischer und sozialer Bundesstaat. Alle Staatsgewalt geht vom Volke aus. Sie wird vom Volke in Wahlen und Abstimmungen und durch besondere Organe der Gesetzgebung, der vollziehenden Gewalt und der Rechtsprechung ausgeübt.«

Außer den Grundsätzen sind im Grundgesetz auch Grundrechte enthalten, etwa die freie Entfaltung der Persönlichkeit, die Gleichheit vor dem Gesetz, die Gleichbehandlung ungeachtet der Herkunft, der Religion und des Geschlechts, die Glaubens- und Gewissensfreiheit, die Meinungsfreiheit, die Vereinigungsfreiheit, die Versammlungs- und Pressefreiheit. Die Grundrechte binden Gesetzgebung, vollziehende Gewalt und Rechtsprechung. Als unmittelbar geltendes Recht sind sie durch Gesetze zu konkretisieren. Zu den Grundrechten gehört auch das Recht auf Eigentum – jedoch eingeschränkt durch seine Sozialbindung. Sein Gebrauch soll auch dem Wohl der Allgemeinheit dienen. Eigentum ist dem Grundsatz der Sozialstaatlichkeit verpflichtet.

Der demokratische Staat hat die Ressourcen für Lebensumstände bereitzuhalten, unter denen auch die wirtschaftlich schwächsten Bürger faktisch in den Genuss der gesetzmäßig garantierten Freiheiten gelangen können. Dabei geht es in erster Linie nicht um die sekundäre Verteilung von Lebenschancen über Transferleistungen, sondern um eine primäre Verteilung, die jedem Menschen seine materielle Unabhängigkeit ermöglicht: um die Teilnahme und Teilhabe am Wirtschaftsleben.

Der »freie« Markt geht in seiner neoliberalen Ausprägung von einem Eigentumsbegriff aus, der allein auf die Interessen der Wirtschaftselite zugeschnitten ist. Die im Grundgesetz verankerte Sozialbindung des Eigentums wird kaum beachtet. Das Eigentum steht angesichts geschichtlicher Erfahrungen mit faschistischen und pseudosozialistischen Staaten unter dem Schutz des Grundgesetzes, um den materiell unabhängigen Bürger vor staatlicher Willkür zu schützen. Finanzjongleure und andere neoliberale Akteure missbrauchen den überdehnten Eigentumsbegriff, um ihre gemeinschaftsschädlichen Wetten und sonstigen asozialen Formen der Bereicherung zu legalisieren.

Wenn ein Unternehmer zusammen mit seinen Arbeitnehmern Werte erzeugt, so mehren die Erträge dieses Wirtschaftens den gesellschaftlichen Reichtum. Warum »gesellschaftlicher« Reichtum? Zwar werden die Arbeitnehmer des Unternehmens durch die ausbezahlten Löhne und Gehälter für ihren Einsatz an Kraft, Kreativität und Zeit entschädigt, jedoch unterliegt der darüber hinausgehende Mehrwert (Gewinn) nicht der unbeschränkten Verfügungsgewalt des Unternehmers. Denn dieser Ertrag unterliegt der Sozialbindung, das heißt: Er darf nur in Verantwortung gegenüber der Gesellschaft verwendet werden.

Dass bei Konflikten zwischen Eigentumsrechten und dem Allgemeinwohl die Sozialbindung des Eigentums nach mehr als sechzig Jahren Gültigkeit so wenig ernst genommen wird, kann zum Sprengsatz unserer Demokratie werden.

Bei florierender Wirtschaft kann der Staat seine sozialen Aufgaben relativ leicht erfüllen. Wenn jedoch der durchschnittliche Wohlstand sinkt und dabei die Bevölkerung am unteren Ende der Einkommensskala unter ein als erträglich empfundenes Niveau abzugleiten droht, wird die Frage einer angemessenen Umverteilung des gesellschaftlich erwirtschafteten Reichtums zur Existenzfrage des demokratischen Staates.

Das höchste Gut der Demokratie ist die Freiheit des Einzelnen. Sie muss verteidigt werden gegen Herrschaftsansprüche – gegen illegitime Übergriffe staatlicher Instanzen ebenso wie gegen wirtschaftliche

Machtansprüche, die sich hinter den vermeintlichen »Sachzwängen« des Marktes verbergen. Die Freiheit des Menschen darf nicht verwechselt werden mit der global grenzenlosen Freiheit des Wettbewerbs, der immer mehr Menschen in Abhängigkeit und Existenzängste treibt.

Recht und Gesetz können auch bei Übereinstimmung mit dem Grundgesetz starr und lebensfern sein und staatlichen Institutionen an der falschen Stelle Einfluss einräumen – zum Beispiel mit dem Ergebnis, dass durch Bevormundung den hilfsbedürftigen Bürgern die Möglichkeit zur Eigeninitiative genommen wird. Die Macht des Staates muss auf das unabdingbare Maß begrenzt bleiben und bedarf auch innerhalb dieser Grenzen einer permanenten Rechtfertigung. Aber was ist das »unabdingbare Maß«? Es umfasst auf jeden Fall die Kompetenz des Staates, mit geeigneten Rahmensetzungen dafür zu sorgen, dass die Wirtschaft dem Menschen dient und nicht umgekehrt. Das ist nur möglich, wenn es gelingt, der Eigendynamik des Marktes zu widerstehen. Die Marktdynamik ist mit dem Ziel einer gerechteren Verteilung der Lebenschancen politisch zu zügeln und zu lenken.

Der Sozialstaat muss dabei die »richtige Mischung« zwischen der Selbstverantwortung der Individuen und der staatlichen Verantwortung für die Sicherung der elementaren Bedürfnisse seiner Bürger finden. Diese Mischung kann verhindern, dass die sozialen Netze, die den Einzelnen vor dem Absturz ins Elend bewahren, zu Netzen werden, die ihn seiner Bewegungsfreiheit berauben, wie es der bekannte Geschichtswissenschaftler Gerhard A. Ritters ausgedrückt hat.

Das Verfassungsgericht hat in seinem Urteil vom Februar 2010 vom Grundrecht auf ein menschenwürdiges Existenzminimum gesprochen. Heribert Prantl weist in der *Süddeutschen Zeitung* vom 25./26. September 2010 auf ein mögliches Missverständnis hin: »Jemand, der keine Arbeit hat, aber eine will und partout keine kriegt und der deshalb jeden Euro dreimal umdrehen muss, der ist arm, aber nicht sozial schwach. Sozial schwach ist freilich ein Staat, der nicht alles tut, um die Menschen aus der Armut herauszuholen.«

Der Anspruch des Staates, seine Bürger vor Not zu schützen, geht weit darüber hinaus, nur die Verlierer der wirtschaftlichen Verhältnisse aufzufangen und zu versorgen. Der Staat ist mehr als ein Sanitäter, der die aus dem System gefallenen Menschen wieder auf die Beine bringt. Er muss durch geeignete Rahmenbedingungen dafür sorgen, dass die wirtschaftlichen Verhältnisse (das »System«) die sich bemühenden Menschen nicht überfordert und zu Opfern macht.

Da es die in den Grundrechten angestrebte Achtung der menschlichen Würde nicht im Abstrakten, sondern nur im Konkreten gibt (Jürgen Habermas), muss der demokratische Staat Institutionen und Verfahren schaffen, mit denen sich die Idee der Demokratie in das wirkliche Leben umsetzen lässt. Dass die Lebendigkeit der Demokratie nicht abstirbt, hängt jedoch nicht nur von der redlichen Pflichterfüllung von Beamten und staatlichen Bediensteten ab, sondern in erster Linie von einer Zivilgesellschaft, die weiß, was sie an der Demokratie hat und wie diese verteidigt werden kann.

Die großartigen Grundsätze und Grundrechte unseres Rechtsstaates werden nur so lange beachtet, wie unsere Demokratie Bestand hat. Aber dieser Bestand hängt nicht nur von der Meinung moralisch gefestigter und hoch gebildeter Personen in sicheren beruflichen Positionen ab, sondern auch von der Meinung all der Menschen, die nach dem Motto »Erst kommt das Fressen, dann kommt die Moral« (Bertolt Brecht) nicht dulden werden, dass materielle Not über sie kommt.

Der Bestand der Demokratie hängt davon ab, dass die unvermeidliche Ungleichheit der Einkommen den Grad der sozialen Erträglichkeit nicht übersteigt. Eine wachsende Kluft zwischen einer kleinen Gruppe Reicher und einer breiten Masse Notleidender zerstört das soziale Klima und die Akzeptanz der Demokratie. Das Gefühl in der Bevölkerung, ob eine politische Entscheidung hinsichtlich ihrer wirtschaftlichen Auswirkungen »sozial gerecht« ist, muss daher als ein entscheidender Gradmesser für die Demokratieverträglichkeit der Entscheidung gewertet werden. Die Frage der Verteilung des gesellschaftlichen Reichtums darf politisch nicht nach Kriterien wirtschaftlicher Effizienz beantwortet werden, wie es die neoliberale Theorie behauptet.

Horst Affheld, der lange am Max-Planck-Institut zur Erforschung der Lebensbedingungen der wissenschaftlich-technischen Welt in Starnberg über ökologische und ökonomische Grundfragen geforscht hat, zeichnet in seinem Buch »Wirtschaft, die arm macht« (2003) den Weg vom Sozialstaat zur gespaltenen Gesellschaft nach und kommt zu folgender Einschätzung: »Von dem einstigen Ziel der sozialen Marktwirtschaft, Wohlstand für alle zu schaffen, ist schon lange nicht mehr die Rede. Im Gegenteil: Wo immer über Reformen diskutiert wird, heißt es: Löhne senken, Wachstum steigern, Beseitigung aller Handelshemmnisse und Entlastung der Unternehmen von Steuern und Abgaben. Obwohl diese Patentrezepte nicht mehr greifen, werden sie unverdrossen als ›Reform‹ angeboten.«

Ein aktuelles Beispiel ist die Diskussion um Leiharbeit. Es geht dabei grundsätzlich darum, wie die Arbeitswelt im Spannungsfeld von Flexibilität der Unternehmen und Sicherheit der Arbeitnehmer beschaffen sein soll. Detlev Esslinger kommentiert (*Süddeutsche Zeitung* vom 1. Oktober 2010) treffend die Problematik der Leiharbeit: »Vor allem Firmenchefs, die im Kostendrücken erheblich kreativer sind als im Umsatzmachen ... sahen darin die Möglichkeit, einen Teil der Belegschaft auf Dauer billiger abzuspeisen. Noch sind es in ganz Deutschland weniger als eine Million Arbeitnehmer, die nicht die relative Sicherheit eines festen Jobs haben, sondern Leiharbeit verrichten müssen. Aber ihre Zahl ist in den zurückliegenden sechs Jahren um fast das Dreifache gestiegen. Weder Rot-Grün noch Schwarz-Rot noch Schwarz-Gelb haben erkannt, welches gesellschaftliche Problem sich hier allmählich auftürmt: die Akzeptanz der Marktwirtschaft wankt, wenn breite Schichten diese eines Tages nur noch als ein System wahrnehmen, in dem man sich dem Diktat der Personalchefs zu unterwerfen hat.«

Die Möglichkeit der Teilhabe und Teilnahme aller Menschen am Wirtschaftsleben – ein Arbeitsplatz, mit dem ein hinreichendes Einkommen verdient werden kann – muss das oberste Ziel allen politischen Handelns sein. Die Versorgung mit Transferleistungen kann nur als eine zeitlich begrenzte Notlösung hingenommen werden, denn sie bringt Bürger in eine unwürdige Abhängigkeit vom Staat. Sie untergräbt das Selbstbewusstsein und die Freiheit von Bürgern, deren Bemühungen um einen Arbeitsplatz erfolglos bleiben.

Der Staat muss beweisen, dass er fähig ist, Not von der Bevölkerung abzuwehren. Wenn er das nicht kann, dann ist der demokratische Konsens dahin, sobald entweder ein Rattenfänger kommt, der mit autoritären Mitteln diese Aufgabe zu lösen verspricht, oder wenn eine Wirtschaftselite ungeschminkt die Hebel der Macht übernimmt.

Heute ist die Demokratie in Deutschland und Europa kaum durch linke, rechte oder religiöse Ideologen bedroht, sondern vor allem durch eine Wirtschaftselite, die mit autoritärer Gewalt oder mit »sanfter« Expertenherrschaft den Staat übernimmt und ihre eigennützigen Interessen verfolgt.

## *Die soziale Spaltung der Gesellschaft nimmt zu*

Wenn in den TV-Talkshows davon die Rede ist, dass »wir« ein reiches Land seien, dann klingt das wie Hohn für all die Menschen, die unter Arbeitslosigkeit und Armut leiden. Ihre Situation wird weitgehend aus den Medien ferngehalten, weil ihre Darstellung den Unterhaltungswert mindert. Und es klingt sehr nüchtern, wenn der Arbeitskreis »Erwerbstätigenrechnung des Bundes und der Länder« (bestehend aus Statistikern der Bundesländer, des Bundes und des Deutschen Städtetages) feststellt: »Vollzeitige Erwerbsarbeitsplätze mit Sozialversicherungspflicht des Beschäftigten werden immer mehr zu Relikten des Industriezeitalters.« Teilzeitarbeit, Leiharbeit, Mini-Job, Zusatzjob (sogenannter Ein-Euro-Job) und Gründungszuschuss lauten stattdessen die Begriffe der »modernen« Arbeitswelt.

Hinter diesen Begriffen verbergen sich Angst und Unsicherheit. Arbeitslosigkeit und Armut sind für die Betroffenen sehr schmerzhaft und demütigend. Die Werbung suggeriert, dass Glück und Ansehen der Person von Konsum und Status abhängen. Wer da nicht mithalten kann, wird als minderwertig abgestempelt und empfindet sich häufig selbst als minderwertig. In unserer auf Leistung gedrillten Gesellschaft sind Armut und Arbeitslosigkeit mit dem Gefühl des Versagens verbunden. Wer über längere Zeit arbeitslos ist, fühlt sich daher ausgegrenzt. Die Angst vor dem sozialen Abstieg ist allgegenwärtig.

Die Glücksforschung hat ergeben, dass die Zufriedenheit der Bevölkerung in einem Land nicht von der Höhe des durchschnittlichen Einkommens abhängt, sondern davon, ob es große oder nur kleine Diskrepanzen zwischen armen und reichen Personengruppen gibt. Mit der größer werdenden Diskrepanz wächst die soziale Spannung – und auch die Kriminalität.

Nach Angaben der OECD hat sich die Zahl der Armen in Deutschland im Laufe der letzten zwanzig Jahre fast verdoppelt, die Einkommensungleichheit ist im selben Zeitraum drastisch gestiegen.

In einem offenen Brief an die Betriebsräte von Opel/GM Europa hat die Attac-Arbeitsgruppe »ArbeitFairTeilen« im Januar 2010 darauf hingewiesen, dass der menschenverachtende Dauerzustand der Massenarbeitslosigkeit durch den seit beinahe drei Jahrzehnten dominierende Neoliberalismus hervorgerufen wurde und aufrechterhalten wird. Angeprangert wird die massenhafte Erwerbslosigkeit und die sinkende Lohnquote einerseits, steigende Gewinne und die Neigung zu Finanzspekulationen andererseits. Trotz Weltwirtschafts- und Finanzkrise halten die Verfechter des Neoliberalismus an der Fortsetzung ihres Modells fest. »Dieses Modell funktioniert nur, wenn die Gesellschaft permanent gespalten ist und wenn die Angst bei allen abhängig Beschäftigten zum dominierenden Verhalten im Betrieb und im Kampf zur Verteidigung der eigenen Interessen wird.« Seit vielen Jahren seien die abhängig Beschäftigten unter den Bedingungen der Massen- und Dauerarbeitslosigkeit enormen Verlustängsten ausgesetzt. Diese Ängste zwängen sie (und die Gewerkschaften) ständig zu Zugeständnissen bei Löhnen und Sozialleistungen sowie – was noch schlimmer sei – zur Aufgabe des solidarischen Handelns. Das komme einer Selbstaufgabe gleich.

Zur zerstörerischen Wirkung des Arbeitsplatzverlustes auf die Betroffenen heißt es: »Die Erwerbslosigkeit ist nach unserer Auffassung ein Gewaltakt und ein Anschlag auf die körperliche und seelisch-geistige Integrität, auf die Unversehrtheit der davon betroffenen Menschen.« Die erzwungene Arbeitslosigkeit sei ein Raub und eine Enteignung der Fähigkeiten und Eigenschaften, die innerhalb von Familie, Schule und Lehre mühsam erworben wurden, die dann in Gefahr sind, zu verkümmern, und schwere Persönlichkeitsstörungen hervorrufen. In unseren Zeiten der Massenarbeitslosigkeit lebten auch die Noch-Beschäftigten mit der ständigen Angst, in die Erwerbslosigkeit abzurutschen. Diese Angst dominiere den Alltag und das Familienleben vieler lohnabhängig beschäftigter Menschen und sei die Ursache von psychosomatischen Erkrankungen und Belastungen. In Deutschland leide inzwischen jeder Sechste unter Angst.

Der Deutsche Gewerkschaftsbund (DGB) hat eine Studie (2010) über die Auswirkungen der Arbeitslosigkeit auf die Gesundheit ausarbeiten lassen. Ergebnis: Wer arbeitslos wird, erlebt dies meist als schwere Belastung, die weit über finanzielle Einschränkungen hinausgeht. Existenzielle materielle Sorgen und zunehmend verringerte finanzielle Handlungsmöglichkeiten sowie die mit der Arbeitslosigkeit verbundene Ausgrenzung und Entwertung (das soziale Stigma) beeinträchtigen ganz erheblich die psychische und körperliche Gesundheit. Bei Arbeitslosen wurde ein erhöhtes Krankheitsrisiko festgestellt. »Unsichere Beschäftigung im Niedriglohnsektor oder Ein-Euro-Jobs sind keine Alternativen und verschleißen die Betroffenen genauso wie dauerhafte Arbeitslosigkeit.«

Einige wenige Fakten und Zahlen zum Auseinanderklaffen von Arm und Reich:

Von 1991 bis 2005 stieg in Deutschland der Einkommensanteil der reichsten 20 Prozent der Bevölkerung um rund 5 Prozent auf etwa 40 Prozent. Bei den ärmsten 20 Prozent der Bevölkerung sank dagegen der Anteil am Gesamteinkommen auf 9,4 Prozent. Auch die Verteilung des Vermögens zeigt eine tiefe Kluft. Im Jahr 2007 (also noch vor der Krise) hatte ein knappes Drittel der Deutschen nichts gespart oder sogar Schulden. Sie zählen zu den 70 Prozent der Bevölkerung mit eher niedrigem Einkommen, die zusammen nur 9 Prozent des Vermögens halten. In den Händen der reichsten 10 Prozent der Bevölkerung befinden sich mehr als 60 Prozent des Gesamtvermögens.

In einer Studie des Deutschen Instituts für Wirtschaftsforschung (2010) wurde nachgewiesen, dass nicht nur die Anzahl Ärmerer und Reicherer immer weiter wächst – seit zehn Jahren werden ärmere Haushalte immer ärmer, während die Reicheren immer reicher geworden sind. Fast jeder vierte Bundesbürger gehört zu der Personengruppe, die 2008 im Durchschnitt 645 Euro monatlich verdiente – 35 Euro weniger als im Jahr 2000.

Das Institut für Arbeit und Qualifikation der Universität Duisburg-Essen hat berechnet, dass in Deutschland 3,3 Millionen Menschen weniger als 6 Euro pro Stunde verdienen und 5 Millionen Arbeitnehmer maximal 8 Euro pro Stunde verdienen (Stand 2010). Vom Hartz-IV-Regelsatz (359 Euro monatlich zuzüglich Kosten für Unterkunft und Heizung für einen alleinstehenden Erwachsenen) müssen ca. 6,8 Millionen Menschen leben (Deutscher Landkreistag, Januar 2010).

Wer trotz Beschäftigung nur ein Einkommen unterhalb der Grundsicherung bezieht, erhält die Differenz von der Arbeitsagentur. Im Januar 2010 waren das 1,3 Millionen Personen (»Aufstocker«). In der untersten Tarifgruppe kommen Friseure in Brandenburg auf einen Stundenlohn von knapp über 3 Euro, das sind im Monat 515 Euro für eine Vollzeitarbeit. Wachleute in Thüringen oder Mecklenburg-Vorpommern erhalten 750 Euro brutto.

Die Arbeitslosenquote betrug im Juni 2010 (bei noch laufender Kurzarbeiterregelung) 7,5 Prozent. Das sind 3,15 Millionen arbeitswillige Menschen, die keine Arbeit finden. Diese offizielle Zahl ist allerdings statistisch geschönt. Die ehrliche Zahl der Unterbeschäftigten liegt bei 4,3 Millionen. Ein Drittel der Unterbeschäftigten sind

Langzeitarbeitslose (länger als 12 Monate ohne Arbeit). Erfolgsmeldungen über den Rückgang der Arbeitslosigkeit sind skeptisch zu betrachten, da meist minderwertige Jobs neu entstehen, vor allem im Bereich der besonders unsicheren und meist schlechter bezahlten Leiharbeit. Die Zahl der prekär Beschäftigten in Deutschland belief sich Mitte 2010 auf 7,2 Millionen, für 4,2 Millionen von ihnen ist der Mini-Job die einzige Erwerbsquelle (*brand eins*, Heft 6/2010).

Die Regelaltersrente beträgt im Durchschnitt für Männer 762 Euro und für Frauen 354 Euro monatlich (Stand Ende 2009). Wer als Alleinstehender weniger als 10 953 Euro jährlich (das sind 912,75 Euro monatlich) verdient, gilt als armutsgefährdet. Das betrifft 12,5 Millionen Menschen. Der Betrag entspricht 60 Prozent des durchschnittlichen Einkommens in Deutschland. Ein Projektmanager in der Chemie- und Pharmaindustrie kommt auf durchschnittlich 73 114 Euro. Geschäftsführer in Firmen mit mehr als 1000 Mitarbeitern verdienen durchschnittlich 570 000 Euro im Jahr. Deutsche-Bank-Chef Josef Ackermann hat im Jahr 2009 ein Gehalt von 9,8 Millionen Euro nach Hause getragen. Die Grundvergütung der Dax-Konzernchefs, die 27 Prozent des gesamten Verdienstes ausmacht, ist gegenüber dem Vorjahr durchschnittlich um 4 Prozent (das sind etwa 360 000 Euro) gestiegen.

In Deutschland gibt es nach Angaben des Münchner Instituts für sozialökologische Wirtschaftsforschung (ISW) die meisten Millionäre in Europa. Ihre Zahl stieg im Krisenjahr 2009 um 51 000 (+6,3 Prozent) auf 861 000. Im Durchschnitt verfügen diese Reichen pro Kopf über 3,25 Millionen Dollar. Umgerechnet in Euro ergibt das laut ISW einen Geldschatz von knapp 2,2 Billionen Euro. Ende 2009 betrug das gesamte Geldvermögen in Deutschland 4,64 Billionen Euro. Das bedeutet: 1 Prozent der Bevölkerung verfügte über fast die Hälfte (47 Prozent) des geldwerten Reichtums.

Von 1999 bis 2009 hat sich das private Vermögen in Deutschland um 1,1 Billionen Euro auf insgesamt 6,6 Billionen erhöht. Das oberste Zehntel der Bevölkerung besaß 2007 einen Anteil von 61 Prozent am

Gesamtvermögen; die untere Hälfte hatte im Durchschnitt ein Vermögen von null Euro, wobei das unterste Zehntel verschuldet war.

Die drei reichsten Menschen verfügen zusammen über 152 Milliarden Dollar. Etwa 10 Millionen Menschen gibt es weltweit, die mehr als 1 Million Dollar flüssig haben – also ohne Berücksichtigung ihres Immobilienbesitzes. Das geht aus dem Reichtumsbericht (World Wealth Report) von Merrill Lynch und Capgemini (2009) hervor. Diese Personen (meist Multimillionäre) verfügen über ein gesamtes Geldvermögen von 39 Billionen (39 000 Milliarden) Dollar – das sind 18,9 Prozent mehr als ein Jahr vorher (2008). Millionäre kennen keine Krise. Die genannte Summe entspricht zwei Dritteln (67,3 Prozent) des globalen Bruttoinlandsprodukts.

Nach Angaben des Statistischen Bundesamtes sind über den Zeitraum seit dem ersten Quartal 2000 bis 2010 in Deutschland die Nettolöhne und -gehälter je Arbeitnehmer um 2,5 Prozent gesunken, während die Unternehmens- und Vermögenseinkommen (trotz des Einbruchs 2008) um 31,1 Prozent expandierten. Der soziale Graben wird sich weiter vertiefen: Nach der Prognose im Finanzplan des Bundes (Einkommensentwicklung, Inflationsrate) wird bis zum Jahr 2014 das Arbeitnehmerentgelt seit dem Jahr 2000 real einen Rückgang von 3,7 Prozent verzeichnet haben, während die Unternehmens- und Vermögenseinkommen im gleichen Zeitraum um fast 47 Prozent zugelegt haben werden (*global news* 2113 vom 24. August 2010).

Die hier zusammengestellten Fakten über die Spaltung der Gesellschaft beunruhigen gegenwärtig nur wenige Zeitgenossen. Allerdings wirkt die aufgezeigte Kluft schon heute belastend auf das gesellschaftliche Klima. Das ist vergleichbar mit ersten Rissen im Eis eines zugefrorenen Sees. Der Bestand der Demokratie ist erst dann gefährdet (um im Bild zu bleiben: die Risse vertiefen sich und das Eis auf dem See bricht auseinander), wenn wesentlich größere Teile der Mittelschicht von Arbeitslosigkeit betroffen sind und für Millionen, die heute noch materiell relativ sorgenfrei leben, der Abstieg in die Armut droht.

Gelegentlich wird von neoliberaler Seite der große Reichtum einer kleinen Minderheit mit der Aussicht gerechtfertigt, dass reiche Personen durch Schenkungen (Stiftungen, Mäzenatentum) ihrer gesellschaftlichen Verpflichtung gerecht werden können und dies auch häufig tun. So etwa vertritt Nikolaus Piper in der Wochenendbeilage der *Süddeutschen Zeitung* vom 21./22. August 2010 die Meinung: »Die Möglichkeit, reich zu werden, gehört ebenso zu einer Demokratie wie die Verpflichtung der Reichen, einen Teil ihres Wohlstandes an die Gesellschaft zurückzugeben. Ohne das Erstere erstarrt die Gesellschaft, ohne das Zweite zerfällt sie.« Das Bewusstsein der Reichen, dass sie der Gesellschaft etwas schulden, gehöre zu einer »freien« (im Sinne von Reichtum zulassenden) Gesellschaft. Piper bezieht sich auf die vor einiger Zeit bekannt gewordenen Spendenversprechen (»Giving Pledge«) von Milliardären in den USA. Bill Gates, Warren Buffett und eine ganze Reihe von Mitmilliardären, die auf der Forbes-Liste der reichsten Amerikaner stehen, wollen den größten Teil ihres Vermögens für gemeinnützige Zwecke abgeben – insgesamt 120 Milliarden Dollar. Dem Einwand, private Mildtätigkeit ändere an der Spaltung der Gesellschaft nichts, und die Geldgaben würden nach Gutsherrenart den guten Zwecken willkürlich (und mit Hintergedanken, die den Privilegien der Reichen nützen) zugeteilt, begegnet Piper mit dem Hinweis, Giving Pledge führe zu den guten Wurzeln des Kapitalismus zurück. Nikolaus Piper entlarvt mit seiner Argumentation, wie wenig er vom Wesen des Sozialstaates begriffen hat. Er sieht keinen Unterschied zwischen dem Recht eines in Not geratenen Bürgers auf staatliche Hilfe und dem Angewiesensein dieses Bürgers auf mildtätige Gaben. Für Neoliberale wie ihn ist nicht nachvollziehbar, dass sich ein in existenziellen Schwierigkeiten befindlicher Bürger gedemütigt fühlt, wenn er auf die Gnade eines Wohltäters angewiesen ist.

Die zunehmende Spaltung der Gesellschaft in Arm und Reich betrifft nicht nur die Bevölkerungen innerhalb der Nationen, sondern auch die Weltbevölkerung. Arme und reiche Länder konkurrieren um die knappen Ressourcen.

Der Schweizer Soziologe und Politiker Jean Ziegler war in den Jahren 2000 bis 2008 Sonderberichterstatter der Vereinten Nationen für das Recht auf Nahrung und ist seit 2008 Vizepräsident des Beratenden Ausschusses des UN-Menschenrechtsrates. In seinem neuesten Buch mit dem Titel »Der Hass auf den Westen. Wie sich die armen Völker gegen den wirtschaftlichen Weltkrieg wehren« wendet er sich (wie schon in seinen früheren Büchern) gegen die herrschende »kannibalische Weltordnung«. In einem Interview von Martin Lejeune charakterisiert Jean Ziegler in der Zeitung *Junge Welt* (21. August 2010: »Jeder kämpft dort, wo er ist«) diese neoliberale Ordnung wie folgt: »Die Goldberge steigen im Westen und die Leichenberge im Süden. Alle fünf Sekunden verhungert ein Kind unter zehn Jahren, 47 000 Menschen sterben jeden Tag an Hunger, und mehr als 1 Milliarde Menschen, fast ein Sechstel der Menschheit, ist permanent schwerst unterernährt. Das Finanzkapital hat sich autonomisiert. Auf den Finanzplätzen der Welt zirkulieren täglich gemäß Weltbankstatistik ca. 1000 Milliarden Dollar, die ihre monetäre oder juristische Identität wechseln. Davon sind nur 13 Prozent wertschöpfendes Kapital, zum Beispiel eine Investition oder Bezahlung für eine Warenlieferung. 87 Prozent sind reines Spekulationskapital.

Die Oligarchen dieses Spekulationskapitals, vollständig losgelöst von irgendeiner Realwirtschaft, beherrschen die Welt. Die haben eine Macht, wie sie in der Geschichte der Menschheit nie ein König, Kaiser oder Papst gehabt hat. Nach Weltbankstatistik haben im Jahr 2009 die 500 größten transnationalen Privatkonzerne 52 Prozent des Weltbruttosozialproduktes kontrolliert. Diese Konzerne funktionieren ausschließlich nach dem Prinzip der Profitmaximierung …« Auf die Frage, warum die Regierungen nicht in der Lage sind, aus der Finanzkrise zu lernen, antwortet er: »Die Finanzoligarchen haben es fertig gebracht, einen rechtsfreien Raum für sich zu schaffen und ihren Willen den Regierungen aufzuzwingen« (ebd.).

Die Armen in allen Teilen der Welt müssen und können sich gegen die ungerechten Verhältnisse zur Wehr setzen – gemeinsam mit Menschen, denen es besser geht und die sich mit den Benachteiligten solidarisch erklären. Erich Fried stellte in einem Gedicht die Frage, was den Armen zu wünsche wäre, und antwortet: »... daß sie alle im Kampf gegen die Reichen / so unbeirrt sein sollen / so findig / und so beständige wie die Reichen im Kampf gegen die Armen sind«. Zu der vom Dichter empfohlenen Findigkeit gehört es, eine Wirtschaftsordnung zu entwerfen, die legitime Ansprüche der sozialen Gerechtigkeit und der ökonomischen Vernunft gleichermaßen erfüllt. Eine funktionierende und wehrhafte Demokratie eröffnet die Möglichkeit, eine solche Alternative zur gegenwärtig herrschenden ungerechten Wirtschaftsordnung »unbeirrt« gegen die zu erwartenden Widerstände der neoliberalen Wirtschaftselite durchzusetzen.

## *Was ist Wohlstand?*

Wohlstand sichert die Akzeptanz von Demokratie. Aber was heißt »Wohlstand«? Die gängige Wirtschaftsstatistik bestimmt den Wohlstand eines Landes über die Höhe des Bruttoinlandsprodukts (BIP), das heißt über die Summe aller geschaffenen Güter und Dienstleistungen pro Jahr. Nach dieser Bemessungsgrundlage steigt der Wohlstand zum Beispiel, wenn die Ausgaben für Medikamente und Krankenhäuser oder die Reparaturkosten für Autos nach Unfällen steigen. Eine Katastrophe erhöht den Wohlstand, weil zerstörte Häuser wiederhergestellt beziehungsweise andere Schäden beseitigt werden müssen. Die verheerende Ölpest im Golf von Mexiko hat das BIP der USA mehr erhöht als eine ausgebliebene Katastrophe bei der Ölförderung. Auch die Produktion von Waffen und Kriege sind aus rein wirtschaftlicher Sicht willkommen, weil sie das Wachstum der Wirtschaft fördern. Diese Beispiele führen die Einseitigkeit, die der Konstruktion dieser Messgröße von »Wohlstand« zugrunde liegt, drastisch vor Augen.

Als weiterer Indikator für den materiellen Wohlstand wird gemeinhin das durchschnittliche Einkommen herangezogen. Auch hier spielt die Verteilung keine Rolle. Eine Beispielrechnung: Wenn 10 000 Multimillionäre je 1 Million Euro pro Jahr mehr verdienen und gleichzeitig 9 Millionen Menschen ärmer werden, weil sie 1000 Euro weniger Einkommen nach Hause tragen, steigt das durchschnittliche Einkommen. Jede Durchschnittsgröße verschleiert das Auseinanderklaffen von Arm und Reich.

Hieran wird die Absurdität deutlich, nach der Wohlstand gemessen wird. Diese Wohlstandsdefinition bedient die Interessen der Reichen und verhöhnt die Verlierer unserer gegenwärtigen Wirtschaftsordnung: die Natur und die Menschen, deren Qualitäten und deren Bedürfnisse nicht in die Messgröße Bruttoinlandsprodukt eingehen.

Würde die Definition von Wohlstand nicht der Wirtschaftselite überlassen, dann würde die Lage unseres Landes realistischer dargestellt. In die Bemessung des Wohlstands müsste sowohl die Verteilung des Wohlstands als auch die Umweltproblematik einfließen. Auf absehbare Zeit ist nicht damit zu rechnen, dass sich in den Wirtschaftswissenschaften ein der Humanität und der Zukunftsfähigkeit verpflichteter Wohlstandsbegriff durchsetzen wird. Denn ein solches Wohlstandsverständnis wäre mit den Interessen der Wirtschaftselite kaum vereinbar.

Ob die Wirtschaft in einem Land erfolgreich ist, lässt sich nicht daran messen, ob eine privilegierte Gruppe besondere Vorteile aus der wirtschaftlichen Entwicklung zieht oder gezogen hat. Die Wirtschaft ist gemessen an Kriterien der Nachhaltigkeit dann erfolgreich, wenn sie den Wohlstand der Bevölkerung relativ gleichmäßig erhöht und die Umwelt so weit wie möglich schont. Nur wenn das Einkommen auch bei den Bevölkerungsschichten im unteren Viertel der Einkommenspyramide zunimmt, kann von steigendem materiellen Wohlstand der Bevölkerung gesprochen werden. Durchschnittswerte führen hier in die Irre. Die Lösung der Verteilungsfrage ist zwar schwer, jedoch von zentraler Bedeutung für den sozialen Frieden.

Seit Beginn der neoliberalen Globalisierung mit ihrer marktradikalen Ausrichtung sind die Gehälter von Topmanagern explodiert. Der Vorstandsvorsitzende eines Großkonzerns, der in den 1970er-Jahren im Schnitt das 30-Fache eines Arbeiters in seinem Betrieb verdiente, bekommt 30 Jahre später das 350-Fache. Solche Spreizungen spiegeln die Irrationalität einer allein am Markt orientierten Entlohnung.

Wohlstand hat etwas mit Zufriedenheit zu tun. Die Menschen neigen dazu, sich mit den Mitmenschen ihres privaten und beruflichen Umfeldes zu vergleichen. Die Zufriedenheit in der Bevölkerung wird oberhalb eines Einkommens, mit dem die Grundbedürfnisse sorgenfrei erfüllt werden können, nicht durch die absolute Höhe des Einkommens bestimmt, sondern hängt vom Grad der Unterschiedlichkeit ab. Wie die Glücksforschung herausgefunden hat, ist die Bevölkerung im Durchschnitt umso unglücklicher, je mehr sich die materielle Situation in einem Land von Personengruppe zu Personengruppe unterscheidet.

Eine von der Bertelsmann Stiftung bei Emnid in Auftrag gegebene Umfrage zur Befindlichkeit der Deutschen und Österreicher (Juli 2010) hat zum Thema Wohlstandsverständnis interessante Ergebnisse gebracht. 88 Prozent der befragten Deutschen und 90 Prozent der Österreicher sind der Meinung, dass wir als Folge der Wirtschafts- und Verschuldungskrise eine neue Wirtschaftsordnung brauchen, bei der der Schutz der Umwelt, der sorgsame Umgang mit Ressourcen und der soziale Ausgleich in der Gesellschaft stärker berücksichtigt wird. Fast zwei Drittel (61 Prozent) glauben nicht mehr, dass Wirtschaftswachstum mehr Lebensqualität bringt. Dabei wird Lebensqualität vor allem an »weichen« Werten wie Gesundheit, Familie/ Partnerschaft, Selbstbestimmung, friedliches Zusammenleben, soziales Engagement und Umwelt gemessen und kaum noch als Mehrung von Geld und Besitz.

Von einem Land kann erst dann behauptet werden, dass seine Bevölkerung im Wohlstand lebt, wenn es mindestens folgende Merkmale erfüllt: Es muss allen seinen Bürgern sowohl die Teilnahme am Wirtschaftsleben als auch die faire Teilhabe an den erwirtschafteten Erträgen gewährleisten. Das bedeutet: Vollbeschäftigung und ein Einkommen, das ein sorgenfreies Leben ermöglicht, muss das oberste Ziel aller demokratischen Politik sein.

Die Wirtschaftselite hat ein Interesse an der Aufrechterhaltung von Massenarbeitslosigkeit, weil die Unternehmen angesichts der vielen

Menschen, die auf der Suche nach einem Arbeitsplatz sind, die Löhne der Beschäftigten kaum anzuheben brauchen und im Falle der Leiharbeit sogar senken können. Das steigert die Produktivität und die internationale Wettbewerbsfähigkeit der global agierenden Unternehmen und es erhöht unter den Bedingungen offener Märkte die Standortgunst eines Landes wie Deutschland, das all seine Kraft darauf konzentriert, seine Bedingungen für die Investitionen der Wirtschaft zu verbessern. Auf diese Weise wird das von der Politik hoch gepriesene Wachstum zum Fluch für die Bevölkerung, die unter Stress (Arbeitsverdichtung) und Angst (vor Arbeitslosigkeit) leidet, ohne einen Ausgang aus dieser unerträglichen Situation zu kennen.

Der Staat hat sich in den vergangenen Jahrzehnten freiwillig entmachtet, sodass ihm die Kraft für eine Politik der Umverteilung des gesellschaftlichen Reichtums fehlt.

## *Wer hat Macht und Einfluss in unserer Republik?*

Nach dem Grundgesetz spiegelt die Gesetzgebung der Parlamente den Willen des Volkes. Aber was will das Volk und wie setzt sich dieser Wille durch? Der »Wille des Volkes« ist zunächst einmal eine Konstruktion. Es gibt nur sehr viele Individuen mit sehr unterschiedlichen Vorstellungen von dem, was gut, sinnvoll und wünschenswert ist. Aber dieses unterschiedliche Wollen muss bei jedem Gesetzesvorhaben unter einen Hut gebracht werden, um eine demokratisch legitimierte Entscheidung herbeizuführen, die alle Bürger bindet.

Welche Kräfte nehmen Einfluss auf die Politik – und wie groß ist ihre Macht? Zunächst ist festzuhalten, dass in jedem demokratisch verfassten Staat Macht ausgeübt werden muss. Das Erlassen von Gesetzen nach demokratischen Regeln ist eine legitime und notwendige Form der Machtausübung. Abgeordnete, die sich der Anwendung der an sie delegierten Macht schämen, haben ein merkwürdiges Verständnis von ihrer demokratischen Rolle. Abgeordnete müssen um ihren Machterhalt kämpfen, um in der Lage zu sein, ihre Vorstellungen von der Entwicklung des Gemeinwesens, derentwegen sie gewählt wurden, in Gesetzesform zu gießen. Die Volksvertreter sind jedoch nur einer der Bausteine, aus denen das Machtgefüge in unserer Demokratie besteht.

Dieses Machtgefüge kann man sich als eine konzentrisch angeordnete Folge von Ringen vorstellen. Die folgenden mit vier Ringen skizzierten Akteure der Macht – die Angehörigen der politisch wirksamen Elite – gewinnen ihren Einfluss auf die politischen Entscheidungen dadurch, dass sie zahlreiche potenzielle Wähler repräsentieren bzw. erreichen. Die Fähigkeit von Interessengruppen und anderen Gruppen, Wähler beeinflussen zu können, trifft den Nerv der Politiker, die sich am Wählerwillen orientieren müssen, um wiedergewählt zu werden und nach demokratischen Spielregeln Macht ausüben zu können. Jedem Ring ist auch eine »kontrollierende Gegenmacht« zugeordnet. Deren Funktionsfähigkeit ist für die Balance notwendig.

- Den *inneren Ring* bilden die gewählten Abgeordneten der regierenden Parteien auf der Ebene des Bundes, der Länder und der Kommunen – auch als »politische Klasse« bezeichnet. Diese Abgeordneten können Gesetze bzw. Satzungen beschließen, an die alle Menschen im jeweiligen Hoheitsgebiet gebunden sind. Die in diesem Ring angesiedelte kontrollierende Gegenmacht ist die Opposition und sind die Medien. Sie können ihre Kontrolle jedoch nur wirkungsvoll und konstruktiv ausüben, wenn sie gut informiert und unabhängig sind.
- Zum *zweiten Ring* gehören die Berater und Lobbyisten. Sie zeichnen sich dadurch aus, dass sie den ihnen zugeordneten Entscheidungsträgern ihre Standpunkte und Argumente unmittelbar – also nicht erst über die Medien vermittelt – zur Kenntnis geben können. Die hier angesiedelte kontrollierende Gegenmacht sind Institutionen und Gesetze, die für die Transparenz der Einflüsse sorgen, denen die Abgeordneten vonseiten der Berater und Lobbyisten ausgesetzt sind. Dazu gehören neben den politisch aktiven Vertretern der Zivilgesellschaft auch informierte und kritische Medien.
- Den *dritten Ring* bilden die Interessenvertreter, die in der Lage sind, ihr Anliegen mithilfe von Kampagnen an die Wähler und Politiker he-

ranzutragen. Zu diesen zählen die Wirtschaftsverbände, Berufsverbände, Gewerkschaften, Kirchen sowie politisch aktive Gruppen der Zivilgesellschaft (Verbände und Bürgergruppen, die sich für bestimmte politische Ziele in verschiedenen Politikfeldern engagieren). Der zweite und dritte Ring überschneiden sich teilweise. Die hier angesiedelte kontrollierende Gegenmacht ist die gleiche wie die des zweiten Ringes – mit der Einschränkung, dass sie hinsichtlich des Einflusses der Wirtschaft kaum zur Wirkung kommt. Unter den bisher aufgezählten Interessengruppen ist die Wirtschaft mit großem Abstand die mächtigste. Die Stellungnahmen der Wirtschaftsverbände und der ihnen nahestehenden Wirtschaftsinstitute werden von den Politikern und von der Bevölkerung mit »Kompetenz für Wohlstand« gleichgesetzt. Dabei wird in aller Regel übersehen, dass die entsprechenden Ratschläge lediglich Partialinteressen widerspiegeln. Bei weltweit offenen Märkten ist die Macht der Wirtschaft größer als die der Parteien. Anders ausgedrückt: Die Parteien fügen sich »freiwillig« den Argumenten der Wirtschaft, weil sie sich dem »Sachzwang« Standortwettbewerb ausgesetzt sehen.

### *... und welche Rolle spielen die Medien?*

● Den *vierten Ring* bilden die Medien, die schon als kritische Gegenmacht genannt wurden. Sie agieren sowohl im Eigeninteresse – orientiert an den Vorlieben der Mediennutzer und der Anzeigenkunden – als auch als »Lautsprecher« für bestimmte Interessen von Wirtschaft und Gesellschaft. Ein spezieller und besonders gravierender Einfluss der Medien rührt daher, dass ihre Meinungsäußerungen von den Politikern (innerster Kreis) als der »Wille des Volkes« wahrgenommen werden. Die veröffentlichte Meinung wird von den Politikern mit der Meinung der Bevölkerung (der Wähler) gleichgesetzt. Das hat jedoch nur dann eine fatale Wirkung, wenn die Medien nicht mehr die Vielfalt der Meinungen und Positionen widerspiegeln, sondern in auffälligem Gleichklang bestimmte Sichtweisen unterstützen, die leicht als die ihrer Eigentümer und Geldgeber zu identifizieren sind.

Die hier wirksame kontrollierende Gegenmacht zur Begrenzung von Manipulation ist die Vielfalt der Medien. Als kontraproduktiv wirkt sich demgegenüber die Konzentration der Medien in der Hand weniger Eigentümer aus. Die Bedeutung der Medienvielfalt speist sich »eigentlich« aus den Grundrechten der Meinungs- und Pressefreiheit. Die angedeutete Einschränkung (»eigentlich«) weist auf die Abhängigkeit der Medien von Wirtschaft und Parteipolitik hin. Denn in ihrer Ausübung sind die genannten Grundrechte permanent gefährdet. Nur die Vielfalt der Medien schützt den Nutzer der Medien vor einseitigen Informationen und Kommentaren aus nur wenigen Quellen, die mit bestimmten ideologischen, religiösen oder wirtschaftlichen Interessen verbunden sind. Eine Reduzierung dieser Vielfalt sägt also am Ast, auf dem unsere Demokratie sitzt. Die Medienfreiheit ist tendenziell bedroht, wenn die Anzahl der Medien deutlich abnimmt und der Marktanteil einzelner Presseunternehmen deutlich zunimmt (Konzentration).

Die Vielfalt der Medien kann sich nur halten, wenn die Mediennutzer an einer kritischen Auseinandersetzung mit Politik in ihrer wirtschaftlichen und gesellschaftlichen Tiefendimension interessiert sind. Insofern ist eine nicht auf bloßes Konsumieren von Informationen, sondern auf kritische Reflexion von Informationen ausgerichtete Erziehung im Elternhaus, in der Schule und in den Universitäten die Voraussetzung für eine vielfältige Medienlandschaft und letztlich für die Aufrechterhaltung von Demokratie. Die Fähigkeit und Bereitschaft zu kritischer Reflexion von Informationen ist für einen demokratischen Prozess der Meinungsbildung zwar notwendig, jedoch von der Mehrheit der Bevölkerung kaum zu erwarten. Daher kommt es sehr darauf an, dass die großen Tages- und Wochenzeitungen ihre wirtschaftliche Unabhängigkeit bewahren beziehungsweise zurückerlangen. Denn sie sind neben den öffentlich-rechtlichen Rundfunk- und TV-Sendern die wichtigsten Informationsquellen für die politisch informierten und engagierten Bürger (auch als »politische Öffentlichkeit« bezeichnet). Von ihnen hängen Bestand und Qualität unserer Demokratie ab.

Bei der Entgegennahme des Kyoto-Preises hat Jürgen Habermas die »symptomatische Bedeutung« hervorgehoben, die insbesondere die politische Öffentlichkeit des demokratischen Gemeinwesens für die Integration der Gesellschaft gewinnt (*Neue Zürcher Zeitung* vom 11./12. Dezember 2004). Komplexe Gesellschaften ließen sich in dem, was sie wollen, nur noch über die »abstrakte und rechtlich vermittelte Solidarität unter Staatsbürgern« zusammenhalten. Zwischen Bürgern, die sich persönlich nicht mehr kennen können, könne sich nur noch über den Prozess der öffentlichen Meinungs- und Willensbildung eine brüchige Gemeinsamkeit herstellen und reproduzieren. »Der Zustand der Demokratie lässt sich am Herzschlag ihrer politischen Öffentlichkeit abhorchen.« Der Schutz der Medienvielfalt ist notwendig, weil die Kräfte des Marktes auf eine Konzentration der Medienlandschaft in den Händen weniger Vertreter der Eliten hinwirken.

Diese Aussagen legen folgenden Schluss nahe: Wenn die Medien ihren riesigen Einfluss auf das Denken ihrer Nutzer und das Handeln der Politiker nicht im Sinne des gesellschaftlichen Zusammenhalts und der Solidarität der Menschen untereinander ausüben, hat die Demokratie auf Dauer keine Chance. Denn die Kräfte des »freien« (ungeregelten) Marktes verstärken genau diejenigen Verhaltensweisen, die den gesellschaftlichen Zusammenhalt untergraben: Wettbewerb (»Jeder gegen jeden«), Isolation (»Jeder muss allein sehen, wie er zurechtkommt«) und Verantwortungslosigkeit gegenüber den Gemeinschaftsgütern (»Jeder ist sich selbst der Nächste«). Der übersteigerte Individualismus negiert die Werte des Gemeinwohls und des gegenseitigen Respekts, den sich Menschen unabhängig von ihrem »Marktwert« gegenseitig zollen.

Nach dem Selbstverständnis der Medien und den Erwartungen ihrer Nutzer hat der Journalismus bei seiner Berichterstattung und Kommentierung eine strukturierende und qualifizierende Aufgabe mit dem Anspruch, der Aufklärung zu dienen. Zur Bewältigung der Informationsflut gehört, dass politisch motivierte Desinformationen, unhaltbare Gerüchte und Halbwahrheiten als solche entlarvt werden.

Das ist ein sehr hoher Anspruch. Aber wenn seine Erfüllung nicht ernsthaft und hartnäckig angestrebt wird, bedeutet dies, dass die moderne Demokratie im Stich gelassen wird. Sie kann dann von ihren Feinden mehr oder weniger versteckt ausgehöhlt und letztlich zerstört werden.

Die Aufgabe einer umfassenden und kritischen Berichterstattung durch die Medien darf auch aus diesem Grund nicht allein dem Markt überlassen bleiben. Sowohl die wirtschaftlichen Abhängigkeiten der Medien (als Anbieter) als auch das Verhalten der Mediennutzer (als Nachfrager) gefährden die Unabhängigkeit der Medien, die in ihrer Wächterfunktion für die Demokratie von elementarer Bedeutung sind. Die folgenden Zitate machen die Gefährdung dieser Unabhängigkeit deutlich.

Was die Nachfrageseite betrifft, so war schon der Philosoph Immanuel Kant der Ansicht: »Es ist so bequem, unmündig zu sein.« Aus diesem Grund hat Jürgen Habermas in seinem Aufsatz »Medien, Märkte und Konsumenten« (*Süddeutsche Zeitung* vom Juni 2007) darauf hingewiesen, dass es bei einem Marktversagen – also bei einer deutlichen Reduzierung der medialen Vielfalt – im Zweifelsfalle staatlicher Eingriffe zur Aufrechterhaltung der intellektuellen Grundversorgung bedarf. Eine einseitige Gewinnorientierung privater Medien und eine Fixierung auf Einschaltquoten öffentlicher Rundfunk- und Fernsehanstalten gefährden nicht nur die öffentliche Kommunikation, sondern das demokratische Gemeinwesen insgesamt. Der Unterhaltungswert darf nicht der dominante Maßstab des medialen Erfolges sein.

Was die Angebotsseite betrifft, so hat der bekannte Journalist Paul Sethe im Jahr 1965 in einem Leserbrief an den *Spiegel* folgende prägnante Beschreibung der Medienrealität geliefert: »Im Grundgesetz stehen wunderschöne Bestimmungen über die Freiheit der Presse. Wie so häufig, ist die Verfassungswirklichkeit ganz anders als die geschriebene Verfassung. Pressefreiheit ist die Freiheit von 200 reichen Leuten, ihre Meinung zu verbreiten. Journalisten, die diese Meinung teilen, finden sie immer. Ich kenne in der Bundesrepublik keinen Kollegen, der seine Meinung verkauft hätte. Aber wer nun anders denkt, hat der nicht auch das Recht, seine Meinung auszudrücken? Die Verfassung gibt ihm das Recht, die ökonomische Wirklichkeit zerstört es. Frei ist, wer reich ist [...] Und da Journalisten nicht reich sind, sind sie auch nicht frei.« Diesem auch heute noch aktuellen Zitat ist nur noch hinzuzufügen, dass die Presse in den seitdem vergangenen fünfundvierzig Jahren einen starken Konzentrationsprozess durchgemacht hat.

Heute ist über das Internet fast jede Information und jede Meinung zu finden. Allerdings hängt die Brauchbarkeit einer Information von der Zuverlässigkeit und Seriosität ihrer Quelle ab. Insofern bleibt der interessierte Nutzer von Internet und anderen Medien im Ungewissen, solange die für ihn wichtigen Informationen nicht durch eine Institution oder Person seines Vertrauens gedeckt sind.

Und hier schließt sich der Kreis: Medien bringen fast nur solche Meldungen und Analysen, von denen sie vermuten, dass sich dafür eine hinreichend große Zahl ihrer Nutzer aus ihren jeweiligen Zielgruppen interessiert. Aber dieses Interesse ist nur selten für solche Informationen und Kommentare vorhanden, die sich auf komplizierte Politikfelder und schwierige Fragen beziehen. Nur ein Bruchteil der Medienkonsumenten bringt genügend Interesse und die Zeit auf, um sich vertieft mit den zahlreichen wichtigen Themen der Politik zu befassen – und damit die Kompetenz zu erwerben, in den demokratischen Meinungskämpfen eine gut begründete Position zu beziehen.

Die Überforderung durch die Fülle und Komplexität politisch relevanter Informationen betrifft Bürger aller Bildungsschichten – wenn auch aus unterschiedlichen Gründen. Die spezielle Problematik im Hinblick auf bildungsferne Schichten wird durch eine wissenschaftliche Untersuchung deutlich, die der bedeutende italienische Linguist Tullio de Mauro 2008 über den Bildungszustand in seinem Lande vorgelegt hat und von der der Autor Andrea Camilleri in der *Süddeutschen Zeitung* vom 28. Juli 2010 berichtet: In Italien mit seinen rund 60 Millionen Einwohnern gibt es etwa 2 Millionen völlige Analphabeten. 13 Millionen werden als »Halb-Alphabeten« eingestuft, weil sie ihren

Namen schreiben können, aber nicht in der Lage sind, die Zeitung zu lesen. 15 Millionen werden als »sekundäre Analphabeten« bezeichnet, weil sie nach der Schule lesen und schreiben konnten, es aber wieder verlernt haben. Aus diesen Zahlen lässt sich schließen, dass etwa die Hälfte der italienischen Bevölkerung ihre Informationen ausschließlich aus dem Fernsehen bezieht, und zwar aus Sendungen, die sicherlich nicht den Anspruch hoher Differenziertheit erfüllen. Die in Italien gewonnenen Ergebnisse zur Bildung und Mediennutzung lassen sich in ihrer Größenordnung auf Deutschland und andere europäische Staaten übertragen.

Der von der Kantschen Aufklärung verlangte Mut, sich des eigenen Verstandes zu bedienen, stößt bei der Beurteilung komplexer Sachverhalte des öffentlichen Lebens schnell an Grenzen. Auch der Bürger mit guter Ausbildung ist sehr oft überfordert. Wer ist schon in der Lage, zum Beispiel die Zusammenhänge der Gesundheits-, Bildungs- und Rentenreform oder der Verkehrspolitik zu begreifen und dazu eine fundierte Position zu beziehen, bei der er nicht nur die eigenen Interessen, sondern auch die anderer Personengruppen im Auge hat und die Konsequenzen des betreffenden Gesetzesvorhabens für übergeordnete Belange (wie soziale Gerechtigkeit, Umwelt) zu berücksichtigen?

Selbst Experten widersprechen sich in ihren Sachaussagen sehr oft in den Medien. Dabei spielt die Nähe der Experten zu einer mehr oder weniger gut kaschierten politischen Position eine wichtige Rolle, obwohl diese Experten für sich Sachkompetenz und Neutralität reklamieren. Der politisch interessierte Bürger ist bei vielen Themen gezwungen, sich hinsichtlich seiner eigenen Meinung an den Äußerungen von Personen zu orientieren, denen er Vertrauen entgegenbringt.

Die Klarheit und Korrektheit der Informationen in den Medien muss als ein unschätzbar hohes Gut betrachtet werden, ohne das die Demokratie verloren ist. Die Philosophin Hannah Arendt hat in dem Aufsatz »Wahrheit und Politik« wichtige Gedanken über die Gefährdung der Demokratie durch verfälschte oder unterdrückte Informationen formuliert. Es sei ein fundamentales Prinzip der Demokratie, dass sich die Bürger einer Gesellschaft ihre Meinung aufgrund zutreffender Informationen bilden können. Als die »Pentagon Papers« bekannt wurden, die zur Zeit des Vietnamkrieges ein riesiges Geflecht aus Lügen und Verheimlichungen sichtbar machten, erkannte sie darin die »Kolonisierung des öffentlichen Raumes« durch wissenschaftliche Techniken mit dem Ziel, die öffentliche Meinung zu manipulieren. Public Relations und Verwissenschaftlichung seien Spielarten der »Kunst des Lügens« in der Politik. Nicht die einzelne Lüge sei das Problem, sondern die Erzeugung einer Ersatzwahrheit, die »Ersetzung der Realität durch Fiktion«.

Das Bild von den »mündigen Wählern«, die sich gut informieren und mehrheitlich in der Lage sind, eine gut begründete Wahl zwischen den Kandidaten zu treffen, bekommt bei näherem Hinsehen einige Risse.

## *Der unpolitische Bürger*

Das größte Problem für die Demokratie ist weder die mangelnde Verfügbarkeit seriöser Information noch die mangelhafte Bildung vieler Zeitgenossen oder die den Einzelnen überfordernde Informationsflut, sondern das in der Bevölkerung extrem weit verbreitete Desinteresse an Politik und die politische Passivität. Beides zusammen macht den »unpolitischen Bürger« aus. Gemeint ist nicht das allgemeine Interesse an Politik, das mit dem Konsumieren politischer Berichte und Kommentare befriedigt werden kann, vielmehr geht es um die fehlende Bereitschaft zur aktiven Teilnahme am politischen Geschehen. Unpolitisch sind Bürger, die sich nicht für die Belange der Allgemeinheit, sondern nur für ihre persönlichen Angelegenheiten interessieren und einsetzen. Der unpolitische Bürger ist meist nicht bereit, sich über die eventuelle Beteiligung an Wahlen hinaus aktiv in die Politik einzumischen. Welche Rolle aber spielt die Gesamtheit der unpolitischen Bürger im Hinblick auf die Zukunft der Demokratie?

Die geringe Beteiligung an Wahlen ist jedoch kein hinreichendes Indiz für das Desinteresse der Bevölkerung an Politik. Auch die meisten Wähler gehören zu den politisch desinteressierten und inaktiven Bürgern. Der unpolitische Wähler befasst sich – wenn überhaupt – nur oberflächlich mit politischen Themen. Denn er scheut den Aufwand an Zeit und Kraft, den er für die Informationsbeschaffung und gedankliche Durchdringung leisten müsste, um komplexere Themen beurteilen und sich entsprechend engagieren zu können. Er trifft stattdessen seine Wahl »aus dem Bauch heraus« und überlässt das politische Geschehen denen, die gewählt worden sind. Er verhält sich passiv, obwohl er ganz genau weiß, dass allerlei Lobbyisten sehr aktiv versuchen, die gewählten Politiker auch zwischen den Wahlterminen zu beeinflussen – bisweilen gegen seine eigenen Interessen.

Desinteresse und Passivität im politischen Bereich sind so lange plausibel und bleiben so lange ohne negative Folgen, wie die Mehrheit der Bevölkerung bei aller Nörgelei immer noch »denen da oben« im Großen und Ganzen Vertrauen entgegenbringt. Denn die Mehrheit fühlt sich in ihren elementaren Bedürfnissen nach Wohlstand und Sicherheit nicht bedroht. Die Haltung »Wozu soll ich mich in die Politik einmischen?« entspricht in »normalen Zeiten« dem realistischen Bild eines Menschen, der sich am liebsten und in erster Linie um die Gestaltung seines persönlichen Lebens im Zusammenhang mit Familie, Bekanntenkreis und Beruf kümmert.

Und wenn den unpolitischen Bürger die Auswirkungen politischer Entscheidungen schmerzhaft treffen und er zum Beispiel mit dem Verlust seines Arbeitsplatzes und mit prekärer Beschäftigung rechnen muss? Dann wird er sich besonders intensiv um einen Ausweg aus der für ihn bedrohlichen Situation bemühen. Er wird versuchen, sein persönliches Problem zu lösen, und wird weder Zeit noch Kraft aufbringen wollen, sich politisch zu engagieren.

Das Desinteresse der meisten Bürger an aktiver Politik ist allzu verständlich – man könnte sogar sagen, es ist eine wesentlich wahrscheinlichere Form der Lebensäußerung als politische Aktivität. Ein gutes Leben kann sich der Einzelne meist nur im privaten und beruflichen Raum gestalten, nicht im öffentlichen. Wer will nicht lieber Musik hören, Sportveranstaltungen besuchen, gutes Essen genießen, in einem Buch oder einer Zeitung lesen, im Garten arbeiten, mit Freunden zusammen sein, sich Filme anschauen und im Beruf Anerkennung, Einkommen und Erfüllung finden?

Es gibt nur wenige Menschen, bei denen die Suche nach dem eigenen Glück auch Raum lässt für das Bemühen, den »Interessen der Allgemeinheit« zu dienen. Auch wenn die meisten Menschen wissen, dass ihre persönliche Lebensgestaltung erheblich von politischen Entscheidungen beeinflusst ist, sind es nur sehr wenige, die selbst in die Politik innerhalb oder außerhalb der Parteien eingreifen wollen. Im übernächsten Kapitel »Die Aktiven in Parteien und in der Zivilgesellschaft« wird auf diese Minderheit der Bürger eingegangen, die sich um Angelegenheiten der Allgemeinheit kümmern, ohne dass dabei individuelle Interessen im Vordergrund stehen.

Der unpolitische Bürger will sich nicht mit schwierigen politischen Problemen des Gemeinwesens auseinandersetzen. Das langweilt ihn. Und er fühlt sich von ihnen überfordert. Er delegiert sie an die Politiker nach dem Motto: Sie habe ich ja gewählt, damit sie die Probleme der Gesellschaft lösen, sofern sie politisch lösbar sind.

Die Paradoxie dieser Haltung besteht darin, dass der unpolitische Bürger genau spürt, dass auch die Politik von den schwerwiegenden Problemen zunehmender Massenarbeitslosigkeit und Armut überfordert ist. Die allgemeine Ratlosigkeit bricht sich dann immer wieder Bahn in der Herabsetzung einzelner Politiker oder der gesamten »politischen Klasse«. Dieses Ventil dient zwar dazu, Dampf abzulassen. Aber die unter der Oberfläche brodelnde Unruhe, Angst und Ratlosigkeit bleiben, solange keine glaubwürdige Alternative zu den eingefahrenen Gleisen unserer neoliberal orientierten Politik sichtbar ist.

Dass wir Politiker mit höchster sachlicher Kompetenz und höchster moralischer Integrität brauchen, steht außer Zweifel. Schwarze Schafe unter ihnen müssen rechtzeitig erkannt und von Ämtern ferngehalten werden. Und wenn diese Personen eines Betruges überführt werden, dann dürfen sie nicht als typisch für »die Politiker« hingestellt werden. Dies geschieht allzu häufig in der Boulevardpresse mit dem Ergebnis, dass die Politikverdrossenheit gerade in politikfernen Gruppen angeheizt wird. Sie kann sich dann schnell zur Demokratieverdrossenheit steigern. Der unpolitische Bürger ist bei drohendem wirtschaftlichen Abstieg besonders anfällig gegenüber Kräften, die unter Verweis auf den internationalen Standortwettbewerb auf die Preisgabe demokratischer Rechte und gesellschaftlicher Solidarität drängen.

Erst wenn die politisch aktiven Bürger in ihrer Mehrzahl erkennen, wie sehr die Handlungsspielräume der Politiker als Folge der neoliberalen Globalisierung geschrumpft sind, wird sich ihre Kritik gegen ein Regelwerk richten, das die Entmachtung der Politik durch die Wirtschaftselite herbeigeführt hat. Von einem Politiker kann erwartet werden, dass er die wirtschaftlichen Zwänge, denen er unterworfen ist, in ihren tieferen Ursachen erkennt und sich kritisch gegen seine systematische Entmachtung wendet. Die Erfüllung dieser Erwartung wird noch einige Zeit auf sich warten lassen.

## *»Die Plakate waren ein Fehler«*

Und wie präsentieren sich die etablierten Politiker fast aller größeren Parteien den überwiegend desinteressierten Bürgern?

Aus gutem Grund stellen Politiker den potenziellen Wählern ihre Politik, für die sie stehen, nur sehr oberflächlich und selektiv dar. »Die Plakate waren ein Fehler« – mit diesen Worten erklärte eine Politikerin das schlechte Abschneiden ihrer Partei bei der Europawahl 2009. Diese Aussage wirft ein Licht auf den Umgang der Parteien und Politiker mit ihren potenziellen Wählern. Dieser Umgang ist realistisch. Wer Wählerstimmen gewinnen will, der muss sich möglichst der Strategien bedienen, die auch in der kommerziellen Werbung erfolgreich sind: inhaltslos vereinfachte »Botschaften«, strahlende oder bedeutungsvoll blickende Gesichter, originelle Slogans, ansprechende Farbgebung und so weiter. Die Parteien haben sich auf den unpolitischen Bürger als Wähler eingestellt, indem sie in ihrer Wahlwerbung nicht auf Inhalte, sondern auf den ästhetischen Effekt setzen.

Bei Wahlreden und in Talkshows müssen Politiker vor allem sympathisch wirken. Inhaltliche Aussagen müssen so glatt daherkommen, dass sie ohne Vorinformationen dem Publikum unmittelbar einsichtig sind. Der Wähler wird genommen, wie er in seiner Mehrzahl auch ist: als Bürger, der sich von Stimmungen leiten lässt, also nicht als vernünftig abwägender Mensch, der gut informiert ist und der seine Wahlentscheidung von überzeugenden Inhalten abhängig macht. Die Inhalte werden nur als sehr allgemeine und diffuse Grundausrichtung wahrgenommen und anhand bestimmter Schlagworte identifiziert. Diese Schlagworte wirken dann auf die Wähler wie Schlüsselreize – unterschiedlich je nach Interessenlage. Wenn in einer politischen Debatte konkrete Entscheidungen anstehen, dann formulieren Politiker vor der Wahl ihre Positionen gern in einem höheren Abstraktionsgrad. Bewusste Irreführungen des Wählers sind riskant und bilden die Ausnahme. Ein Beispiel dafür ist die drastische Mehrwertsteuererhöhung nach der Bundestagswahl 2006, die vor der Wahl in dieser Höhe von beiden Volksparteien entschieden abgelehnt worden war.

Eine »politische Lüge« ist meist keine Aussage, die einfach nur falsch ist, sondern es ist die Aussage eines Politikers, der aus guten Gründen bestimmte Einzelheiten verschweigt und Halbwahrheiten behauptet. In ihren allgemein gehaltenen Formulierungen mit entsprechendem Interpretationsspielraum lassen sich die Politiker fast immer Hintertürchen für unerwartete Ereignisse offen, die sie dazu »zwingen«, die Dinge nun anders zu sehen. Solche Manöver sind für einen Politiker notwendig, um erfolgreich zu sein. Denn die meisten Wähler können Ehrlichkeit nicht ertragen. Wer vor der Wahl unpopuläre Maßnahmen ankündigt, muss damit rechnen, viele Wählerstimmen zu verlieren. Mit vollständiger Ehrlichkeit würde ein Politiker die meisten Wähler vor den Kopf stoßen. Dafür gibt es genügend Beispiele.

Weil die politisch uninteressierten Wähler sich ein falsches Bild von den Möglichkeiten der Politik machen, können sie nicht erkennen, wie eng der politische Spielraum ihrer Kandidaten tatsächlich ist. Die meisten Bürger wollen auch nicht wahrhaben, dass sich der einzelne Politiker meist der politischen Strategie seiner Partei anpassen und sich dem Fraktionszwang unterwerfen muss, damit die Partei aufgrund einer längerfristig erkennbaren Linie identifizierbar bleibt. Würden die in jeder Partei mehr oder weniger häufigen Flügel- und Meinungskämpfe allzu oft nach außen hin sichtbar werden, würde diese Partei auf die meisten Wähler einen chaotischen Eindruck machen. Es genügt eben nicht, »das Richtige« zu wollen. Besser wäre es, wenn die Mehrheit der Wähler demokratisch reif und hinreichend informiert wäre, um eine ausgeprägte Streitkultur nicht als Schwäche, sondern als Stärke zu empfinden.

Verbreitet ist auch der Vorwurf an Politiker, es ginge ihnen nur um ihre Macht. Dabei wird ignoriert, dass der Politiker Macht anstreben muss, um seine Delegiertenfunktion überhaupt effizient ausfüllen zu können. Selbst die absurdesten Vorwürfe gegen Politiker beeinflussen jedoch die politische Stimmung im Lande. Enttäuschte Erwartungen führen zur Politikverdrossenheit. Und diese kann bei wirtschaftlichem Niedergang leicht in Demokratieverdrossenheit umschlagen.

Die politisch Verantwortlichen von der kommunalen über die Länder- bis hin zur Bundesebene fürchten sich vor den Wählern. Das ist verständlich, weil ihre Macht, etwas zu bewirken (auch ihre politische Karriere), von der schwankenden Wählermeinung abhängt.

Eine Demokratie wird jedoch krank und kann ihre lenkende Aufgabe nicht mehr erfüllen, wenn Politiker dem Wähler auch dann nach dem Mund reden oder unangenehme Tatsachen verschweigen, wenn eine richtige, aber unpopuläre Entscheidung zu treffen ist.

Je mehr sich der mangelhaft informierte Bürger in seinen Wahlentscheidungen von Stimmungen leiten lässt und je mehr sich Politiker gegen bessere Einsicht diesen Stimmungen beugen, desto anfälliger ist die Bevölkerung in Krisenzeiten für die Versprechungen von Demagogen, die Feindbilder und Patentrezepte anbieten und Wohlstand für alle versprechen.

Die schleichende Gefahr für die Demokratie deutet sich zwar in der als allgemeinen Volkssport betriebenen Herabsetzung demokratisch gewählter Politiker an, jedoch bleiben die tieferen Ursachen der Demokratiemüdigkeit unauffällig: die Verzweiflung darüber, dass demokratische Politik den wirklich großen Problemen unserer Zeit hilflos gegenübersteht.

Es gibt eine realistische Hoffnung für die Demokratie. Diese Hoffnung wird erkennbar, wenn zwischen der großen Mehrheit der unpolitischen und der kleinen Minderheit der politisch aktiven Bevölkerung unterschieden wird (auf Letztere wird im folgenden Kapitel näher eingegangen). Die öffentlichen Debatten werden überwiegend von den politisch aktiven Teilen der Bevölkerung (am Gemeinwohl orientiert oder mit spezifischer Interessenlage) geführt – mit sehr breitem Meinungsspektrum. Die in diesem Meinungskampf dominante Position prägt das öffentliche Meinungsbild zu den jeweiligen Themen. Die Politiker sind aus verständlichen Gründen meist darauf bedacht, sich möglichst nicht gegen die »herrschende Meinung« zu stellen.

Wäre es anders, hätte die Demokratie keine Zukunft. Denn dann wären wichtige politische Entscheidungen allein von Stimmungen abhängig, die sich aus dem »Bauchgefühl« uninformierter und desinteressierter Bürger speisen. Das kann keine Grundlage für eine Politik sein, die längerfristige Entwicklungen im Auge haben und rechtzeitig darauf reagieren muss. Vorausschauende Politik ist auf einen rationalen Diskurs verantwortungsbewusster Bürger angewiesen.

In der Demokratie kann sich im Rahmen einer Diskussion der politisch aktiven Teile der Bevölkerung (der aktiven Mitglieder von Parteien und zivilgesellschaftlichen Gruppen sowie den Vertretern von Partialinteressen) eine Meinung herausbilden, die sich sogar gegen die Medienmacht der Wirtschaftselite durchzusetzen vermag. Am Beispiel der relativ erfolgreichen Umweltpolitik der 1970er- bis 1990er-Jahre (auch auf Europa-Ebene) kann beobachtet werden, wie damals ein gesellschaftliches Meinungsklima entstand, das es den regierenden Politikern leicht machte, Umweltgesetze zu beschließen, obwohl diese den wirtschaftlichen Interessen zuwiderliefen. Auch in sozialen Angelegenheiten wurden nach mehr oder weniger intensiven gesellschaftlichen Debatten Gesetze erlassen, obwohl sich die Wirtschaftselite dagegen zur Wehr setzte, indem sie auf die angeblich »untragbare« Kostenbelastung der Unternehmen hinwies. Die diskutierten Gesetze im Bereich der Umwelt- und Sozialpolitik sind zwar das Ergebnis von Kompromissen, bei denen teilweise wirtschaftlichen Interessen nachgegeben wurde, jedoch beinhalten diese Kompromisse noch relativ anspruchsvolle Standards.

Auch im Umgang mit dem im vorliegenden Buch thematisierten Konflikt zwischen Demokratie und neoliberaler Globalisierung wird deutlich, wie sehr die Zukunft einer demokratieverträglichen Wirtschaftsordnung von einer Debattenkultur abhängt, die von Vernunft und Verantwortung geleitet ist. Ein Beispiel dazu: Die Wirtschaftselite propagiert den nur in ihrem eigenen Interesse liegenden globalen Freihandel mit dem Argument, dass durch die weltweite Konkurrenz die zollfrei importierten Waren für die Konsumenten besonders preisgünstig würden – billiger als wenn die Waren aus der eigenen Region mit ihren höheren Arbeitskosten kommen würden. Dem unpolitischen, in Wirtschaftsfragen unkundigen Bürger leuchtet dieses Argument ein, und er zweifelt daher nicht an der Zweckmäßigkeit der neoliberalen Globalisierung. Sofern er selbst von Massenarbeitslosigkeit, prekärer Beschäftigung und Niedrigstlöhnen betroffen oder bedroht ist, klagt er gleichzeitig die Politiker an, weil sie keine wirkungsvollen Maßnahmen gegen diese Missstände ergreifen. Der unpolitische Bürger ist nicht willens, sich über den Zusammenhang zwischen den billigen Preisen der Importgüter und der Massenarbeitslosigkeit zu informieren und dazu eine begründete Position zu beziehen.

Die Wirtschaftselite nutzt das politische Desinteresse der meisten Bürger, um in ihrem Sinn die Politik zu beeinflussen – und bedient sich dafür gern der Boulevardpresse. Die Zukunft der Demokratie hängt davon ab, ob in der öffentlichen Auseinandersetzung über politische Weichenstellungen Argumente ausgetauscht werden, die von gut informierten und vernünftigen Bürgern artikuliert und gegeneinander abgewogen werden.

## *Die Aktiven in Parteien und in der Zivilgesellschaft*

Im Kapitel »Wer hat Macht und Einfluss in unserer Republik« wurden Gruppen von Akteuren genannt, die maßgeblich die Politik bestimmen. Diese politisch Aktiven betätigen sich im Rahmen von Parteien und Parlamenten, Wirtschafts- und Berufsverbänden, Gewerkschaften, Medien, religiösen Gemeinschaften und der Zivilgesellschaft.

Im Folgenden geht es um die Aktiven in den Parteien und in der Zivilgesellschaft. Sie sind im politischen Diskurs diejenigen, die sich gemeinnützig in die Politik einmischen. Im Unterschied zu den Vertretern von Partialinteressen schöpfen diese Aktiven ihre Motivation und ihren Antrieb aus der Begeisterung für idealistische Ziele wie Gerechtigkeit und Nachhaltigkeit. Es geht ihnen um mehr Menschlichkeit in der Gesellschaft im Sinne von Solidarität und Zukunftsfähigkeit.

Zu diesem gemeinnützig orientierten Personenkreis gehören vor allem die Mitglieder der politischen Parteien (in Deutschland insgesamt ca. 1 235 000 Personen im Jahr 2009) sowie die Aktiven der politisch orientierten Zivilgesellschaft (allein die beiden größten Umweltverbände BUND und NABU haben zusammen ca. 940 000 Mitglieder).

Diese gemessen an der Einwohnerzahl Deutschlands (etwa 82 Millionen) relativ kleine Zahl der Engagierten ist sozusagen das »Salz in der politischen Suppe«. In dieser »Suppe« versuchen ansonsten die eher interessenpolitisch ausgerichteten gesellschaftlichen Gruppierungen, im Sinne ihrer partiellen wirtschaftlichen oder ideologischen Anliegen Einfluss auf die Politik zu nehmen.

Die am Gemeinnutz orientierten politisch Aktiven werden gern als »Weltverbesserer« oder gar als »Gutmenschen« verspottet. Dabei folgen sie nur einem in der Evolution tief verankerten Urtrieb der sozialen Verantwortung für die Gemeinschaft. Dieser Urtrieb, der sich meist im Engagement für die eigene (Klein-)Familie erschöpft, kann sich auch auf größere Gemeinschaften bis hin zur Weltgemeinschaft erstrecken – allerdings nur dann, wenn Aufmerksamkeit und Kraft des Einzelnen nicht durch persönliche Probleme oder durch den Kampf um die eigene materielle Existenz gebunden sind.

Zu den politisch Aktiven der Zivilgesellschaft gehören alle nicht parteigebundenen Personen, die sich einzeln, im Rahmen von Organisationen oder Medien für die Belange der Allgemeinheit interessieren und engagieren. Von diesen im Vergleich zur Weltbevölkerung relativ wenigen Aktiven werden gesellschaftliche Veränderungen angestoßen, die sich nicht allein aus den ökonomischen Verhältnissen ergeben, sondern auf ein erwachendes Selbstbewusstsein zurückzuführen sind.

Als »Goldene Regel« in den Traditionen aller Kulturen und Religionen der Welt gilt: »Was du willst, das man dir tu, das tue auch den anderen.« Als Jean Ziegler, der Vizepräsident des Beratenden Ausschusses des UN-Menschenrechtsrates, in einem Interview gefragt wurde, was die weltweit aktive Zivilgesellschaft, die zum Beispiel jährlich ein Weltsozialforum veranstaltet, in ihrem Kampf für eine gerechtere Welt motiviere, sagte er: »Der einzige Motor ist der kategorische Imperativ, den jeder Mensch in sich trägt.« Und er zitiert den großen Philosophen Kant: »Die Unmenschlichkeit, die einem anderen angetan wird, zerstört die Menschlichkeit in mir.« Ziegler spricht von einem »Aufstand des Gewissens«, und er formuliert in diesem Zusammenhang die Hoffnung, dass sich die zivilgesellschaftlichen Gruppen in aller Welt mit ihren unterschiedlichen Erfahrungen an verschiedenen Stellen »im Kampf gegen das neue kapitalistische Feudalsystem« sammeln, immer mehr zueinanderfinden und sich organisieren. Er beobachtet, dass sie »zu einer kohärenten Widerstandskraft werden, zu einem neuen historischen Subjekt«.

Eine gut informierte und sich stark für das allgemeine Wohl einsetzende kleine Schar von Menschen kann in Krisenzeiten sogar große Umwälzungen anstoßen. Das zeigt das Beispiel der Friedlichen Revolution in der DDR mit dem Ergebnis der Wiedervereinigung. Die kleine Gruppe derer, die diesen Umsturz vorangetrieben haben, verschwand in der Unauffälligkeit und Einflusslosigkeit, sobald die Zeiten wieder »normal« wurden. Das haben die Wahlergebnisse in den neuen Bundesländern nach der Wiedervereinigung gezeigt.

Gegenwärtig sind die meisten der politisch interessierten und gut informierten Bürger nicht bereit, sich tiefer in wirtschaftswissenschaftliches Wissen einzuarbeiten. Sie neigen dazu, ihr Leiden an der Politik eher in Form moralischer Kritik und moralischer Appelle zum Ausdruck zu bringen. Sie sind empört und wenden sich mit vorwiegend ethisch begründeten Forderungen an die Öffentlichkeit, statt die tieferen Ursachen des als sozial grausam und ökologisch unverantwortlich erkannten Verhaltens von Politik und Wirtschaft zu erkennen und hier den Hebel anzusetzen. Wenngleich die Ethik ein sehr wichtiger Bezugspunkt ist, so greift die Berufung allein auf sie zu kurz, sofern in der politischen Auseinandersetzung nicht auch die volks- und betriebswirtschaftlichen Motive und Zwänge angemessen beachtet werden und auf der ökonomischen Ebene nach Möglichkeiten der Problemlösung gesucht wird.

Eine Ausnahme bildet in Bezug hierauf das zur Zivilgesellschaft zählende globalisierungskritische Netzwerk Attac, das den Schwerpunkt seines Engagements auf ökonomische Themen und Weichenstellungen legt. Das außerparlamentarische Netzwerk übt fundierte Kritik an den neoliberalen Wirtschaftsverhältnissen und schlägt praktikable Lösungen vor. Seine Mitglieder wollen gewaltlos mit kompetenten Argumenten an einer Veränderung untragbarer Verhältnisse mitwirken. Attac, in Frankreich gegründet, besteht in Deutschland seit dem Jahr 2000 und ist inzwischen in vielen Ländern aktiv.

Attac will die Globalisierung und ihre politische Gestaltung nicht den Politikern, der Wirtschaft und den vermeintlichen Fachleuten überlassen. Das globalisierungskritische Netzwerk versteht sich in diesem Sinne als aktionsorientierte Bildungsbewegung nach dem Motto: »Nur wer über die Zusammenhänge und die Akteure weiß, kann sich richtig wehren.« Die Mitglieder sind überzeugt: »Globalisierung ist kein Schicksal – eine andere Welt ist möglich« und: »Es ist genug für alle da«. Bei seinen bunten Aktionen arbeitet Attac mit anderen Gruppen der Zivilgesellschaft sowie mit kirchlichen Organisationen und Gewerkschaften zusammen.

Eine öffentlichkeitswirksame Aktion war das im April 2010 von Attac vorbereitete »Bankentribunal«. Es fand an drei Tagen in der Berliner Volksbühne mit prominenten Persönlichkeiten und über 3000 Besuchern statt – sachlich und doch spannend inszeniert mit Beweisaufnahme, Anklage (gegen Spitzenpolitiker und hochrangige Vertreter der Wirtschaft), Verteidigung, Befragung von Sachverständigen und schließlich Richterspruch. Im Attac Reader zum Bankentribunal heißt es: »Die sozialen und wirtschaftlichen Folgen der Bankenkrise sowie die von ihr verursachten Schäden für die Demokratie sind erheblich, teilweise unabsehbar ...« Durch Deregulierung und Liberalisierung der Märkte sei eine internationale Finanzarchitektur geschaffen worden, mit der die Milliardenspekulationen auf Kosten der Allgemeinheit überhaupt erst ermöglicht worden sind.

Dazu ist zu bemerken: Die globale »Finanzarchitektur«, die wie ein Kartenhaus zusammengebrochen ist, wird gegenwärtig zwar wieder aufgebaut. Dies geschieht jedoch auf demselben labilen Boden der marktradikalen Globalisierung. Die nächste Bodenerschütterung und der nächste Zusammenbruch sind vorprogrammiert, weil keine einschneidenden Eingriffe in die Grundlagen des Marktgeschehens vorgenommen werden. Der Grund für diese Zurückhaltung der Gesetzgeber ist nicht schwer zu erkennen: die Wirtschaftselite geht aus jeder Krise gestärkt hervor. Die weltweite Tendenz zur Konzentration von Vermögen und Macht schreitet unbeirrt voran. Die großen Fische fressen die kleinen und werden dabei immer größer und mächtiger. Die weltweite Öffnung der Märkte – mittels Deregulierung, Liberalisierung – als Ursache dieser Tendenz liegt im Interesse der Wirtschaftselite. Sie weiß sich bisher wirkungsvoll gegen alle Versuche zur Wehr zu setzen, ihre Macht zu beschneiden.

Das wichtigste Betätigungsfeld der politisch aktiven Zivilgesellschaft sind Bürgerinitiativen. Es geht nicht nur um die überregional bedeutenden Auseinandersetzungen der 1970er- und 1980er-Jahre – etwa um das geplante Atomkraftwerk in Wyhl, das Endlager in Gorleben »Republik freies Wendland«, die Startbahn West, Wackersdorf, wo der Protest von einer ortsansässigen Bevölkerung ausging und dann größere Dimensionen annahm. Gemessen an der Zahl und der Wirkung fallen die lokalen Initiativen mehr ins Gewicht. Der größte Einfluss auf die Politik wird seit Jahrzehnten durch zahllose Bürgerinitiativen auf kommunaler und regionaler Ebene ausgeübt – auch wenn viele Initiativen das angestrebte Ziel nicht erreicht haben. Ob es um Bauprojekte, um die öffentliche Versorgung mit Wasser und Elektrizität, um Müllverbrennungsanlagen, um den öffentlichen Nahverkehr oder die Erhaltung gewachsener Stadtteile und Stadtbilder geht: Je mehr Bürger vom Engagement erfasst sind, desto größer sind die Erfolgsaussichten ihres Protests. Auf der kommunalen Ebene ist es möglich, »Demokratie von unten« zu praktizieren.

Ein aktuelles Beispiel ist der Bürgerprotest gegen das Jahrhundertprojekt »Stuttgart 21«. Über dieses Engagement gegen ein ungeliebtes, sehr teures Mammut-Bahnhofsprojekt und für die Erhaltung des als Wahrzeichen geschätzten alten Kopfbahnhofs berichten Dagmar Deckstein und Martin Kotynek in der *Süddeutschen Zeitung* vom 20. August 2010. Sie beobachten »eine neue Art politischer Beteiligungskultur«, die auch ein bürgerlich-konservatives Millieu »in Wallung und Bewegung« gebracht habe, »das früher die Nase rümpfte über aufständische Junge, Altlinke, Fortschrittsverweigerer, Punks oder krawallbereite Demo-Touristen«. Inzwischen haben sich schon 20 000 Bürger dem »kollektiven Bahnwiderstand« angeschlossen, und täglich werden es mehr, die sich friedlich um den alten Kopfbahnhof versammeln oder durch den Schlosspark und die Innenstadt ziehen. Darunter finden sich »Rentner mit selbst gemalten Plakaten neben gutsituierten Perlenkettenträgerinnen, gepiercte Jugendliche im Gothic-Look neben Anzugträgern aus einer Stuttgarter Werbeagentur.

Oder die 51-jährige Sportlehrerin, die ihr Leben lang noch nicht demonstriert hat, aber nun sagt: Jetzt würde ich mich sogar als Parkschützerin an einen Baum ketten.« Und der Schauspieler Walter Sittler wird mit dem Satz zitiert: »Ich bin bestimmt kein Revolutionär, aber ich will mich als Bürger dieser Stadt zu Wort melden.« Wie nie zuvor manifestiere sich jetzt, wo die Bagger vor dem Bahnhof stehen, das »Misstrauen in die da oben«. Die Autoren stellen fest, dass an einem Austausch von Sachargumenten in der aufgeheizten Atmosphäre nicht mehr zu denken sei. Den regierenden Kommunalpolitikern wird vorgeworfen, die kritischen Bürger zu spät in den Entscheidungsprozess eingebunden zu haben.

Wie ist dieser Protest zu deuten? Einer der Sprüche, die bei den großen Demonstrationen in Stuttgart immer wieder skandiert werden, lautet: »Wir sind das Volk, wir sind das Geld.« Peter Kümmel erkennt darin den »Chorgesang eines neuen bürgerlichen Selbstbewusstseins« (in der *Zeit* Nr. 37 vom 9. September 2010). Der in Stuttgart eingewanderte »französische Schwabe« Jean-Baptiste Joly, Leiter der Akademie Schloss Solitude (wo Künstler und Wissenschaftler wohnen und arbeiten), wird mit der Bemerkung zitiert, die Planer von Stuttgart 21 hätten nicht bedacht, dass die Kommune die letzte politische Einheit sei, in welcher noch der Glaube an persönliche Einflussnahme existiere. »Überall sonst herrscht Resignation.« Der Protest sei der Reflex der Bürgerschaft einer gesunden Stadt: »Es ist die enttäuschte Reaktion von Bürgern, die noch an die Politik glauben. Allerdings, es ist ein Glaube, der auf der Kippe steht.«

Der als Schlichter wirkende Heiner Geißler hat zum Hintergrund des Konflikts treffend bemerkt: »Die Menschen wissen, dass das Wirtschaftssystem versagt hat, und sie übertragen ihr Misstrauen auf die Politik insgesamt.«

Von den politisch Aktiven der Zivilgesellschaft sind die aktiven Mitglieder von Parteien zu unterscheiden. Unter den Parteimitgliedern sind die Aktiven eine Minderheit. Das aktive »Geschäft« der Politik ist mit der Bereitschaft verbunden, die persönliche Zeit und Kraft einzusetzen, damit das Leben anderer Menschen mithilfe der Politik leichter und gerechter gestaltet wird. Ein solches am Gemeinwohl orientiertes Verhalten ist derzeit nicht populär. Die Vorbereitung und Durchführung von Wahlkämpfen und die in den »Hinterzimmern« stattfindenden Diskussionen über aktuelle politische Ereignisse locken nur wenige politisch interessierte Bürger.

Einige der aktiven Parteimitglieder werden – sofern sie von anderen Parteimitgliedern als geeignet angesehen werden – früher oder später in bestimmte mehr oder weniger einflussreiche Parteiämter eingesetzt und eventuell in demokratischer Wahl zum Volksvertreter gewählt – von der kommunalen bis zur nationalstaatlichen Entscheidungsebene. Die Mitglieder der Parteien bilden somit das Reservoir für den Politikernachwuchs – abgesehen von den wenigen Quereinsteigern.

*Ein Zwischenfazit:* Nach den Ausführungen in den Kapiteln über die Akteure mit Macht und Einfluss in unserer Republik und über die große Mehrheit der politisch Uninteressierten im Vergleich zur kleinen Minderheit der politisch Aktiven drängt sich folgende Einsicht auf: Politik in unserer Demokratie wird nicht nach den Vorstellungen der Mehrheit gestaltet. Diese Feststellung ist nicht als Kritik zu verstehen – im Gegenteil: Da es sich bei dieser kleinen, die politischen Entscheidungen maßgeblich beeinflussenden Minderheit um einen gut informierten und hoch engagierten Teil der Gesellschaft handelt, ist das sehr hohe Gewicht dieser Minderheit gerechtfertigt. Mehr noch: Dieses überproportionale Gewicht ist notwendig für eine Demokratie, die ihre Politik auf die Kraft vernünftiger Überlegungen gründet und sich nicht Stimmungen unterwirft, die sich rationalen Argumenten verschließen.

Der genannten aktiven Minderheit steht eine Mehrheit von Bürgern gegenüber, die sich zu wenig über die komplexen politischen Zusammenhänge informiert hat und nicht bereit und in der Lage ist, bei wichtigen Entscheidungen das Pro und Contra nüchtern gegeneinander abzuwägen. Diese Bürger lassen sich in schwierigen Zeiten von Gefühlen der Angst leiten. Sie fühlen sich einer undurchschaubaren

Politik ausgeliefert, was sie für Verschwörungstheorien anfällig macht. Eine politisch uninteressierte Mehrheit verfällt daher leicht den Parolen von Meinungsführern, die ihre Anhänger mit unzulässigen Vereinfachungen und konstruierten Feindbildern ködern.

Demokraten müssen im Bewusstsein der Macht der »vernünftigen Minderheit« große Aufmerksamkeit auf zwei Aufgaben richten, wenn sie die demokratische Kultur vor Demontage bewahren wollen: Sie müssen erstens dafür Sorge tragen, dass die Mehrheit der schlecht informierten unpolitischen Bevölkerung keinen vernünftigen Grund für die Angst vor einem wirtschaftlichen Niedergang findet. Das erfordert es, dass das Problem der extrem ungleichen Verteilung des gesellschaftlichen Reichtums bewältigt wird.

Die zweite Aufgabe besteht darin, dass innerhalb der kleinen Minderheit der politisch Aktiven die Kultur der öffentlichen Debatten die Wirklichkeit widerspiegelt, was voraussetzt, dass in den anspruchsvollen Medien korrekte und differenzierte Informationen über die anstehenden Fragen geliefert werden.

Die im Sinne des Gemeinwohls politisch Aktiven in den Parteien und in der Zivilgesellschaft sowie die Interessengruppen beziehen sehr unterschiedliche Grundsatzpositionen und Meinungen, die bei fast allen politischen Themen aufeinanderprallen. Mit dieser Unterschiedlichkeit muss zugleich konstruktiv und produktiv umgegangen werden: in kultiviertem Ton, in der Sache ehrlich – und kompromissbereit.

Die Debatte muss vielfältig und transparent geführt werden: Wer vertritt welche Position und warum? Denn nur so kann verhindert werden, dass eine kleine Gruppe der Wirtschaftselite mit ihrer medialen Macht wie in einem Marionettentheater die Fäden im Staate zieht. Diese öffentliche, über die Medien fair wiedergegebene und reflektierte Debatte kann sich auch der Mittel der direkten Demokratie (Bürgerbegehren, Volksabstimmung) bedienen, wobei diese Form der Bürgerbeteiligung allerdings nur in wirtschaftlich einigermaßen ruhigen Zeiten die demokratische Kultur stärkt und nicht »nach hinten« losgeht. Weil die politischen Weichen in der Demokratie maßgeblich von einer relativ kompetenten »Minderheit der Aktiven« gestellt werden, können sich für viele drängende Probleme (wie Klimawandel, Massenarbeitslosigkeit, zu große Kluft zwischen Arm und Reich) zukunftsfähige Lösungswege leichter beschreiten lassen, als wenn erst die (allein mit ihren privaten Angelegenheiten beschäftigte) Bevölkerungsmehrheit von diesen Lösungen überzeugt werden müsste, zum Beispiel von der Notwendigkeit bestimmter Einschränkungen der »Konsumfreiheit«.

Steht die These von der politischen Wirkungsdominanz einer Minderheit im Widerspruch zu den Wahlen auf Länder-, Bundes- und Europa-Ebene, bei denen sich die Meinung der Bevölkerungsmehrheit artikuliert und durchsetzt? Wohl kaum, wenn davon ausgegangen wird, dass die Wähler sehr stark von den in den Medien verbreiteten Informationen und Kommentaren beeinflusst werden. Da die sich mit politischen und wirtschaftlichen Fragen befassenden Vertreter der Medien zur Minderheit der politisch Aktiven zählen, kommt ihnen eine Schlüsselfunktion bei der Bewahrung und Entwicklung von Demokratie zu.

Wegen dieser Schlüsselfunktion muss eine wachsame Demokratie größte Aufmerksamkeit auf die Erhaltung beziehungsweise Wiedergewinnung der Medienvielfalt richten, worauf schon weiter oben hingewiesen wurde. Eine solche Vielfalt setzt die Unabhängigkeit der Medien von der Wirtschaftselite voraus. Mit anderen Worten: Die Funktionsfähigkeit und Qualität der Medien darf nicht in erster Linie von den Gesetzen des Marktes bestimmt werden. Die Medienmacht muss transparent gemacht und der Konzentrationsprozess in der Medienlandschaft wirksam begrenzt werden.

## *Die Macht der Experten ist gefährlich*

Je komplexer und undurchschaubarer das moderne Leben und seine politischen Ausdrucksformen geworden sind, desto schwerer wird es für den Staatsbürger, sich ein Urteil darüber zu bilden, welche politischen Maßnahmen welche Folgen nach sich ziehen.

Eine berechtige Sorge besteht darin, dass ein gut gemeintes Gesetz den beabsichtigten Effekt verfehlt und mehr Schaden als Nutzen anrichtet, weil bestimmte mögliche Auswirkungen dieses Gesetzes nicht erkannt worden sind. Politiker sind daher gezwungen, sich von Experten beraten zu lassen, die sich professionell mit den vom Gesetzesvorhaben berührten Wissensgebieten befassen. Darin besteht ein Dilemma moderner demokratischer Politik. Die Politiker müssen den Experten ein entsprechendes Vertrauen entgegenbringen – und doch haben sie selbst die volle Verantwortung für ihre Entscheidungen zu tragen.

Dieses Dilemma ist in der Praxis nicht vollständig auflösbar, lässt sich jedoch entschärfen. Dies kann geschehen, indem der die Entscheidung treffende Politiker das Wissen und die Bewertungen der Experten so gut es geht nachvollzieht und auf dieser Grundlage die Empfehlungen der Experten kritisch prüft, bevor er sich nach ihnen richtet. Da jeder Politiker überfordert wäre, wenn er alle Gesetzesvorhaben und die dazu von Experten erstellten Studien in der gebotenen Gründlichkeit selbst prüfen müsste, lässt er sich in erster Linie von Experten beraten, die in der öffentlichen Verwaltung tätig sind. Von diesen in aller Regel hoch qualifizierten Fachleuten kann vermutet werden, dass sie an keine Partialinteressen gebunden sind und sich dem Interesse der Allgemeinheit verpflichtet fühlen. Ihre Aufgabe ist es, verwaltungsinternes und -externes Expertenwissen, das dem neuesten Stand der Wissenschaft entspricht, so zusammenzufassen und aufzubereiten, dass der Politiker die Zusammenhänge versteht und sachgerecht entscheiden kann.

Nicht nur bei der Vorbereitung von Gesetzestexten, sondern auch bei der Planung von Großprojekten sind in aller Regel sehr komplexe Sachverhalte zu berücksichtigen, zum Beispiel bei der Planung von Fernstraßen, Wasserstraßen, Flugplätzen, Mülldeponien, Freizeitanlagen. Auch hier bedienen sich die Politiker auf kommunaler und Länderebene der professionellen Beratung durch Fachverwaltungen und freie Gutachterbüros.

Wenn Fachverwaltungen, Institutionen oder Büros Politiker beraten, leiten sie ihren Einfluss aus ihrer Sachkompetenz ab. Allerdings bleiben sie der Politik dabei immer untergeordnet. Sie haben Fragen der Politiker zu beantworten, die den Rahmen für die zu untersuchenden Fragen vorgeben: Welche Wirkung wird eine bestimmte Maßnahme haben? Welche Handlungsoptionen gibt es, um eine bestimmte Wirkung zu erzielen? Was wird geschehen, wenn es so weiter läuft wie bisher? Wie unterscheidet sich davon die Alternativen A, B und C? Mit welchen wirtschaftlichen, sozialen und/oder ökologischen Kosten/Nachteilen oder Gewinnen/Vorteilen ist zu rechnen? All diesen Fragetypen ist gemeinsam, dass Experten keine Ziele setzen, sondern lediglich die Konsequenzen von vorgegebenen Zielen bzw. Maßnahmen abschätzen.

Der legitime Experteneinfluss gerät dann mit demokratischen Prinzipien in Konflikt, wenn Lobbyisten im Gewande von unabhängigen Experten als politische Berater auftreten. Ein Experte missbraucht das in ihn (seine Sachkompetenz) gesetzte Vertrauen, wenn seine Beratung wegen interessengeleiteter Betrachtungsweise einseitig erfolgt. Da schwer zu beurteilen ist, ob ein Experte unabhängig ist, bedarf es der Offenheit des Beratungsprozesses. Die Empfehlungen und deren Begründungen müssen für die kritische Öffentlichkeit nachvollziehbar und überprüfbar sein. In vielen Fällen müssen dafür wiederum Experten in der Funktion als »Gegengutachter« zu Hilfe genommen werden. Dies geschieht vor allem dann, wenn bei der Verhandlung eines umstrittenen Vorhabens vor Gericht die vonseiten des Projektträgers vorgelegten Gutachten und Planungen nicht fachkundig überprüft und wirkungsvoll genug infrage gestellt werden können, ohne dass wiederum ein Experte (diesmal vonseiten der Projektgegner) zu Rate gezogen wird.

Beratungen über politisch zu entscheidende Gesetze und Großprojekte ohne transparente öffentliche Erörterung (»hinter verschlossenen Türen«) sind empfänglich für von Partialinteressen gesteuerte Expertenherrschaft, die das Licht der Öffentlichkeit scheut. Wenn sich hinter dem Expertentum Lobbyarbeit versteckt, gründet der daraus gewonnene politische Einfluss auf einem Schwindel. Dieser ist gefährlich, weil er zu falschen politischen Entscheidungen führt und darüber hinaus das Vertrauen in demokratische Verfahren und Institutionen untergräbt.

Experten beraten oft nicht unmittelbar die Politiker, sondern üben mittelbaren Einfluss auf die Politik aus, indem sie ihre politisch relevanten Erkenntnisse über die Medien verbreiten. In der Wochenzeitung *Die Zeit* (Nr. 19/2005) schildert Götz Hamann ein Beispiel für einflussreichen Lobbyismus, der über die Medien auf die Politik einwirkt: Der Freiburger Wirtschaftsprofessor Bernd Raffelhüschen spricht vor Journalisten im Haus der Bundespressekonferenz über den demografischen Wandel – den wachsenden Anteil alter Menschen – und die Pflegeversicherung. Mit jedem Jahr erinnere die bekannte Alterspyramide mehr an einen Pilz, und diese Entwicklung sei gefährlich. Allein die Pflegeversicherung werde die Deutschen in den kommenden dreißig Jahren mindestens 250 Milliarden Euro zusätzlich kosten, rechnet der Professor vor. Daraus folgert der Experte: »Schafft die Pflegeversicherung in ihrer jetzigen Form ab.« In den Medien ist tags darauf zu lesen: »Den Pflegekassen droht der Kollaps« oder: »Heftige Kritik an Pflegeversicherung«.

»Raffelhüschens Auftritt ist nicht bloß ein kleiner Beitrag zur Reformdebatte. Er gehört zu einer auf Jahre angelegten politischen Strategie. Organisiert und finanziert von der Initiative Neue Soziale Marktwirtschaft«, berichtet Hamann, der in seiner Reportage den enormen Einfluss dieser als neutral getarnten Initiative auf die Medien, die öffentliche Meinung und die Politik nachzeichnet.

Der *Zeit*-Autor deckt auf, wie die Initiative im Innersten der deutschen Medienrepublik arbeitet, dort, wo die veröffentlichte Meinung gemacht wird. Die Initiative setze alles daran, Stimmungen zu verstärken oder zu drehen und medialen Druck zu erzeugen. »Wer die Arbeit der Initiative kennt, versteht den fortschreitenden Wandel in der öffentlichen, politischen Kultur, denn ihre Macher glauben fest daran:

Wer am Ende die Herrschaft in einer Debatte erringt, dem winkt der höchste Preis – eine Politik nach seinem Gusto.« Schon geraume Zeit vor dem Jahr 2005 ging Deutschland durch eine wirtschafts- und sozialpolitische Wendezeit. Die Wirtschaft stagnierte seit Jahren, die Arbeitslosenzahlen lagen nur knapp unter 5 Millionen. Jede Auslagerung von Betrieben in Billiglohnländer, jede Massenentlassung warf schon damals die Frage auf: Was ist zu tun?

Die Konzepte, Studien und Kampagnen der Initiative Neue Soziale Marktwirtschaft (INSM) zielen auf die Stimmung im Land, sie liefern Argumente für eine unternehmerfreundliche Politik. Die Initiative mit bis zu vierzig festen und freien Mitarbeitern ist »die erfolgreichste Lobby, die die Wirtschaftsliberalen in Deutschland je hatten«, sagt der Politikprofessor Manfred Schmidt, der an der Heidelberger Universität über Demokratietheorie und Sozialpolitik forscht. In der Zeitschrift *The International Economy* ist die Initiative als »nationales Kampagnen-Hauptquartier der Neokonservativen« aus Wirtschaft und Politik bezeichnet worden. Martin Kannegiesser, der Präsident von Gesamtmetall, ist Vorsitzender dieses »neutralen« Experten-Netzwerks. Die Initiative, die vom Arbeitgeberverband Gesamtmetall seit 1999 mit fast 9 Millionen Euro pro Jahr gefördert wird (Stand 2005), hat viele Kuratoren, Unterstützer und sogenannte Botschafter an sich gebunden, die für ihre Ideen werben, zum Beispiel den früheren Präsidenten der Bundesbank Hans Tietmeyer. In den Medien werden diese Männer als unabhängige Experten gehandelt.

Das gemeinsame Interesse der im Auftrag der Initiative arbeitenden Experten drückt Klaus Dittko, Geschäftsführer bei der Werbeagentur Scholz & Friends und wichtiger Zuarbeiter der Initiative, in der folgenden Frage aus: »Wie verändert man die Einstellung zu unserer Wirtschafts- und Sozialordnung?« Nach den Vorstellungen des Vorsitzenden Kannegiesser, so Götz Hamann, soll die Initiative dazu beitragen, dass möglichst viele Deutsche umdenken. Sie sollen den Weg der Initiative als Weg zu mehr Wohlstand, und wenn das nicht, so doch zu mehr Freiheit erkennen beziehungsweise zumindest die Entwicklung als unvermeidlich akzeptieren.

Der Politologe Claus Offe charakterisiert die INSM wie folgt: »Es ist keine Partei, kein Verband und keine traditionelle Bürgerinitiative – und dennoch eine Stimme in der politischen Debatte.« Man könne kein Mitglied werden, sie nicht wählen und die Initiative auch nicht auf den üblichen Wegen mitbestimmen, etwa über Programm- und Strategiekommissionen. Wer die Fäden zieht, bleibt im Dunklen. Der Bundestagsabgeordnete Hermann Scheer (SPD) formulierte es so: »Das ist eine reine Undercover-Organisation der Unternehmen.« Es gehe um Umverteilung zu ihren Gunsten.

*Zeit*-Autor Götz Hamann bescheinigt der INSM politische Einäugigkeit, »weil sie in ihrer Lobbyarbeit die Frage des sozialen Ausgleichs nicht verfolgt – und sie damit auf ihre Weise beantwortet. Ihre Macher schreiben das Soziale in der sozialen Marktwirtschaft kleiner als andere. Doch die Frage, wie klein sie es schreiben, beantworten sie nicht.« Und der Politikprofessor Manfred Schmidt bestätigt diese Einschätzung mit den Worten: »Es ist die große Schwäche vieler Wirtschaftsliberaler und offensichtlich auch der Initiative Neue Soziale Marktwirtschaft: Sie haben für das Anliegen derjenigen, für die Sozialpolitik gemacht wird, kein überzeugendes Angebot.« In den Kampagnen der Initiative bleibt der Sozialstaat eine Leerstelle. Sie geben der sozialen Komponente der Marktwirtschaft keine Zukunft.

Mit der INSM ist ein Sprachrohr der neoliberalen Doktrin entstanden, das sich den Anschein der unabhängigen Sachkompetenz gibt. Ihre ideologische Ausrichtung ist nur schwer zu erkennen. Ihr Einfluss auf politische Entscheidungen ist enorm.

Was ist der Unterschied zwischen dem Einfluss von »Experten« und »Intellektuellen« auf die Politik?

Wer sich in seiner Urteilsfähigkeit von der Komplexität bestimmter Themen überfordert fühlt, legt bei seiner Meinungsbildung oft großes Gewicht auf die Meinung von Personen, von deren Kompetenz und

Glaubwürdigkeit er überzeugt ist. Von Bürgern wird den Aussagen bekannter Intellektueller oft großes Vertrauen entgegengebracht. Sie werden als Autoritäten anerkannt, denen hohe Sachkompetenz zugetraut und moralische Integrität unterstellt wird. Jürgen Habermas hat in seinem Aufsatz »Öffentlicher Raum und politische Öffentlichkeit« (2004) an den politisch engagieren Intellektuellen folgende Anforderungen gestellt: »Der Intellektuelle soll ungefragt, also ohne Auftrag von irgendeiner Seite, von dem professionellen Wissen, über das er beispielsweise als Philosoph oder Schriftsteller, als Sozialwissenschaftler oder als Physiker verfügt, einen öffentlichen Gebrauch machen. Ohne unparteiisch zu sein, soll er sich im Bewusstsein seiner Fallibilität (Fehlbarkeit, H.-J. S.) äußern. Er soll sich auf relevante Themen beschränken, sachliche Informationen und möglichst gute Argumente beisteuern, er soll sich also bemühen, das beklagenswerte Niveau öffentlicher Auseinandersetzung zu verbessern [...] Er verrät seine Autorität nach beiden Seiten, wenn er nicht sorgfältig seine professionelle von seiner öffentlichen Rolle trennt. Und er darf den Einfluss, den er mit Worten erlangt, nicht als Mittel zum Machterwerb benutzen, also Einfluss nicht mit Macht verwechseln. In öffentlichen Ämtern hören Intellektuelle auf, Intellektuelle zu sein.«

Diese Beschreibung eines politisch engagierten Intellektuellen, die auch auf Jürgen Habermas selbst als wachen Teilnehmer am öffentlichen Diskurs zutrifft, ist Ausdruck der Hoffnung, dass der Bürger im demokratischen Staat sein Handeln an einer umfassenden, die Moral einschließenden Vernunft ausrichtet und sich dabei an »Leuchttürmen« des Denkens orientiert. Sein kanadischer Philosophenkollege Charles Taylor hat in diesem Zusammenhang besorgt darauf hingewiesen, dass der Intellektuelle in der Politik mehr und mehr vom hoch spezialisierten Experten ersetzt werde.

Und Zweifel sind angebracht, ob die ethisch motivierten vernünftigen Mahnungen von Intellektuellen auch Wirkung zeigen. Denn aus der Sicht der Wirtschaftselite und anderer mächtiger Befürworter der neoliberalen Globalisierung wirken die »vorgeschlagenen Verstehensübungen wie die Gestikulationen eines Laternenanzünders, der sich in einer auf Neonbeleuchtung umgestellten Stadt nützlich machen will«, wie der Philosoph Peter Sloterdijk spöttisch bemerkt.

Die Stellungnahme eines Experten zu einem politisch relevanten Thema unterscheidet sich von der eines unabhängigen Intellektuellen vor allem darin, dass der Experte als Politikberater nicht über tiefer liegende philosophische und sonstige theoretische Prämissen seiner Aussagen nachdenkt, sondern diese Prämissen unreflektiert übernimmt. Auf deren Grundlage versucht er die an ihn aus pragmatischem Interesse gestellten und klar umrissenen Teilfragen zu beantworten. Meist blendet er dabei die größeren, über sein Spezialgebiet hinausreichenden thematischen Zusammenhänge aus. Ein typisches Beispiel sind die für die Politik erstellten Gutachten von hoch spezialisierten Wirtschaftswissenschaftlern, die nicht gelernt haben, die Prämissen ihrer neoliberalen Theorie zu reflektieren und infrage zu stellen.

## *Braucht die Demokratie einen »neuen Menschen«?*

Die zentrale Schwachstelle der Demokratie ist ihr idealistisches Menschenbild. Dieses Bild ist das eines vernünftigen Menschen, der zugunsten des Allgemeinwohls seine speziellen Interessen zurückstellt, sofern sie sich nicht in das Wohl der Allgemeinheit integrieren lassen.

Dieser vernünftige Mensch ist bei Entscheidungen von tiefer Tragweite für die Gesellschaft bereit, seine persönlichen Vorteile fair gegen die hohen Güter der Gerechtigkeit und Solidarität abzuwägen. Ein solches Menschenbild ist unrealistisch. Wir müssen davon ausgehen, dass die meisten Menschen zuallererst und vor allem ihre eigenen Vorteile und die ihrer Familie und Interessengruppe im Auge haben, wenn sie ihre Wählerstimme abgeben. Die Frage ist nur, was die Bürger als ihr Interesse begreifen – auch auf längere Sicht.

Der Bürger, der sich für Belange der Allgemeinheit einsetzt, fühlt sich nicht als Opfer seines Engagements. Er »opfert« seine Zeit und

Kraft nicht für das Gemeinwesen, sondern findet in seinem Tun tiefe Befriedigung. Die oft anzutreffende Unterscheidung zwischen Egoismus und Altruismus als gegensätzlicher Grundhaltungen ist unfruchtbar. Es geht vielmehr darum, welche Ziele von welchen Menschen für erstrebenswert gehalten werden – individuell und gesellschaftlich. Zu fragen ist: Verfolgt der Einzelne einen ausschließlich auf die eigene Person bezogenen Nutzen oder einen, der auch die Belange der Allgemeinheit in sein Nutzendenken einbezieht? Es geht also bei der Motivation der politisch Aktiven hinsichtlich Eigennutz und Gemeinnutz nicht um ein Entweder-oder, sondern um ein Sowohl-als-auch.

Damit in unserer anonymisierten Massengesellschaft nicht »der Mensch des Menschen Wolf« wird, brauchen menschliche Gemeinschaften Regeln, die das Interesse der Allgemeinheit schützen und voranbringen. Diese Regeln müssen in einem Staat von geeigneten Institutionen im gesellschaftlichen Leben verankert werden. Wie können »eigennützige« Individuen mit unterschiedlichen Nutzenvorstellungen zu gemeinschaftlichen Regeln finden, mit denen das Prinzip der Gerechtigkeit in der politischen Praxis umgesetzt werden kann?

In seiner »Theorie der Gerechtigkeit« (»A Theory of Justice«, 1972) hat der Philosoph John Rawls darauf eine einleuchtende Antwort gegeben – eine Antwort auf die Frage, zu welchen Gerechtigkeitsgrundsätzen sich freie und vernünftige Menschen in einer fairen und gleichen Ausgangssituation in ihrem ureigenen Interesse entscheiden würden. Er schlägt ein gedankliches Experiment vor, mit dessen Hilfe der eigennützige Mensch zu Regeln finden kann, die Gerechtigkeit fördern. Er nennt dieses Verfahren den »Schleier des Nichtwissens«: Die Personen, die darüber entscheiden, welche Regeln in einer Gesellschaft gelten sollen, besitzen kein Wissen über sich selbst, zum Beispiel über die eigene soziale Stellung in der Gesellschaft, ob sie arm sind oder reich, welche Talente, Fähigkeiten und Neigungen sie haben. Sie müssen also damit rechnen, selbst negativ betroffen zu sein, wenn sie Regeln erlassen, die sich nachteilig auf Menschen auswirken, die etwa schlecht mit materiellen oder intellektuellen Ressourcen ausgestattet sind.

Der hinter dem Vorschlag von John Rawls stehende Gedanke ist sehr einfach und wird oft auf Kindergeburtstagen praktiziert: Das Geburtstagskind schneidet den Geburtstagskuchen in möglichst gleiche Stücke, wobei zuvor vereinbart wurde, dass sich zuerst – also vor dem Geburtstagskind – die Gäste die Kuchenstücke nehmen dürfen. So könnte auch die Verteilung des »gesellschaftlichen Kuchens« gerechter erfolgen – obwohl oder weil diejenigen eigennützig handeln, die über die verteilungsrelevanten Fragen entscheiden. Wer fürchten muss, zu den Langzeitarbeitslosen und Niedriglohnempfängern zu gehören, der wird – wenn er gefragt wird – nur solchen Regeln zustimmen, die ihm dieses Los ersparen.

Auch die Diskurstheorie von Jürgen Habermas ist in diesem Zusammenhang hilfreich. Sie erhebt den Anspruch, dass eine Kommunikation herrschaftsfrei erfolgt, damit sich das beste Argument durchsetzt und nicht das Argument des Mächtigsten. Gesetze, die nicht nur die Interessen der Mächtigen fördern sollen, müssen diesem Maßstab genügen.

Eine andere, sehr verbreitete Sichtweise geht davon aus, dass sich in einer komplexen Gesellschaft die zahlreichen gegenläufigen Interessenlagen demokratisch regeln lassen, indem sich das »Spiel der Kräfte« mehr oder weniger von selbst auf ein »vernünftiges« Gleichgewicht einpendelt. Und dieses Gleichgewicht werde von der Mehrheit der Bürger akzeptiert. Diese Sichtweise entspricht der neoliberalen Vorstellung von der Fähigkeit des Marktes zur Selbstregulation. Dass die Ergebnisse solcher Prozesse des mehr oder weniger versteckten Aushandelns in aller Regel »vernünftig« sind und dabei das Wohl auch der Schwachen in unserer Gesellschaft hinreichend berücksichtigt wird, darf bezweifelt werden. Es ist allgemein bekannt: Wer auf die für das jeweilige Thema zuständigen Abgeordneten den meisten Druck ausüben kann, hat die besten Chancen auf Berücksichtigung seiner Partialinteressen. Das ist ins Politische gewendeter Darwinismus. Dieser funktioniert am besten hinter verschlossenen Türen in sogenannten Expertengremien.

Immer stellt sich letztlich die Frage nach der Mündigkeit des Menschen in seiner Rolle als demokratischer Staatsbürger. Niemand will einen »neuen Menschen«, der erst in einer bestimmten Weise erzogen werden muss, damit er die Ansprüche der Demokratie erfüllt. Niemand will eine »Diktatur der Pädagogik«. Daher muss sich die Demokratie in ihren Verfahrensweisen an den Menschen anpassen – so wie er ist – und nicht umgekehrt. Natürlich kann und muss im Elternhaus und in der Ausbildung auf jeden Menschen erzieherisch eingewirkt werden, damit er sein Leben in der Gemeinschaft zu seiner Zufriedenheit gestalten kann und auch politisch mündig wird. Aber wir wissen, dass die Bereitschaft der Menschen, sich erziehen zu lassen, sehr begrenzt ist. Denn in erster Linie »erzieht« sich der Mensch aufgrund der von ihm gemachten Erfahrungen selbst, wobei er sich im günstigen Fall an Personen orientiert, die sich mit den die moderne Demokratie tragenden Wertvorstellungen identifizieren. Und das kann nur freiwillig geschehen.

In früheren Jahrhunderten fand man einen Ausweg aus dem Konflikt zwischen Einzelinteresse und dem Interesse des Ganzen – etwa der Dorfgemeinschaft – in religiösen und anderen allgemein akzeptierten Regeln, die in der Tradition verwurzelt waren. Die Einhaltung dieser Regeln wurde durch deren Verinnerlichung (Gewissen als innerer Richter) und/oder durch strenge soziale Kontrolle gewährleistet – mit der Drohung, Verstöße gegen diese Regeln mit harten Sanktionen zu ahnden, zum Beispiel mit dem Ausschluss aus der Gemeinschaft.

In unserer heutigen demokratischen, dem Individualismus huldigenden Massengesellschaft, in der religiöse und andere weltanschauliche Bindungen weitgehend geschwunden sind, ist es nur schwer möglich, durch Gesetze und deren polizeiliche Überwachung und Sanktionierung die Bereitschaft des Einzelnen zu zügeln, den eigenen Vorteil zulasten der Allgemeinheit durchzusetzen.

Die Marktwirtschaft stützt sich auf den Eigennutz als Motor des wirtschaftlichen Erfolges. Adam Smith hat die nachvollziehbare Meinung geäußert, er wolle lieber bei einem Bäcker seine Brötchen kaufen, der diese aus Eigennutz gebacken hat (weil er Gewinn machen will), als bei einem Bäcker mit altruistischer Motivation (weil er dem um Brötchen Bittenden einen Gefallen tun will). Denn der eigennützige (im Wettbewerb stehende) Bäcker backt meist bessere Brötchen. Bei dieser Anekdote bleibt unerwähnt, dass Eigennutz und Wettbewerb auch Formen annehmen können, die der Gemeinschaft Schaden zufügen.

Anselm Görres und Damian Ludewig vom »Forum Ökologisch-Soziale Marktwirtschaft« schreiben in der *Süddeutschen Zeitung* vom 19. Juli 2010 über Adam Smith zutreffend: »Seine größte Genialität bestand in dem Nachweis, dass auch schlechte Motive zu guten Ergebnissen führen können – sofern die Rahmenbedingungen stimmen.«

Die Forderung, den Eigennutz zugunsten des Allgemeinwohls freiwillig zurückzustellen, passt kaum in die Philosophie des freien und sich selbst regulierenden Marktes. Dieser belohnt nur marktförmige Leistung und Wettbewerbsfähigkeit. Und er bestraft all die Akteure, die sich von ihren moralischen Skrupeln daran hindern lassen, eine Gelegenheit zum eigenen Vorteil zu nutzen, die nur zulasten des Allgemeinwohls realisiert werden kann. Daher müssen Gesetze dafür sorgen, dass sozialer Ausgleich und ökologische Verantwortlichkeit funktionieren, zum Beispiel über progressive Steuermechanismen mit Umverteilungseffekt, über wirtschaftliche Anreize für gesellschaftlich erwünschtes Tun sowie über Verbote und Gebote, die für alle Menschen gleichermaßen gelten. Das sozial- und umweltverträgliche Verhalten eines Unternehmens darf nicht zum Wettbewerbsnachteil werden.

Sind die Wähler in ihrer Mehrheit bereit, zugunsten langfristiger Ziele einer Politik zuzustimmen, die sich kurzfristig oder auch über eine überschaubare Zeit hinweg negativ auf die eigene Einkommenssituation auswirkt? Mit dieser Bereitschaft ist unter der Voraussetzung zu rechnen, dass der langfristige Nutzen die kurzfristigen Verzichte sehr deutlich übersteigt. Allerdings werden sogar in diesem Fall die meisten Wähler nicht zur Zustimmung bereit sein.

Es ist bequem und deshalb auch gebräuchlich, bei der Problematik von Arbeitslosigkeit und Armut breiter Bevölkerungsschichten die Politik aus ihrer Verantwortung zu entlassen, indem das Wirken der »Kräfte des Marktes« als Naturgesetz hingestellt wird. Denn Naturgesetze zwingen zur Anpassung. Die angeblichen »Gesetze des freien Marktes« sind keine außerhalb menschlicher Einflussmöglichkeiten stehenden Gesetze. Denn der Markt kann dem Wohl der Allgemeinheit dienstbar gemacht werden, wenn für ihn entsprechende Regeln gelten. Das setzt allerdings voraus, dass die Unternehmen nicht an andere Standorte ausweichen können, um diesen Regeln zu entgehen. Da Letzteres in Zeiten der neoliberalen Globalisierung möglich ist, passen sich die Unternehmer nicht den vom Staat vorgegebenen Regeln an, sondern die Regeln passen sich an die Interessen der Wirtschaftselite an.

Politiker, die sich dem Druck der Wirtschaftselite nicht gewachsen fühlen, neigen dazu, zur eigenen Entlastung das Märchen von der Alternativlosigkeit der neoliberalen Globalisierung zu bestätigen. Wenn dieses Dogma verinnerlicht ist, wird es nicht mehr infrage gestellt. So ist es für einflussreiche Wirtschaftskreise ein Leichtes, das in seinen Auswirkungen die Gesellschaft spaltende und zerstörende Dogma aus der öffentlichen Erörterung herauszuhalten und stattdessen für die öffentliche Diskussion Nebenschauplätze zu eröffnen.

Für die Zukunft stellt sich die für die Demokratie existenzielle Frage, wie sich im Elternhaus, in den Schulen und Universitäten das eigenständige Denken fördern lässt. Nur so kann in der Bevölkerung der Wille gestärkt werden, das individuelle und das gesellschaftliche Leben nicht den anonymen Kräften des globalen Marktes auszuliefern, sondern sich kritisch-konstruktiv in die Gestaltung der Politik einzumischen.

Wir brauchen keine neuen Menschen, sondern verbindliche Regeln, nach denen die Kräfte in Gesellschaft und Wirtschaft im Sinne eines solidarischen, friedlichen und freiheitlichen Zusammenlebens gelenkt werden können. Wir brauchen Gemeinwesen mit Regeln einer sozial und ökologisch gezähmten Marktwirtschaft, die es vermeidet, den einzelnen Menschen moralisch zu überfordern. Damit in diesem Sinn geeignete Regeln politisch durchsetzbar sind, müssen diese von der »herrschenden Meinung« getragen sein – als Ergebnis einer Diskussion, die von den politisch aktiven Teilen der Bevölkerung über die anstehenden Fragen geführt wird und bei der sich schließlich klare Mehrheiten herausbilden.

## *Es geht auch ohne postdemokratische Resignation*

Angesichts des Desinteresses der überwiegenden Bevölkerungsmehrheit kann sich bei der Frage, ob die Demokratie europäischer und nordamerikanischer Prägung noch zu retten ist, leicht Resignation einstellen. Diese Haltung kommt im Begriff der Postdemokratie zum Ausdruck.

Colin Crouch, ein britischer Politikwissenschaftler, hat in seinem Buch »Postdemokratie« (»Post-Democracy« 2004; deutsch 2009) diese sich auflösende Demokratie charakterisiert als »ein Gemeinwesen, in dem zwar nach wie vor Wahlen abgehalten werden ..., in dem allerdings konkurrierende Teams professioneller PR-Experten die öffentliche Debatte während der Wahlkämpfe so stark kontrollieren, dass sie zu einem reinen Spektakel verkommt, bei dem man nur über eine Reihe von Problemen diskutiert, die die Experten zuvor ausgewählt haben«. Diese nüchterne Beschreibung der Realität steht im Kontrast zum verbreiteten Verständnis von Demokratie, bei dem vorausgesetzt wird, dass sich sehr viele Menschen vertieft über politisch zu entscheidende Fragen informieren und engagiert an der Gestaltung der Politik mitwirken. Crouch stellt fest, dass sich die heutigen Demokratien dem Charakter der Postdemokratie mehr und mehr annähern.

Der Einfluss privilegierter Eliten nehme zu, dies seien »bestimmte Unternehmer« – eine Umschreibung der Wirtschaftselite. Diese habe auf die Regierungen einen wesentlich größeren Einfluss als andere Interessengruppen oder Nichtregierungsorganisationen (NGOs).

Eine seiner richtigen Beobachtungen: »Je mehr sich der Staat aus der Fürsorge für das Leben der normalen Menschen zurückzieht und zulässt, dass diese in politische Apathie versinken, desto leichter können Wirtschaftsverbände ihn – mehr oder minder unbemerkt – zu einem Selbstbedienungsladen machen.«

Nach Ansicht von Crouch ist Postdemokratie kein nichtdemokratischer Zustand. Mit dieser Bemerkung bringt er zum Ausdruck, dass die Demokratie trotz ihrer totalen Beherrschung durch die Wirtschaftselite dem Namen nach (als Etikett) weiter bestehen wird, obwohl sie ihrer Substanz beraubt ist. Aus der Biologie drängt sich hier der folgende Vergleich auf: Es gibt eine Stechfliegenart, die ihre Eier in lebende Raupen ablegt. Larven, die aus den Eiern schlüpfen, fressen die Raupe von innen auf, sodass von der Raupe nur eine tote Hülle übrig bleibt.

Als Ausweg aus dem Zerfall der Demokratie (aus dem »unaufhaltsamen Kurs in Richtung Postdemokratie«) schlägt Crouch vor, erstens mit geeigneten Maßnahmen die wachsende Dominanz der ökonomischen Eliten zu begrenzen, zweitens die politische Praxis zu reformieren, drittens verweist er auf Handlungsmöglichkeiten, die den Bürgern selbst offenstehen. Zu diesen »Handlungsmöglichkeiten« gehören in Deutschland zum Beispiel Protestveranstaltungen, Streiks und Volksbegehren (direkte Demokratie).

Mit seiner Analyse hat Crouch den Finger auf eine wichtige Schwachstelle der Demokratie gelegt und eine gefährliche Tendenz aufgezeigt. Allerdings ist seine Betrachtung allein auf das Verhalten der Bürger begrenzt, ohne nach den Ursachen ihrer Passivität zu fragen. Daher greifen auch seine Lösungsvorschläge zu kurz.

Wenn von der Beobachtung ausgegangen wird, dass die Politikverdrossenheit des Bürgers mit Resignation zusammenhängt und diese

Resignation durch die Ohnmacht des Staates und der Regierungspolitik hervorgerufen wird, dann stellt sich die Frage nach der Ursache dieser Ohnmacht. Und wenn es so ist, dass unüberwindbare ökonomische »Sachzwänge« diese Ohnmacht bewirken, dann stellt sich die nächste Frage: Worin bestehen diese Sachzwänge, und handelt es sich vielleicht in Wirklichkeit doch gar nicht um Zwänge, sondern um die Folge der Interessenpolitik einer Elite, die benennbar ist und daher auch zur Rechenschaft gezogen werden kann?

Im vorliegenden Buch wird die These vertreten, dass in der neoliberalen Globalisierung – in weltweit offenen Finanz- und Gütermärkten, die zum sinnlosen Standortwettbewerb zwingen – die Quelle für die Macht der Wirtschaftselite liegt. Als Nächstes drängt sich die Frage auf, ob die Demokratie mit Institutionen und Instrumenten ausgestattet ist oder ausgestattet werden kann, die helfen, die neoliberale Globalisierung zu überwinden, um den Primat der Politik zurückzugewinnen.

Die wirtschaftliche Globalisierung ist demokratisch gestaltbar. Im letzten Teil des vorliegenden Buches wird die weltweite Regionalisierung als Voraussetzung dieser Gestaltbarkeit skizziert – als Ausweg aus der Sackgasse, in die wir seit dreißig Jahren wie Marionetten blind hineingestolpert sind. Die Wirtschaftselite, die die Fäden in der Hand hält, konnte sich unter Berufung auf die neoliberale Doktrin hemmungslos bereichern und bei allen Fehlentwicklungen dem Staat den Schwarzen Peter zuspielen.

Wenn Bürger spüren, dass ihr politisches Engagement zu keiner echten Verbesserung der beklagenswerten Situation führen kann, dann handeln sie mit ihrer politischen Enthaltung durchaus vernünftig. Denn wenn es keine Alternative zur bestehenden Misere gibt oder zu geben scheint, dann bleibt nichts anderes übrig, als sich anzupassen. Das bedeutet Rückzug ins Private, um sich in unsicheren Zeiten so weit wie möglich eine ökonomisch unabhängige Existenz aufzubauen. Das bindet dann einen Großteil der Lebenskraft. Ansonsten genießt der unpolitische Bürger seine Chancen des privaten Glücks, so gut es geht. Der Warnruf »Schluss mit lustig!« prallt an ihm ab, weil Depression auch nicht weiterhilft.

Aber was hilft weiter? Im vorliegenden Buch werden als Ursache der politischen Ohnmacht die neoliberale Globalisierung und ihre Nutznießer genannt. Offene Märkte sind kein Naturgesetz. Es gibt also eine Alternative. Wenn das Nachdenken über einen Ausweg aus der Misere bei der Möglichkeit ansetzt, den vermeintlichen Sachzwang aufzulösen, der das Gefühl der Ohnmacht hervorruft, dann ist die Rettung der Demokratie in Sicht. Der resignierende Rückzug des Bürgers ins Private verliert dann seine rationale Begründung.

Die Wahl des US-Präsidenten Obama hat bewiesen, dass es in einer Demokratie möglich ist, den Repräsentanten einer sozialen Bewegung auch gegen den Widerstand der Wirtschaftselite an die Macht zu bringen. Bekanntlich hat Obama aus der Summe der massenhaften kleinen Spenden aus der Bevölkerung für seinen Wahlkampf mehr finanzielle Mittel erhalten als sein Gegner, der als Repräsentant der marktradikalen Wirtschaftselite die Spenden der Millionäre einsammelte. Allerdings ist noch ungewiss, ob Obama sich an der Macht halten kann. Weil er nicht zu denen gehört, die mit dem Kopf durch die Wand wollen, muss er sich auf Kompromisse mit der nach wie vor sehr mächtigen US-Wirtschaftselite einlassen. Viele seiner früheren Anhänger, die in ihrer Naivität die realen Kräfteverhältnisse nicht einschätzen können und seine Kompromisse als »Verrat« betrachten, haben sich schon enttäuscht von ihm abgewendet.

Die Chancen, die Tendenz einer Aushöhlung unserer Demokratie umzukehren, liegen in der Hand der politisch aktiven Teile der Bevölkerung, die sich des Wertes von Demokratie bewusst sind und ihren Einfluss mit allen friedlichen Mitteln entfalten müssen, um die Demokratie zu retten. Dazu gehört ein öffentlicher Diskurs über die Alternativen zur neoliberalen Globalisierung. Eine Zeit »nach der Demokratie« (Postdemokratie) darf es nicht geben.

# Globaler Standortwettbewerb – Wettlauf in die falsche Richtung

Der dritte Abschnitt beschäftigt sich intensiver mit den Mechanismen einer aus dem Ruder gelaufenen Marktwirtschaft. Die globalisierte Wirtschaft entzieht sich mit der weltweiten Öffnung der Märkte (Liberalisierung, Deregulierung) mehr und mehr ihrer demokratischen Gestaltbarkeit. Anhand der aktuellen Wirtschaftskrise wird das Versagen des globalen Finanzmarktes nachgezeichnet. Dabei wird deutlich, dass die gegenwärtig diskutierten Regeln für eine überzeugende Kurskorrektur zu kurz greifen. Der Systemzwang einer Marktwirtschaft, die ihren sozialen Anspruch nicht mehr einlösen kann, muss überwunden werden, wenn die Demokratie noch eine Chance haben soll. Es wird die These vertreten, dass ein Ausstieg aus dem neoliberalen Standortwettbewerb und dem damit zusammenhängenden Wachstumswahn notwendig und möglich ist. Die Wirtschaftselite wird mit der ungeregelten globalen Arbeitsteilung zulasten der Bevölkerungsmehrheit immer reicher und mächtiger. Ihr ist es bisher gelungen, die meisten Menschen glauben zu machen, es gäbe keine Alternative zur neoliberalen Globalisierung.

## *Das Verhältnis von Markt und Staat – seine geschichtliche Entwicklung*

Zwischen Markt und Staat lässt sich eine Wechselwirkung beobachten, deren Charakter sich im Laufe der Zeit verändert hat. Die Wechselwirkung, deren Abfolge sich in der europäischen Geschichte gut nachweisen lässt, kann in folgende Phasen gegliedert werden:

*Erste Phase:* Die politische Situation ist durch einen autoritären Staat gekennzeichnet – beherrscht zum Beispiel von den Vertretern einer Religion oder einer Ideologie oder von einigen Familien, die sich auf Militär stützen. Die herrschende Elite schöpft ihre wirtschaftliche Macht aus Großgrundbesitz und sonstigen mit Gewalt durchgesetzten Möglichkeiten, andere Menschen für sich arbeiten zu lassen. Der Markt – die Erzeugung und der Tausch beziehungsweise die Verteilung der Güter – ist wenig ausgeprägt und vor allem am Eigenbedarf orientiert, außerdem an den Interessen der herrschenden Elite, die für ihren relativ aufwendigen Lebensstil und für ihre Kriege entsprechende Bedürfnisse entwickelt. Um die Mittel dafür aufzubringen, kassiert sie Pacht und Steuern von Bauern, Handwerkern und Händlern.

Die Arbeitsteilung ist in dieser Phase nur schwach ausgeprägt. Die Erträge der Produzenten gehen nur wenig über die Selbstversorgung der Familien und örtlichen Gemeinschaften hinaus und bieten dem einfachen Volk kaum Möglichkeiten, Reichtum anzuhäufen.

In dieser Phase gibt es weder Demokratie noch einen freien Markt. Die Machthaber schöpfen ihre Legitimität aus religiösen Glaubensgebäuden. Diese »kulturelle Grundlage« wird von der Bevölkerungsmehrheit entweder geteilt oder ihre Akzeptanz wird durch gewaltsame Unterwerfung erzwungen.

*Zweite Phase:* Im autoritären Staat entsteht durch den technischen Fortschritt die Möglichkeit, materielle Ressourcen effektiver als bisher zu nutzen, zum Beispiel bei kriegerischen Auseinandersetzungen. Die Elite (Adel) ist immer mehr auf die Fähigkeiten von Menschen angewiesen, die nicht zur Elite zählen, zum Beispiel auf Handelsunternehmen. Nur mit ihrer Hilfe kann sie ihren luxuriösen Lebenswandel und ihre Kriege finanzieren. Der Wohlstand dieser Bevölkerungsschicht mehrt sich entsprechend. Die Stärke der »bürgerlichen Schicht« gründet sich auf »Handel und Wandel«, also auf die Mechanismen des Marktes.

Diese Entwicklung beginnt in Deutschland mit der Renaissance. Ein Beispiel: Die Fugger, ursprünglich einfache Bauern, nutzen den technischen Fortschritt und werden über Generationen hinweg zunächst Leineweber, dann Tuchhändler und schließlich Banker. Jakob Fugger wird aufgrund seines Reichtums sehr mächtig. So etwa finanziert er den beiden Habsburger Reichsfürsten Maximilian I. und Karl V. die Bestechungssummen, die dazu führen, dass sie zu deutschen Kaisern gewählt werden. Die Repräsentanten des Staates – Kaiser und Hochadel – sind den Fuggern und anderen Handelshäusern zwar zu Dank verpflichtet, jedoch von ihnen nicht wirklich abhängig, weil sich ihre Herrschaft auf ihre »hohe Geburt« gründet.

Die neue Schicht des Bürgertums, dessen Einfluss mit steigendem Wohlstand wächst, drängt auf die Rücknahme von Vorschriften, die gewinnbringende Formen der Herstellung und Verteilung von Gütern behindern. Sie hat damit Erfolg, weil auch die »alte Elite« auf die Ergebnisse eines von sinnlosen Beschränkungen befreiten Marktgeschehens angewiesen ist. In dieser Phase kann von Demokratie noch keine Rede sein, allerdings schwankt die bisher absolute Herrschaft der alten Elite. Eine neue, wohlhabende Gruppe drängt auf mehr Macht. Der Ökonom Franz Böhm hat im Blick auf diese Zeit festgestellt, der kapitalistische Wettbewerb sei ein Instrument der »Entmachtung« der feudalen Elite gewesen.

*Dritte Phase:* Diese Phase ist durch eine Ablösung der alten durch die neue Elite gekennzeichnet – eine Ablösung, die den veränderten wirtschaftlichen Gegebenheiten Rechnung trägt. Der erfolgreiche Widerstand gegen die Großgrund- beziehungsweise Plantagenbesitzer führt zu einer Überwindung der Leibeigenschaft in Europa und – nach dem Bürgerkrieg 1865 – der Sklavenhaltergesellschaft in den USA. Ein Markstein in dieser Entwicklung ist die Französische Revolution. Die frühkapitalistische Industriegesellschaft entfaltet sich. Die Legitimation der auf alte, marktferne Sichtweisen gegründeten Elite ist geschwunden. An ihre Stelle tritt allmählich oder plötzlich das Bürgertum als Elite, das nun die staatlichen Hebel der Macht bedient.

Die Mitglieder der bürgerlichen Schicht führen die Legitimation ihres Machtanspruchs nicht mehr auf ihre Geburt beziehungsweise auf eine »höhere Macht« zurück, sondern auf Leistung. Und als Leistung wird die Fähigkeit gesehen, sich den Marktkräften so anzupassen, dass damit der eigene Reichtum gefördert wird. Der gewonnene Wohlstand ist ein Zeichen für den Erfolg des »Leistungsträgers« und – aus dessen Sicht – für den Erfolg des Marktes, der damit seine Funktionsfähigkeit unter Beweis stellt.

In dieser Phase entwickeln sich aus dem Ständestaat erste Elemente eines Rechtsstaates, der die bisherigen Privilegien des Adels beschneidet. Der Markt agiert innerhalb des Staates weitestgehend schrankenlos. Nur die Außenhandelsbeziehungen werden streng durch Zölle, Kontingente, Kapitalverkehrsregeln und andere Formen der Absicherung staatlich reglementiert. Dies geschieht, um die eigene Volkswirtschaft mit je eigener Währung vor den Bedrohungen anderer (technologisch weiter fortgeschrittener) Volkswirtschaften zu schützen.

Nur wenige gesellschaftliche Bereiche bleiben noch originäre Aufgaben des »Nachtwächterstaates«, zum Beispiel die innere und äußere Sicherheit, die Justiz, der Bau überregionaler Verkehrswege und die staatliche Repräsentanz nach außen. Die im Staate geltenden Gesetze werden vom König oder von einem schwachen Parlament erlassen.

Allerdings gelingt es der am Markt erfolgreichen Bürgerschicht (den Wohlhabenden), ihre Mittel (das Kapital) so einzusetzen, dass sie andere Bevölkerungsschichten in materielle Abhängigkeit bringen. Je schwerer es für diese Schichten ist, durch ihre Arbeit genügend Einkommen zur Bestreitung ihres bescheidenen Lebensunterhalts zu erzielen, desto größer wird ihre Abhängigkeit von denen, die ihnen Arbeit bieten. Die (kleine) Gruppe der Unternehmer wird immer mächtiger, die (sehr große) Gruppe der Arbeitnehmer immer ohnmächtiger. Eine große Diskrepanz zwischen Arm und Reich entsteht. Es kommt zu immer größeren Spannungen. Diese führen in manchen Gegenden der Welt zu Revolutionen oder zu Umstürzen, die totalitäre Regierungen an die Macht bringen, seien sie sozialistischer (Russland, China) oder faschistischer Ausprägung (Italien, Deutschland, Spanien etc.). Davon ist die erste Hälfte des 20. Jahrhunderts geprägt. Die Diktaturen vermehren sich und halten Jahrzehnte.

*Vierte Phase:* Diese Phase beginnt in den marktwirtschaftlich orientierten Staaten Europas nach dem Zweiten Weltkrieg. In der Landwirtschaft sinkt infolge ihrer Mechanisierung und Rationalisierung die Zahl der Arbeitsplätze erheblich. Es entstehen jedoch sehr viele neue Arbeitsplätze in der wachsenden Industrie. Bei starkem wirtschaftlichen Wachstum, das sowohl durch technologischen Fortschritt (Innovationsschub) als auch durch den Wiederaufbau (Kriegszerstörungen) vorangetrieben wird, verschiebt sich das Kräfteverhältnis zwischen Unternehmern und Arbeitnehmern, weil die Nachfrage nach Arbeit größer ist als das Angebot. In dieser Zeit gelingt es den abhängig Beschäftigten, hohe Lohnforderungen durchzusetzen. Ihre Interessenvertretungen, die Gewerkschaften, gewinnen an Macht und genießen in der Öffentlichkeit hohes Ansehen. Die Beschäftigten verlangen erfolgreich auch betriebsübergreifend nach mehr Teilhabe an den Ergebnissen des Wirtschaftens, was sich in der Gesetzgebung niederschlägt. Die Aufgaben des Staates erweitern sich. Der Sozialstaat wird gestärkt, indem er sich – über karitative (nachsorgende) Verantwortlichkeiten hinaus – auch für vorsorgende (weichenstellende) Aufgaben zuständig fühlt, insbesondere dafür, dass alle Bürger im Staat die gleiche Chance bekommen, ihr Leben ohne Existenzangst eigenverantwortlich gestalten zu können. Nach dem Konzept der »sozialen Marktwirtschaft« werden in diesem Sinne Regeln des Wirtschaftens verbindlich vorgegeben – über Ge- und Verbote sowie über steuerliche Anreize zur Sicherstellung gewünschter (demokratisch beschlossener) sozialer und ökologischer Standards.

Was den freien Markt in dieser Phase anbelangt, so ist dessen »Freiheit« durch soziale Gesetze (zum Beispiel Kündigungsschutz, Mieterschutz, Progression der Einkommensteuer, Unternehmensteuer, Kranken- und Altersversorgung, Studienbeihilfen …) eingeschränkt. Die Wirtschaft wird in die gesellschaftliche Verantwortung genommen. Sie akzeptiert Mechanismen der Umverteilung des gesellschaftlichen Reichtums. Dabei spielt die Furcht der Unternehmer vor dem Sozialismus eine Rolle. Denn die soziale Marktwirtschaft muss sich im Hinblick auf den Wohlstand der breiten Bevölkerung im Wettbewerb mit den sozialistischen Ländern hinter dem Eisernen Vorhang bewähren. Die Wirtschaftselite ist daher bemüht, die soziale Komponente der Marktwirtschaft auszubauen. Nach dem Fall des Eisernen Vorhangs entfällt diese Furcht und damit der Antrieb zu sozialen Reformen.

Der sogenannte »rheinische Kapitalismus« zeichnet sich dadurch aus, dass die Interessen der Arbeitgeber und der Arbeitnehmer einen gewissen Ausgleich erfahren. Da der Begriff »Kapitalismus« zur Bezeichnung der marktwirtschaftlichen Wirtschaftsordnung eine Unterscheidung zwischen einer Marktwirtschaft nach neoliberalem Muster und einer sozial-ökologisch gezähmten Marktwirtschaft unmöglich macht, ist dieser undifferenzierte Begriff jedoch irreführend.

Die Verhältnisse, innerhalb deren der Markt funktioniert, haben sich gegenüber der dritten Phase geändert. Die Produktivität hat infolge des wissenschaftlich-technischen Fortschritts so zugenommen, dass das Problem der Überproduktion entsteht: Es werden bei gleichem Arbeitseinsatz mehr Güter hergestellt, als abgesetzt werden können. Also verschärft sich der Wettbewerb der Unternehmen mit ähnlichen Produkten innerhalb der Volkswirtschaft des jeweiligen Staatsgebietes. Und vor allem verstärkt sich der Druck, zusätzliche Absatzmärkte im Ausland zu erschließen.

In diesem Zusammenhang nähern sich die Interessen der Arbeitgeber und die der Gewerkschaften an: die Unternehmer wollen mehr Wachstum (mehr Absatz, mehr Gewinn), die Arbeitnehmer wollen trotz steigender Produktivität ihre Arbeitsplätze nicht verlieren und weiterhin eine Steigerung ihrer Löhne. Aus dieser geballten Interessenlage entsteht das parteiübergreifende Begehren, die noch bestehenden Begrenzungen der Marktfreiheit aufzulösen – in der irrigen Annahme, dass damit nicht nur das Wachstum des Güterausstoßes, sondern auch das weitere Wachstum des Wohlstandes der Bevölkerung sichergestellt werden könne.

*Fünfte Phase:* Technische Innovationen (Verkehrstechnik, Internet etc.) erleichtern und verbilligen die Überwindung großer Entfernungen. Der Weltmarkt wird zum Operationsgebiet der Unternehmen. Die höchste Kapitalrendite wird global an denjenigen Standorten erzielt, wo die Kosten für die Produktion am niedrigsten sind und wo der Staat das Privateigentum schützt. Die Exportwirtschaft gewinnt im Vergleich zur Binnenwirtschaft immer mehr an volkswirtschaftlichem Gewicht. Die Zahl der Arbeitsplätze in der Industrie nimmt deutlich ab. Neue Arbeitsplätze entstehen vor allem im Dienstleistungsgewerbe. Die Bedeutung des Kapitals (und damit des Finanzsektors) wächst; dieser wird in manchen Ländern (zum Beispiel in Großbritannien) sogar zur »Schlüsselindustrie«.

Diese Phase ist gekennzeichnet durch zwei sich gegenseitig bedingende Entwicklungen: auf der einen Seite die Tendenz zur weltweiten Öffnung der Finanz-, Güter-, Dienstleistungs- und Arbeitsmärkte. Die endgültige »Befreiung« des Marktes von staatlicher Macht ist das Programm der neoliberalen Wirtschaftstheorie, die sich inzwischen zur Dogmatik verfestigt hat und im Interesse der großen Industrienationen durch globale Institutionen wie die Welthandelsorganisation (WTO) in verbindliche Regeln des Freihandels gegossen wird.

Auf der anderen Seite wird der demokratische Staat durch die absolute Freiheit des Marktes in seinen Möglichkeiten tief greifend beschnitten. Das Parlament kann *de facto* (nicht *de jure*) keine Gesetze mehr erlassen, die das eigene Land im globalen Standortwettbewerb benachteiligen würden. Denn eine solche Benachteiligung würde die ohnehin schon bestehende Massenarbeitslosigkeit noch erhöhen, indem die Abwanderungstendenz industrieller Arbeitsplätze verstärkt würde. Damit wird auch die Haltbarkeit der sozialen Sicherungssysteme infrage gestellt. Der Staat wird auf diese Weise erpressbar. Es ist ihm zum Beispiel nicht mehr möglich, Regelungen zur Verkürzung der Arbeitszeit zu erlassen und damit die Summe der Arbeitszeit gerechter zu verteilen, um der Massenarbeitslosigkeit Herr zu werden. Der Preis wäre eine geringere wirtschaftliche Effizienz. Aber diesen Preis kann sich bei global geöffneten Märkten keine Regierung leisten, weil damit die Wettbewerbsfähigkeit des eigenen Wirtschaftsstandorts geschwächt würde.

Die Entmachtung des Staates geht mit der zunehmenden Machtfülle einer Wirtschaftselite einher. Dieser Elite gelingt es mithilfe der ihr zugeneigten Medien, dass ein Großteil der unter dieser Macht objektiv leidenden Bevölkerung sich mit neoliberalen Dogmen identifiziert. Die gesellschaftlich dominanten Meinungsträger schließen sich dem Glauben an, die absolute Marktfreiheit fördere den allgemeinen Wohlstand.

Im Zuge der weltweiten Machtergreifung des Marktes auf der Basis der neoliberalen Glaubenslehre kann sich die Wirtschaftselite in ihren globalen Aktivitäten den nationalen Gesetzen weitgehend entziehen. Der Markt kann es besser, heißt es, der Staat stört nur! Der Staat, der mit Verweis auf den globalen Standortwettbewerb von den ansässigen Wirtschaftsverbänden genötigt wird, die Steuern und Abgaben der Unternehmen zu senken, ist immer weniger in der Lage, seine kostenintensiven sozialen, kulturellen und ökologischen Aufgaben zu erfüllen.

Wir befinden uns gegenwärtig in der hier als fünfte Phase skizzierten Zeit. Wir sind der Gefahr ausgesetzt, dass der entfesselte Markt eine legitimierende Funktion erhält ähnlich einer Religion oder Ideologie, wie sie zur Stützung des Staates in der ersten und zweiten Phase benutzt wurden. Wir wissen inzwischen (nicht erst seit der aktuellen Finanz- und Wirtschaftskrise), dass die Annahme falsch war, die Öffnung der Märkte (Deregulierung, Liberalisierung) führe zur Wohlstandsmehrung für alle Menschen. Viel zu langsam macht sich die Erkenntnis breit, dass der Markt einer staatlichen Regulierung bedarf, um nicht großen Schaden anzurichten, indem er den Wohlstand der Bevölkerungsmehrheit und damit gleichzeitig die Demokratie in den westlichen Industrieländern zerstört und indem er in anderen Regionen der Welt die Schaffung von Wohlstand und Demokratie behindert. Umstritten ist jedoch, wie weit die Regulierung gehen muss, um die politisch gewollte Wirkung zu erzielen.

Die Freiheit, die ein demokratisches Staatswesen seinen Bürgern sichern soll, wird der globalen Freiheit des Marktes untergeordnet. Das Ziel, für alle Menschen die Freiheit von Not und Abhängigkeit zu gewinnen, wird bei einer global ungezügelten Marktfreiheit zur Willens- und Handlungsfreiheit einer kleinen Gruppe, die von den Gesetzen des Marktes begünstigt wird und daher in Wohlstand leben kann. Die Freiheit dieser Wenigen hat die Unfreiheit derer zur Folge, die ihre Arbeit verlieren und in der Angst leben müssen, sich ihre materiellen Existenzgrundlagen nicht mehr durch eigene Leistungen sichern zu können, sondern auf die Leistungen des Staates (Transferleistungen) oder begüterter Personen (wohltätige Spenden) angewiesen zu sein.

Bei der Betrachtung des skizzierten geschichtlichen Ablaufs stellt sich zur aktuellen Situation die Frage: Was hat der Markt in seiner globalisierten Ausprägung nach neoliberalem Muster mit dem Verhältnis von Kapital und Arbeit zu tun und mit der Vielfalt der Wirtschaftsstruktur? In den vergangenen hundert Jahren hat sich das Verhältnis der Produktionsfaktoren Arbeit, Kapital und Boden/Ressourcen zugunsten des Kapitals deutlich verschoben. Je größer der Anteil und die Qualität der eingesetzten Maschinen und Apparate (Kapital), desto höher ist die Produktivität (Produkte pro Zeiteinheit) der Arbeitskraft. Das Kapital verdrängt immer mehr die Arbeit dort, wo arbeitsintensive Vorgänge mit Technik (Maschinen, Apparaten) erledigt werden können. Das ist in besonderem Maße in der Industrie zu beobachten. Es entstehen zwar immer mehr neue Arbeitsplätze im Dienstleistungsbereich, jedoch ist die Aufnahmefähigkeit dieses Sektors begrenzt.

Wenn Kapital in solchen Regionen der Welt investiert wird, die aufgrund extrem geringer Löhne und niedriger Steuern besonders »wirtschaftsfreundlich« sind, dann wird dieses Kapital dem Wirtschaftskreislauf am Ort seiner Entstehung entzogen. Der Kreislauf von Arbeit, Einkommen, Konsumption und Investition wird gesprengt. Eine Region mit vielfältiger Wirtschaftsstruktur, in der alle lebensnotwendigen Produkte hergestellt und konsumiert wurden, wird zu einem Standort (Land, Region), in dem nur noch wenige große »Global Player« für den Weltmarkt produzieren. Die ehemals vielfältige Wirtschaftsstruktur wird zur Monostruktur, die auf den Export ausgerichtet und den »Gesetzen des Weltmarktes« unterworfen ist. Das Wohlstandsversprechen der neoliberalen Wirtschaftstheoretiker wird nur für eine kleine Minderheit erfüllbar.

Mit Blick auf das gesamte Weltgeschehen erkennen wir in groben Linien die Suchbewegungen zwischen den Idealen der Freiheit und der Gleichheit – beide mit dem Anspruch, auch das Ideal der »Brüderlichkeit« (Geschwisterlichkeit) zu realisieren: Im 20. Jahrhundert hat in zahlreichen Staaten, die sich sozialistisch nannten, eine kleine intellektuelle Elite versucht, in einem mehr als siebzig Jahre dauernden »Freiluftexperiment« die Idee der Gleichheit mit gewaltsamen Mitteln zu realisieren – unter Missachtung der Freiheit. Zu diesem Zweck hat sie »Erziehungsdiktaturen« errichtet und sich damit auf die »wissenschaftliche« Theorie von Karl Marx berufen. Nach dem Scheitern dieses Versuchs hat eine kleine (nicht intellektuell, sondern pragmatisch beseelte) Elite in einem ebenso gigantischen Experiment begonnen, die Idee der Freiheit mit den Methoden des Marketings zu realisieren – unter Missachtung der Gleichheit. Denn die Freiheit von Existenzangst kommt nur einer Minderheit von Reichen zugute. Zu diesem Zweck errichtet die Wirtschaftselite eine »Diktatur des Sachzwangs«, indem sie die Realisierung ihres Wohlstandsversprechens für alle Menschen von der Unterwerfung unter die Gesetze des Marktes abhängig macht. Dabei beruft sie sich auf »wissenschaftliche« Lehrbücher der neoliberalen Dogmatik.

In beiden geschichtlich beachtlichen Experimenten blieb und bleibt die Demokratie früher oder später auf der Strecke. Die Frage ist offen, ob es in Zukunft gelingen wird, die beiden großartigen Ideen der Freiheit und der Gleichheit so miteinander zu verbinden, dass die Demokratie zu einer gelebten Wirklichkeit werden kann.

## *Die herrschende und eine vernachlässigte Denkweise in der Ökonomik*

Die Sinnhaftigkeit und die Möglichkeiten einer wirksamen Ordnungspolitik ist seit den 1970er-Jahren in den Wirtschaftswissenschaften nicht mehr analysiert und erörtert worden. Denn in dieser Zeit wurde die neoliberale Theorie von der Wohltätigkeit sich selbst regulierender Märkte zum Glaubensbekenntnis, und dieser Mainstream beherrscht seitdem die Forschung in den wirtschaftswissenschaftlichen Fakultäten der Universitäten. Eine Einseitigkeit des Wissenschaftsverständnisses von Ökonomie hat sich etabliert. Die Wirtschaftswissenschaften sahen und sehen zum größten Teil immer noch ihre Aufgabe nur in der »Beschreibung und Analyse der Bedingungen von funktionsfähigem Wettbewerb«. So haben es kürzlich die beiden in den USA lehrenden Ökonomen Rüdiger Bachmann und Harald Uhlig in der *Frankfurter Allgemeinen Zeitung* ausgedrückt.

Eine andere, bisher vernachlässigte Strömung des ökonomischen Denkens fasst das Verständnis vom Untersuchungsspektrum der Wirtschaftswissenschaften wesentlich weiter. Es erstreckt sich über das enge »System Wirtschaft« hinaus auch auf die von der Wirtschaft beeinflussten Systeme. Diese Denkrichtung flüchtet sich nicht in die Spezialisierung, sondern untersucht auch die »Interdependenzen der Ordnungen«, also das Zusammenspiel des Wirtschaftssystems mit den anderen gesellschaftlichen Teilordnungen wie Recht und Politik. Sie sieht das Wirtschaften im Kontext des gesellschaftlichen Gesamtgeschehens und lenkt ihr Augenmerk auch auf das Verhältnis zwischen Wirtschaft und Gesellschaft, das sich kaum in theoretischen Modellen abbilden lässt. Hier spielen verbale Argumentationen eine Rolle – ein Feld, auf dem sich die »moderne« (auf die Mathematik und ihre wirklichkeitsfremden Prämissen gestützte) neoliberale Denkrichtung sehr schwertut.

Die der heute vorherrschenden Denkweise verfallenen Ökonomen begnügen sich mit einem eingeengten (»reinen« und isolierenden) Blickfeld. Ihre Sicht konzentriert sich ausschließlich auf die innerhalb des Wirtschaftssystems ablaufenden Prozesse. Sie bedienen sich dazu abstrakter Modelle. Was in diese Modelle nicht hineinpasst, existiert für sie nicht.

Die Wirtschaftswissenschaftler Joachim Zweynert und Nils Goldschmidt weisen in ihrem Beitrag für die *Süddeutsche Zeitung* vom 9./10. Mai 2009 darauf hin, dass die sich für gesellschaftliche Belange öffnende »kontextuale Ökonomik« trotz ihrer Vernachlässigung in den vergangenen Jahrzehnten auf eine lange Tradition in Deutschland verweisen kann. Die der ordoliberalen Denkschule angehörigen Theoretiker Walter Eucken, Wilhelm Röpke und Alexander Rüstow gehören zu den Vätern der sozialen Marktwirtschaft, die in den 1950er-Jahren ihren (vorläufigen) Siegeszug antrat. Diese Denker wussten nach den Erfahrungen der Weimarer Zeit, der Weltwirtschaftskrise und des Nationalsozialismus um die Bedeutung des Politischen für das Wirtschaften.

Die beiden genannten Autoren weisen darauf hin, dass das Verhältnis zwischen Wirtschaft und Gesellschaft wieder mächtig in Bewegung geraten ist – nach einem langen Stillstand während der Zeit des Eisernen Vorhangs und seit der schrittweisen Öffnung der Märkte im Zuge der neoliberalen Globalisierung. Unsere Zeit sei als eine Zeit der Transformation zu verstehen. Dabei müsse die aktuelle Wirtschaftskrise in folgendem Kontext gesehen werden: Die Entwicklung der politischen Institutionen hat mit der wirtschaftlichen Dynamik nicht Schritt gehalten. Der Staat war deshalb nicht mehr in der Lage, jenen Ordnungsrahmen zu schaffen, der sicherstellt, dass die Aktivitäten privater Akteure zu gesellschaftlich wünschenswerten Ergebnissen führen. Die heutige Krise sei damit ein Ordnungsproblem *par excellence.*

Nur wer auch das Wechselspiel zwischen politischen und wirtschaftlichen Institutionen in den Blick nimmt, so die Autoren, kann es verstehen und entsprechende Therapien entwickeln. Dass der ökonomische Mainstream so erschreckend wenig zur aktuellen Krise zu sagen hat, sei kein Zufall: »Genau das, was im Zentrum der Erklärung stehen müsste, stellt den blinden Fleck der isolierenden Ökonomik dar.«

Nun fragt sich allerdings, ob eine staatliche Ordnungspolitik, die der Dynamik des Marktes geeignete Zügel anlegen konnte, in Zeiten der neoliberalen Globalisierung mit ihren mehr oder weniger weit geöffneten Finanz-, Güter-, Dienstleistungs- und Arbeitsmärkten überhaupt möglich ist. Die beiden zitierten Autoren mahnen zwar einen Ordnungsrahmen an, der es dem Staat erlaubt, die Wirtschaft im Sinne der umfassenden Aufgaben des demokratischen Staates zu lenken, jedoch vermeiden sie es, als Konsequenz aus ihrer richtigen Forderung die globale Öffnung der Märkte (Freihandel, ungebremster internationaler Standortwettbewerb) infrage zu stellen.

Die aktuelle Banken- und Wirtschaftskrise böte eine gute Gelegenheit, den neoliberalen Glaubenssatz von der Fähigkeit der Märkte zur Selbstregulierung fallen zu lassen und einen Ordnungsrahmen zu schaffen, der im demokratischen Staat der Politik und nicht der Wirtschaft den Primat einräumt. Dass dieser Ordnungsrahmen auf globaler Ebene nur sehr allgemein und daher unzureichend ausfallen kann, wird weiter unten im Kapitel »Steuerung der Wirtschaft durch globale Institutionen?« begründet.

## *Die Entwicklung zum Freihandel und zur aktuellen Finanzkrise*

Die global verflochtene Finanz- und Güterwirtschaft braucht keine Demokratie – im Gegenteil, die Demokratie wird von den Finanzakteuren eher als störend empfunden. Wirtschaftsexperten entscheiden über die Standortgunst eines Landes aus rein betriebswirtschaftlichem Blickwinkel. In Zeiten der politisch ungeregelten Globalisierung stehen die Unternehmen im ungebremsten internationalen Wettbewerb. Sie sind gezwungen, ihre Leistungen bei gleicher Qualität möglichst kostengünstig anzubieten, also zum Beispiel Arbeitskosten einzusparen. Dieser ökonomische »Sachzwang« lässt keinen Platz für Motive, die sich auf »Gerechtigkeit« und sonstige als kontraproduktiv betrachtete Werte beziehen.

Wenn in einem Land wirtschaftsrelevante Gesetze erlassen werden, dann unterliegen sie aus wirtschaftlicher Sicht einem klaren Maßstab: Sie fördern oder schwächen die Wettbewerbsfähigkeit des Standorts. Wie die Beispiele China und Singapur zeigen (siehe oben), sind autoritäre Staaten eher als demokratische Staaten in der Lage, sich an die »Sachzwänge« des internationalen Wettbewerbs anzupassen. Die Steigerung der volkswirtschaftlichen Produktivität ist das Ziel, dem sich alle anderen Ziele unterzuordnen haben. Diktaturen können sich besser als Demokratien über die Bedürfnisse ihrer Bevölkerungsmehrheit hinwegsetzen und auf Gesetze verzichten, die eine gerechtere Verteilung von Arbeit und Einkommen oder ökologische Verbesserungen anstreben – Maßnahmen, die den Interessen der an der globalen Arbeitsteilung interessierten weltweit vernetzten Wirtschaftselite widersprechen.

Wer die aktuelle Finanz- und Wirtschaftskrise betrachtet und daraus seine Schlüsse ziehen will, muss auch die Vorgeschichte einbeziehen, die mit dem Ende des Zweiten Weltkrieges beginnt.

Im Jahr 1944 wird in Bretton Woods eine wirtschaftliche Nachkriegsordnung beschlossen, die sich weltweitem Frieden und Wohlstand verpflichtet. Auf der Grundlage wirtschaftspolitischer Autonomie der Nationalstaaten wird ein freier Welthandel basierend auf festen Wechselkursen vereinbart. Die Leitwährung Dollar ist an den Goldwert gebunden. Zur Durchsetzung des Bretton-Woods-Abkommens werden 1945 der Internationale Währungsfonds (IWF) und die Weltbank gegründet.

Auf Initiative der USA tritt 1948 das Allgemeine Zoll- und Handelsabkommen (GATT) in Kraft, das sich der Aufgabe verschreibt, im Güterhandel Zölle und sonstige Handelsbeschränkungen abzubauen. Das entspricht vor allem dem Interesse der schon damals führenden Wirtschaftsmacht. Die USA und später auch die anderen hoch entwickelten Industrieländer wollen für ihre Exportartikel die Märkte weltweit öffnen, also ihre Exportwirtschaft von Hemmnissen »befreien« (daher das Wort »Freihandel«). Die Zuständigkeiten des GATT werden später (1995) auf die Welthandelsorganisation (WTO) als Sonderorganisation der Vereinten Nationen (UN) übertragen. Das GATT ist inzwischen um die Liberalisierung des Handels mit Dienstleistungen (GATS) und um die Rechte an geistigem Eigentum (TRIPS) erweitert worden.

Die so konzipierte Weltwirtschaftsordnung bewährt sich nach Meinung ihrer Verfechter in den Jahren nach ihrer Einführung – jedenfalls in den westlichen Ländern. Bereits in den 1950er-Jahren beginnt ein »Wirtschaftswunder«, das in starkem Wirtschaftswachstum, Vollbeschäftigung und sozialen Rechten seinen Ausdruck findet. Dieser Aufschwung, der vom Wiederaufbau der im Krieg zerstörten Länder angetrieben wird, stabilisiert den sozialen Frieden und die neu entstandenen Demokratien in Deutschland und Japan. Beide Länder entwickeln eine starke Exportwirtschaft.

Das »Wirtschaftswunder« ist jedoch recht einseitig ausgeprägt. Denn der Aufschwung geht an den meisten Entwicklungsländern und ehemaligen Kolonien vorbei. Besonders Länder mit beschädigtem Primärsektor (Landwirtschaft) können – trotz internationaler Finanzhilfe – die Schwelle zur Industrialisierung nicht überschreiten. Der erhoffte Wohlstand bleibt aus, zum Teil verschlimmert sich die Situation durch den Freihandel. Die Gegensätze zwischen Industrie- und Entwicklungsländern vergrößern sich. Die Entwicklungsländer spielen in der internationalen Arbeitsteilung die Rolle der billigen Lieferanten von Rohstoffen (Öl, Metalle) und Agrarprodukten. Die kleinteilige Landwirtschaft, mit der sich früher die Landbevölkerung zumindest gegen Hunger schützen konnte, wird im Interesse des Exports von großflächigen Monokulturen verdrängt. Auch das heimische Handwerk und erste Ansätze der Industrialisierung können sich gegenüber den Billigimporten aus den Industrieländern kaum behaupten. Diese Entwicklung liegt im Interesse der reichen Familien dieser Länder und ihrer Handelspartner in den Industrieländern.

Ende der 1960er-Jahre findet der rasante Aufschwung in Deutschland und anderen europäischen Ländern sein Ende. Die hohen Kosten des Vietnam-Krieges versetzen der neuen weltwirtschaftlichen Ordnung einen Rückschlag. Unter Präsident Nixon versuchen die USA, ihr hohes Haushaltsdefizit durch eine expansive Geldpolitik abzubauen. In diesem Zusammenhang wollen sie unter Beibehaltung des Dollars als Leitwährung die Goldkonvertibilität des US-Dollars einschränken. Das bedeutet, dass die Währungsparitäten im Festkurssystem inflationsbedingt zugunsten der USA neu ausgehandelt werden müssten. Auf diesem Wege wird den anderen Ländern zugemutet, die hohe US-Verschuldung zu Teilen abzutragen. Weil sich die Länder dieser Zumutung verweigern, erhält die US-Vorherrschaft einen ersten Dämpfer. Das Bretton-Woods-System scheitert nach einigen Rettungsversuchen im Jahr 1973.

Der Goldstandard wird aufgehoben. Unbegrenzte Kreditschöpfung wird möglich. Die Wechselkurse werden freigegeben. Die ehemals festen Regeln des Finanzsystems können unter dem Druck von Spekulationen und des beginnenden freien Spiels der Marktkräfte nicht aufrechterhalten werden. Ein neuer Schritt in Richtung Marktliberalisierung (Deregulierung) und Freihandel wird unternommen.

Der Wirtschaftsexperte Gerd Zeitler schildert in seinem Buch »Der Freihandelskrieg« (2006), wie die weitere Entwicklung hin zur aktuellen Finanzkrise nun an Fahrt gewinnt. Parallel zur Wechselkursfreigabe entwickeln sich sogenannte Euromärkte, die es Dollar-Besitzern ermöglichen, ihr Geld zu günstigen Konditionen in Europa anzulegen. Die steigende Liquidität dieser Märkte wird zunehmend auch von Regierungen, Banken und Unternehmen genutzt und bildet schließlich die Ausgangsbasis für die globalen Finanzmärkte heutiger

Prägung. Die »heiße Phase der neoliberalen Globalisierung« – so Zeitler – setzte mit dieser Entwicklung ein. Die Zunahme grenzüberschreitender Freiheiten für Unternehmer und Investoren geht zwangsläufig mit einem schwindenden Einfluss nationalstaatlicher Wirtschaftslenkung einher. Die wirtschaftspolitischen Autonomien der Nationalstaaten – eine der in Bretton Woods formulierten Bedingungen für einen geordneten Welthandel – beginnen zu bröckeln.

Im Zuge der hier skizzierten Entwicklung werden die Kapitalverkehrsbeschränkungen sukzessive abgebaut. Der freie Kapitalverkehr ermöglicht Direktinvestitionen über Landesgrenzen hinweg. Das mündet faktisch in eine Niederlassungsfreiheit für die Unternehmen, was den Nationalstaaten eine neue Spielart des Wettbewerbs beschert: den Standortwettbewerb. Der Liberalisierungsprozess erfasst nach dem Fall des Eisernen Vorhangs neben den Entwicklungs- und Schwellenländern auch die postkommunistischen Staaten. Mehr und mehr löst sich die Finanzwirtschaft von der realen Produktion von Gütern und Dienstleistungen.

Als seit den 1970er-Jahren das Wachstum in Deutschland nur noch schwache Zuwachsraten aufweist, weil der Wiederaufbau abgeschlossen und eine gewisse Sättigung des Binnenmarktes im Bereich der Investitionsgüter eingetreten ist, verstärken die Unternehmen ihre Ausrichtung auf Exportmärkte.

Seit etwa zwanzig Jahren findet eine ungebremste Umverteilung der Vermögen von unten nach oben statt. Das in wenigen Händen versammelte Vermögen erzeugt dabei kaum zusätzliche Nachfrage nach Gütern und Dienstleistungen, sondern vor allem nach Finanzanlagen. Das treibt das Wachstum der Finanzindustrie an, die dadurch immer einflussreicher wird. Die mächtige Wirtschaftselite dringt erfolgreich auf Liberalisierung und Deregulierung.

Die Grundregeln des soliden Bankgeschäfts werden schließlich außer Kraft gesetzt. Die Banken verstehen sich nicht mehr als Vermittler von Krediten zwischen Sparern und Investoren, sondern steigen in das große Investment- und Spekulationsgeschäft ein. Ein hinreichend großes Eigenkapital, das die Banken als Rücklagen brauchen, um ihre Risiken abzusichern, wird von den Banken als Wachstums- und Gewinnbremse gesehen. Sie versuchen daher, die bestehenden Eigenkapitalvorschriften zu unterlaufen. Ergebnis ist ein System von Schattenbanken, das jeder Regulierung entzogen ist. Das alles gehört zur Vorgeschichte der Finanzmarktkrise.

Seit der weltweiten Freigabe des Kapitalverkehrs boomt das Investmentbanking, das besonders hohe Renditen verspricht. Immer spekulativere Finanzprodukte werden auf den Markt geworfen. Die Banken kaufen und verkaufen Papiere, die ursprünglich dafür gedacht waren, Währungsrisiken abzusichern. Nun wird mit den Versicherungen von Wertpapiergeschäften spekuliert – mit sehr hohem Risiko.

Neue Mitspieler im Finanzgeschäft treten auf: Hedgefonds, Private-Equity-Firmen und andere Kapitalsammelstellen, die nicht der Bankenaufsicht unterliegen. Sie versprechen den Anlegern höhere Renditen, als diese an den Börsen erzielen können. Auch sie spekulieren mit Aktien, Nahrungsmitteln, Rohstoffen und Staatsanleihen.

Bei den meisten Geschäften der Investmentbanken und der anderen Kapitalsammelstellen geht es nicht etwa um die Finanzierung von Produktionsstätten, Häusern oder anderen Sachwerten, sondern darum, aus Geld mehr »Geld« zu machen. Dieses spekulative »Geld« ist nicht mehr durch Sachwerte gedeckt, sondern sein virtueller Wert leitet sich aus unrealistisch hohen Wachstumserwartungen ab. Der weltweite Handel mit spekulativen Finanzprodukten beträgt im Jahr 2007 das 45-Fache der globalen Wirtschaftsleistung. Das Finanzsystem hat sich von der Realwirtschaft »befreit«.

Jeder Wirtschaftsexperte weiß es, aber kein Politiker kann die Wirtschaftselite, die von diesem Prozess profitiert, davon abhalten: Das System steuert auf eine Finanzblase zu, die bei einer Krise platzt und dann die soliden Anlagen mit in den Abgrund zu reißen droht. Es ist nur eine Frage der Zeit. Finanzmarktakteure können mit brandgefährlichen Instrumenten und Produkten sowie minimalem Eigenkapital in kurzer Zeit Billionen bewegen. Das Spekulationskarussell dreht sich immer schneller. 80 Prozent der spekulativen Anlagen wechseln durchschnittlich jede Woche den Besitzer. Im Jahr 2008 meldet allein die Schweizer Börse 3000 Finanztransaktionen pro Sekunde. Gesetzgeber und Bankenaufsicht in Deutschland, der EU und weltweit schauen diesem Treiben nicht nur zu, sondern fördern es, um ihre jeweiligen Finanzplätze zu stärken.

Seit den 1970er-Jahren legen große Konzerne, Ölproduzenten, Pensionsfonds und Versicherungen ihr Geld zunehmend auf internationalen Banken an, zum Beispiel auf der »systemrelevanten« Investmentbank Lehman Brothers. Die Geldströme entziehen sich jeder nationalen Kontrolle. Anfang dieses Jahrtausends summieren sich die internationalen Geldanlagen auf 75 Billionen Dollar, wie die *Neue Zürcher Zeitung* berichtet. 5,5 Billionen Dollar davon seien durch die aktuelle Finanzkrise »verbrannt« worden – das Resultat des »Kasinokapitalismus«, nachdem die hoch riskanten Finanzspekulationen das System gesprengt haben. Die Finanzjongleure sind durch ihre auf kurzfristigen Gewinn angelegten Manöver sehr reich geworden. Bekanntlich sind die Staaten mit gigantischen Summen aus Steuergeldern eingesprungen, damit nicht das gesamte System wie ein Kartenhaus völlig zusammenbricht.

Das Kommen und Gehen der Konjunkturkrisen wird allgemein als Normalität hingenommen. Die aktuelle Finanz- und Wirtschaftskrise (2007-2009) fällt jedoch aus dem Rahmen, weil sie beinahe zum Zusammenbruch der Weltwirtschaft geführt hat – mit ungeahnten Folgen für Arbeitsplätze und Einkommen der Bevölkerung. Diese Megakrise nimmt Anfang der 1980er-Jahre unauffällig ihren Anfang, als der Immobilien-Kreditboom beginnt. Vor allem in den USA und in Großbritannien verschulden sich private Haushalte massiv mit Immobiliendarlehen, angefeuert durch sehr niedrige Zinsen. Die Banken verlangen keine realen Sicherheiten. Da die Immobilienpreise infolge der starken Nachfrage steigen, wird der auf dem Papier ansteigende Wert der gekauften Immobilie als hinreichende Risikoabsicherung akzeptiert. Die Banken handeln in vielen Ländern wie Immobilien-Hedgefonds. Die Verwandlung von Krediten in handelbare Wertpapiere (zum Beispiel die »Verbriefung« von Immobilienkrediten fragwürdiger Bonität) beschert den Investmentbanken zunächst riesige Gewinne. Die Banken dealen mit Paketen aus Kreditverträgen (Derivaten) unterschiedlicher Bonität, ohne beurteilen zu können, mit welchen Risiken diese Pakete belastet sind. Dieser für die Banken sehr lukrative Handel nimmt Dimensionen an, die alle vermeintlichen »Sicherheiten« der Märkte und das Vertrauen in sie sprengen. Als sich die bisher profitablen Derivate als höchst giftig herausstellen, stehen die systemrelevanten Banken und Versicherungen nicht nur in den USA am Abgrund und sind darauf angewiesen, von den betroffenen Staaten mit ungeheuren Summen gerettet zu werden.

Der Tagesspiegel-Redakteur Harald Schumann kommt bei einem Vortrag im Januar 2010 im Berliner Tagungszentrum Urania zu der Einschätzung, die Fehlentwicklungen in der globalen Finanzwelt hätten einer kleinen Clique aus den Führungsetagen von rund 15 Finanzkonzernen eine Macht in die Hände gespielt, die sich jeder demokratischen Kontrolle entzieht. Diese Einschätzung bestätigt sich dadurch, dass die Staaten mit unvorstellbar großen Hilfsmaßnahmen einspringen müssen. Die Staaten werden erpresst. Denn sie stehen vor der fatalen Alternative, entweder die Banken mit Steuermitteln zu retten oder den Bankrott von Großbanken zuzulassen, in dessen Folge das gesamte Finanzsystem zusammenbrechen würde – mit unabschätzbaren Folgen für die Realwirtschaft.

Im Rückblick auf die vergangenen zwanzig Jahre, in denen die Ideologie von der Wohlstand schaffenden Selbstregulierung des freien Marktes das öffentliche Schreiben und Reden beherrschte, schreiben Jochen Becker, Wolfgang Ebert und Jochen Marquart in ihrem Buch »Es geht nur anders!« (2009): »Seit Jahren wird die politische und wissenschaftliche Debatte von einem neoliberalen Mainstream bestimmt, dessen zentrale Botschaften lauten: Privat geht vor Staat; öffentliche Leistungen sind zu reduzieren und die Lohnnebenkosten zu senken; die umlagenfinanzierte Rentenversicherung muss abgebaut und eine kapitalgedeckte private Altersvorsorge aufgebaut werden; staatliche Regulierungen sind schädlich, der Kapitalmarkt als Wirtschaftsfaktor zu stärken und zu fördern, die gesellschaftliche Daseinsvorsorge muss ökonomisiert werden.«

Der hier treffend skizzierte Mainstream scheint – zumindest in den Medien – seit der Finanzkrise angeknackst zu sein. Wirtschaftswissenschaft und Politik mussten sich von dem Dogma lösen, dass die Märkte sich selbst regulieren können. Der Glaube an die »unsichtbare Hand« des Marktes, die trotz aller Krisen letztlich auf unerklärliche Weise für den Wohlstand aller Menschen sorgt, hat sich nicht bestätigt. Die Wirtschaftswissenschaften sind sich einig. Ohne die gigantischen Summen staatlicher Dollars und Euros, die in der Zeit nach der Insolvenz der »systemrelevanten« Investitionsbank Lehman Brothers in den USA und Europa aus Steuermitteln ausgegeben oder als Bürgschaft zur Aufrechterhaltung des Kreditflusses eingesetzt worden sind, hätte das ausgehebelte globale Finanzsystem große Teile der Realwirtschaft mit sich in den Abgrund gerissen. Zur Bankenrettung wurde allein in Deutschland ein Schattenhaushalt mit einem Budget von 480 Milliarden Euro eingerichtet – das ist das Anderthalbfache des Bundeshaushalts. Dieser Haushalt ist einer Kontrolle durch Parlament und Öffentlichkeit faktisch entzogen.

Die Banken, die über viele Jahre hinweg viele Milliarden an ihren undurchsichtigen Finanzgeschäften verdient haben, werden nach ihrer Rettung nicht zur Kasse gebeten. Sie verdienen inzwischen wieder sehr gut. Simon Johnson, Professor und Ex-Chefökonom des IWF, nennt die Methode, mit der die internationalen Großbanken die Rettungsprogramme der Regierungen und die neue Gesetzgebung zu ihren Gunsten manipuliert haben, einen »stillen Staatsstreich«.

## *Die Eurokrise und die Realwirtschaft*

In der »Eurokrise« (2010) hat die Finanzkrise eine weitere Ausdrucksform gefunden. War die geplatzte US-Immobilienblase Auslöser der Bankenkrise, so ist das hohe Staatsdefizit Griechenlands der Auslöser für die Krise des Euro. In beiden Fällen spielen ungehemmte Finanzströme – vermittelt über Ratingagenturen, Banken und Spekulanten – eine Schlüsselrolle.

Nach dem Crash der US-Investmentbank Lehman Brothers eineinhalb Jahre zuvor kamen die dramatischsten Tage der Euro-Finanzkrise Anfang Mai 2010. Die Märkte spekulierten auf den Zusammenbruch der hoch verschuldeten europäischen Länder – Portugal, Irland, Italien, Griechenland und Spanien (»PIIGS« genannt). Der Risikoaufschlag für griechische Staatsanleihen schoss nach oben auf fast 20 Prozent. Die europäische Währungsunion stand kurz vor dem Auseinanderbrechen. Die EU sah keine andere Möglichkeit mehr, als zusammen mit dem IWF einen »Rettungsschirm« in Höhe von 750 Milliarden Euro aufzuspannen. Mit diesem Kreditpaket konnte die Lage vorerst beruhigt werden. Damit wurden auch die Spekulationen gegen die anderen Mitgliedsländer abgewehrt.

Die Eurokrise lässt die enge Verflechtung zwischen Güter- und Finanzmärkten besonders deutlich erkennen. »Griechenland hat über seine Verhältnisse gelebt«, heißt es. Das bedeutet konkret: Griechenland hat bei Beginn der Krise 300 Milliarden Euro Schulden, das ist ein Haushaltsdefizit von 12,7 Prozent des Bruttoinlandsproduktes (BIP). Um den Euro als Währung stabil zu halten, haben die Mitgliedsländer der Eurozone nur 3 Prozent Defizit erlaubt.

Wie kam es zur Krise und was steckt dahinter? In dem halben Jahr vor der Zuspitzung der Krise hat der Euro 10 Prozent an Wert verloren. Der Hauptgrund für den Einbruch sind die Finanznöte Griechenlands. Die Spekulanten können daher mit geringem Risiko auf die Abwertung des Euro wetten und dabei sehr viel verdienen. Denn die Gläubiger (zum Beispiel französische und deutsche Banken) fürchten um die Rückzahlung der Kredite (Staatsanleihen). Je höher die Kreditausfallversicherungen steigen, desto mehr fällt der Wert griechischer Staatsanleihen.

Auf den Staatsbankrott Griechenlands wetten die Spekulanten, weil die Bonität des Landes von Ratingagenturen herabgestuft worden ist, worauf die Zinsen für Anleihen – wie erwähnt – drastisch stiegen. Im März 2010 schrillten die Alarmglocken in Europa. Denn Griechenland musste allein bis April 2010 fällige Schulden von 20 Milliarden Euro bedienen. Es musste neue Staatsanleihen auf dem internationalen Finanzmarkt unterbringen. Es drohte eine Kreditklemme, weil das Vertrauen der Finanzinvestoren in griechische Staatsanleihen geschwunden war.

Was zeigt uns diese Krise und ihre »Bewältigung«? Die Griechenland-Krise brachte die europäischen Kreditinstitute in eine Lage, die fast so schlimm war wie zu Beginn der Finanzkrise drei Jahre zuvor. Damals traute keine Bank der anderen mehr, weil niemand wusste, welche Bank wie viele »giftige« US-Immobilienpapiere in ihren Bilanzen hatte. Das gleiche Misstrauen bezog sich nun auf die giftigen europäischen Staatsanleihen.

Wie die *Süddeutsche Zeitung* vom 3. August 2010 berichtet, halten allein die bundesrepublikanischen Banken Hypo Real Estate, Commerzbank, Landesbank BW und Deutsche Bank Anleihen der PIIGS-Staaten in Höhe von insgesamt 112,5 Milliarden Euro. Der Rettungsschirm hat eine geordnete Insolvenz Griechenlands verhindert. Mit ihr hätten die Gläubiger gezwungen werden können, einen großen Teil der von ihnen vergebenen Kredite abzuschreiben.

Der Währungsspezialist Wilhelm Hankel hat in einem Gastbeitrag »Rettung für die Reichen« in der *Süddeutschen Zeitung* vom 17. August 2010 den Rettungsschirm für Griechenland scharf angegriffen. Es seien nicht die deutschen Kleinsparer gewesen, die ihr Geld nach Griechenland, Spanien und Italien getragen haben, sondern die Großbanken und andere Kapitalsammelstellen. Europa sozialisiere mit dem Rettungsschirm die Verluste von Banken, die sich verzockt hätten.

»Wie will eine Bundesregierung – gleich welcher Parteiencouleur – begründen, dass sie zwar an Renten, sozialen Leistungen, Investitionen für Ausbildung oder in die Infrastruktur des Landes sparen muss, aber zugleich 70 Prozent ihrer jährlichen Steuereinnahmen für die Rettung Griechenlands und des Euro bereithält?«

Der teure Rettungsschirm für Griechenland ist mit der Bedingung aufgespannt worden, dass der Staat drastische Schritte unternimmt, um sein Defizit deutlich zu reduzieren. Das Land soll Haushaltsdisziplin üben und seinen »verschwenderischen Lebensstil« mäßigen. Griechenland hat sich dazu bereit erklärt, allein im Jahr 2010 eine Summe von 13,6 Milliarden einzusparen. Die eingeleiteten Reformen der griechischen Regierung – Einfrieren der Renten, Kürzung der Gehälter der öffentlich Bediensteten, Erhöhung der Mehrwertsteuer – treffen jedoch vor allem die Menschen hart, die nie verschwenderisch gelebt haben, und verschonen die Reichen, deren Lebensstil von den Sparmaßnahmen nicht berührt wird. Ob die Sanierung Griechenlands gelingt, wird sich erst zeigen, wenn im Mai 2012 der Rettungsschirm eingeholt wird. »Wenn die Griechen weiter so tapfer sparen, wird das Vertrauen der Kapitalmärkte zurückkehren«, sagt ein Experte, der von der *Süddeutschen Zeitung* zitiert wird. »Spätestens 2020, wenn der demografische Wandel voll zuschlägt, müssen alle Staaten ihre sozialen Systeme umgebaut haben.« An den sozialen Systemen sind die Reichen nicht interessiert, ihre Demontage wird die Armen ärmer machen.

Die Staatskrise Griechenlands wurde durch die Spekulanten zwar ausgelöst, nicht aber verursacht. Hier berührt sich das Finanzsystem mit der Realwirtschaft. Der Staat hat über viele Jahre hinweg wesentlich mehr Geld ausgegeben, als er eingenommen hat. Wichtig in diesem Zusammenhang ist die Frage nach der Produktivität der griechischen Volkswirtschaft, denn von dieser hängen die Steuern ab, die der Staat von Unternehmen und Bürgern einnehmen kann. Und von diesen Einnahmen wiederum hängt ab, wie viel Geld der Staat für Sozialleistungen, öffentliche Dienste und sonstige Aufgaben ausgeben kann, ohne sich maßlos zu verschulden.

Die Produktivität eines Landes ist in Zeiten der wirtschaftlichen Globalisierung Ausdruck seiner Wettbewerbsfähigkeit auf den völlig oder weitgehend geöffneten Gütermärkten. Die unterschiedliche Entwicklung der Wettbewerbsfähigkeit (Produktivität) der griechischen und der deutschen Volkswirtschaft lässt sich an folgenden Kennziffern ablesen: Die Lohnstückkosten sind im Zeitraum von zehn Jahren (2000-2010) pro Jahr in Griechenland durchschnittlich um 2,7 Prozent und in Deutschland nur um 0,5 Prozent gestiegen. Die durchschnittlichen Reallöhne sind im Zeitraum von acht Jahren (2000-2008) in Griechenland um 39,6 Prozent gestiegen und in Deutschland um 0,8 Prozent gefallen.

Die Wettbewerbsfähigkeit eines Landes zeigt sich weniger in der Kaufkraft seines Binnenmarktes als vielmehr in der Stärke seiner exportierenden Wirtschaft. Ähnlich wie England, Spanien und andere geschwächte Volkswirtschaften verfügt auch Griechenland kaum noch über Industrie und industrienahe Dienstleistungen, die Gewinne aus dem Export erbringen könnten. Überwiegend der Tourismus bedient in Griechenland eine Nachfrage aus anderen Ländern.

Das andauernde Risiko für den Euro sind die großen Unterschiede in der Produktivität der Volkswirtschaften, die sich zur Eurozone zusammengeschlossen haben. Weil das bekannt ist, haben sich die europäischen Staaten vorgenommen, schwache Länder in ihrer Wettbewerbsfähigkeit zu unterstützen. Denn ein gemeinsamer Währungsraum kann nur bei annähernd gleichem durchschnittlichen Produktivitätsniveau funktionieren. Das setzt eine abgestimmte Wirtschafts- und Sozialpolitik voraus, doch davon ist Europa noch sehr weit entfernt.

So manche Ökonomen sehen den Euro in einer Dauerkrise, weil die Gemeinschaftswährung allzu unterschiedliche Länder zusammenspannt. Der Nobelpreisträger Robert Mundell hat diese Skepsis so begründet: Da in einer Währungsunion keine Änderungen der Wechselkurse möglich sind, müsse die Anpassung auf anderem Wege erfolgen, nämlich durch flexible Löhne, bewegliche Güterpreise und mobile Arbeitnehmer. Er meint damit: mehr Unsicherheit für Beschäftigte, mehr Stress durch drohende Arbeitslosigkeit, weniger soziale Absicherung. Die »mobilen Arbeitnehmer« sollen sich mit weniger Einkommen und mehr »Arbeitsverdichtung« abfinden.

»Wenn Ländern das Instrument der Abwertung nicht mehr zur Verfügung steht, bleiben nur rigide Sparprogramme, radikale Einschnitte in die Sozialkassen, Lohnsenkungen und höhere Steuern. Es ist die bittere Medizin der Chicago-Boys, die der IWF nun den Schuldensündern verabreicht, um die heimischen Güter im Ausland wieder wettbewerbsfähig zu machen« (Catherine Hoffmann in der *Süddeutschen Zeitung* vom 23. Juni 2010 unter der Überschrift »Der Euro, eine schlechte Idee«).

Deutschland als »Exportweltmeister« macht sich bei seinen Nachbarn unbeliebt. Die deutschen Unternehmen verdienen ihr Geld überwiegend im Ausland über den Export und sind daher darauf angewiesen, auf dem Weltmarkt konkurrenzfähig zu bleiben. Je höher der Exportüberschuss, desto mehr wirkt sich diese »Stärke« als Vernichtung von Arbeitsplätzen in den importierenden Ländern aus. Denn mehr und mehr ihrer industriellen Produktion und industrienahen Dienstleistung wird durch die wettbewerbsstarken Unternehmen des übermäßig exportierenden Landes verdrängt.

Nicht nur die sogenannten »PIIGS-Staaten« sind von einer den Staat schwächenden Überschuldung bedroht. Bedroht ist zum Beispiel auch Frankreich, die zweitgrößte Volkswirtschaft in der Eurozone; das Land hat zu wenig für die Wettbewerbsfähigkeit seiner Industrie getan. Deshalb droht dem Land eine Schuldenfalle. Kürzungen um etwa 100 Milliarden Euro wären nötig, um das Defizit auf die erlaubte Grenze von 3 Prozent des Staatshaushalts herunterzubringen. Frankreich bangt inzwischen um seine (von Ratingagenturen bewertete) Kreditwürdigkeit. Verteuert sich die Kreditaufnahme Frankreichs am Finanzmarkt nur um wenige Zehntel-Prozentpunkte, stiege der Schuldendienst um mehrere Milliarden Euro an. Die ohnehin riesige Verschuldung würde weiter zunehmen – das würde den Eurokurs drücken und möglicherweise die Tendenzen zur Inflation verstärken. Vermeiden könnte das Land eine Herabstufung seiner Kreditwürdigkeit mit drastischen Ausgabenkürzungen zulasten der wirtschaftlich schwächeren Teile der Bevölkerung (Rentenkürzungen, niedrigere Ausgaben für Gesundheit etc.). Es ist fraglich, ob die für ihre Protestbereitschaft bekannte französische Bevölkerung einen solchen drastischen Sparkurs akzeptiert.

Am Beispiel der Eurokrise und der Konsequenzen für die Bevölkerung der betroffenen Staaten lässt sich erkennen: Die neoliberale Theorie mit ihrem eingeschränkten (um nicht zu sagen zynischen) Wohlstandsbegriff geht davon aus, dass sich die Märkte selbst regulieren müssen – und das nicht nur europaweit, sondern auch global. Die Theorie ist blind für die Unterschiede der Kulturen und Traditionen und negiert die Bedeutung der Verteilungsfrage.

Europa kann als Beispiel einer »Globalisierung im Kleinen« verstanden werden. Die Öffnung der Gütermärkte und der daraus resultierende »totale Wettbewerb« (keine schützenden Zölle und Kontingente, Verbot staatlicher Bevorzugung von Unternehmen des eigenen Landes) haben eine Arbeitsteilung vorangetrieben, die in den weniger wettbewerbsfähigen Ländern ein Industriesterben verursacht hat. Die europa- und weltweite Arbeitsteilung hat dazu geführt, dass das im europäischen Vergleich mit Industrie (noch) relativ gut ausgestattete Deutschland mit seiner großen Exportstärke mehr vom europäischen Markt profitiert als die anderen Länder. Zwischen Staaten, die im Auslandsgeschäft gut dastehen, und exportschwachen Staaten, die im internationalen Wettbewerb zurückfallen, nehmen die Spannungen zu. Zu Letzteren zählen Griechenland, Irland, Spanien, Portugal und Italien, die zurzeit von flauer Konjunktur und hoher Arbeitslosigkeit besonders stark betroffen sind.

Vor diesem Hintergrund sind die Vorschläge der französischen Finanzministerin Christine Lagarde an die deutsche Politik zu verstehen. Sie möchte »die sorgfältige Überprüfung der Wettbewerbsfähigkeit jedes Landes« und eine Politik, die Unterschiede angleicht. Dahinter steckt die Kritik an der deutschen Exportstärke, soweit diese auf eine restriktive Lohn- und Sozialpolitik zur Verringerung der Arbeitskosten zurückzuführen ist. Denn die Wettbewerbsfähigkeit von Unternehmen hat viel mit der Höhe der Arbeitskosten zu tun. Nach Zahlen der Europäischen Kommission ist die Summe aller Löhne in den Jahren zwischen 1995 und 2006 in Deutschland wesentlich weniger gestiegen als in den anderen europäischen Ländern. Deutschland hat seinen Export zulasten der Kaufkraft auf dem Binnenmarkt expandieren lassen. Das macht sich in der wachsenden Kluft zwischen der Masse der Arbeitnehmer mit geringem Einkommen und der kleinen Gruppe der Spitzenverdiener bemerkbar.

Es wäre jedoch zu kurz gegriffen, wenn die Kritik an der deutschen Exportstärke auf die Forderung hinauslaufen würde, die deutschen Firmen sollten durch höhere Löhne in ihrer Wettbewerbsfähigkeit schwächer werden, damit Firmen in anderen europäischen Ländern mehr exportieren können. Denn auf dem offenen Weltmarkt stehen auch die stärksten europäischen Firmen in einem harten Wettbewerb zum Beispiel mit amerikanischen und chinesischen Firmen.

Um in der Großregion EU ein erneutes Währungsdrama zu vermeiden, müssten die Mitgliedsländer einen Großteil ihrer wirtschaftspolitischen Souveränität an Brüssel abgeben. Die EU-Kommission hat Vorschläge zur Reform des Stabilitätspaktes vorgelegt, die in diese Richtung weisen. So soll die EU das Recht erhalten, in nationale Haushaltsplanungen und in die Wirtschaftspolitik wirkungsvoll (das heißt mit der Kompetenz, harte Strafen zu verhängen) einzugreifen, wenn sich abzeichnet, dass ein Staat über seine Verhältnisse lebt. Die »Freiheit des Schuldenmachens« soll begrenzt werden, wie Alexander Hagelüken in der *Süddeutschen Zeitung* vom 2./3. Oktober 2010 schreibt. Die überschuldeten Länder dürften sich nicht darauf verlassen können, dass die Steuerzahler der wirtschaftsstarken EU-Staaten den Euro retten, indem sie den Staatsbankrott der undisziplinierten Länder verhindern. »Zu hohe Löhne, die nicht durch Exporterfolge finanziert sind. Und zu hohe Sozial- und Rentenausgaben, die sich nicht bezahlen lassen«, seien Ausdruck einer verfehlten Wirtschaftspolitik. Man müsse sich auf eine Wirtschaftspolitik verständigen, die »die Kluft zwischen starken und schwächeren Staaten verringert«.

Hier zeigt sich deutlich der Widerspruch zwischen europäischen und globalen Wirtschaftsbeziehungen: Für eine stabile Einigung Europas ist es notwendig, die Wirtschafts-, Infrastruktur- und Sozialpolitik der Mitgliedsländer aufeinander abzustimmen, um die bisher noch großen Unterschiede im Wohlstands- und Produktivitätsniveau der Volkswirtschaften einander anzugleichen, ohne dabei Abstriche an sozialen Standards vorzunehmen. Erst dann macht ein gemeinsamer Währungsraum Sinn – ein Währungsraum, in dem nicht reiche Länder für die Überschuldung armer Länder haften müssen. So lange sich jedoch jedes Mitgliedsland im globalen Standortwettbewerb einzeln behaupten muss, indem es seine wirtschaftliche Standortgunst durch Abbau sozialer Standards zu steigern versucht, so lange wird eine Politik des Ausgleichs zwischen den Mitgliedsländern blockiert. Ohne den »Orkan des globalen Standortwettbewerbs« könnten die Einzelstaaten der EU ihre Souveränität in zentralen Fragen ihres gesellschaftlichen Lebens bewahren. Wenn es gilt, gemeinsame Interessen gemeinsam zu vertreten, können geeignete Vereinbarungen getroffen werden, ohne befürchten zu müssen, dass dadurch Einzelstaaten oder die europäischen Staaten insgesamt im globalen Wettbewerb mit den USA, China und anderen Wirtschaftsstandorten ins Hintertreffen geraten. Der hier angedeutete Weg, die für die Demokratie unverzichtbare Souveränität zu erhalten und auszubauen, wird im Kapitel über die Regionalisierung am Ende des Buches beschrieben.

Wenn in der Krise die Vermögensansprüche der Reichen unsicher werden, konnte und kann die Wirtschaftselite damit rechnen, vom Staat gerettet zu werden – mit Milliarden von Steuermitteln, die den Staat auf unabsehbare Zeit arm machen. Die zurückzuzahlenden Milliarden entziehen dem Staat mehr und mehr die Möglichkeit, Infrastruktur für Daseinsgrundfunktionen bereitzustellen, die auch der weniger kaufkräftigen Bevölkerung zur Verfügung steht, und ein soziales Netz aufrechtzuerhalten, das auch den Schwächeren in der Gesellschaft die Chance gibt, angstfrei zu leben.

Die Wirtschaftselite nutzt die Schwäche des Staates, indem sie auf die Privatisierung öffentlicher Aufgaben der Daseinsvorsorge setzt. Die Investoren begegnen in neoliberaler Manier der Gefahr, dass sich ihnen in den Industrieländern zu wenig Gelegenheiten bieten, ihr Kapital mit hohen Renditeaussichten zu investieren (»Investitionsstau«): Sie verwandeln alle möglichen gesellschaftlichen Bereiche in Warenmärkte und damit Investitionsfelder. Das Zauberwort heißt »Public Private Partnership« (PPP). Wasserwerke, Autobahnen, Schulen, Krankenhäuser, Energieversorgung, öffentlicher Nahverkehr und andere Infrastruktur werden vom Staat und von Kommunen ganz oder teilweise in private Hand gegeben, um die öffentliche Hand kurzfristig von den drückenden Kosten ihres Ausbaus und ihrer Instandhaltung zu entlasten. Es geht um Bereiche, in denen das Prinzip der Gewinnmaximierung bisher noch durch die Orientierung am Allgemeinwohl gezügelt und ausbalanciert werden konnte. Die Privatisierung dieser Bereiche bedeutet ihre Unterwerfung allein unter die Gesetze des Marktes. Die Ökonomisierung des gesamten Lebens dient nur der Wirtschaftselite und nicht der weniger kaufkräftigen Bevölkerung.

Wir sollten nicht darauf vertrauen, dass die Entwicklung des Wohlstands von der Wirtschaftselite über den »freien« Markt gefördert wird. Der Staat muss die Macht erhalten, den Wohlstand für alle anzusteuern, indem er den Renditewünschen der Vermögenden mit sinnvollen Regeln Grenzen setzt, um soziale und ökologische Belange zu wahren. Dazu ist ein Staat oder Staatenbund nur in der Lage, wenn sich die Reichweite seiner gesetzgeberischen Macht mit der Reichweite des Marktes deckt.

## *Politik gegen die Wirtschaftselite ist gefährlich*

Hat die Politik die Konsequenzen aus dieser Megakrise gezogen? Zwei Jahre nach Beginn der Krise gibt Bundeskanzlerin Angela Merkel dem *Spiegel* eine offene Antwort: »Wir hatten uns in der Stunde der Not vorgenommen, dass jedes Finanzprodukt, jeder Akteur und jeder Finanzplatz in Zukunft reguliert werden muss. Das haben wir den Menschen versprochen. Aber dies sind wir ihnen noch schuldig.« Sie verweist auf den internationalen Wettbewerb und auf die Notwendigkeit, gemeinsame Regeln zu erlassen. Jeder Politiker fürchtet, dass sein Land als Finanzplatz von der globalen Wirtschaftselite bestraft wird, wenn es einen Alleingang wagt.

Auf der Höhe der Krise hat die Bundeskanzlerin der Bevölkerung aus der Seele gesprochen, als sie sagte: »Die Politik muss den Mut haben, etwas zu machen, das nicht sofort den Beifall der weltweiten Banken findet. Keine Bank darf so groß sein, dass sie wieder Staaten erpressen darf.« Mit dieser Aussage spielte sie auf die »Systemrelevanz« besonders großer global agierender Banken an. Zwei Jahre später ist immer noch nichts unternommen worden, um die Abhängigkeit der Staaten von den großen Banken aufzulösen. Im Gegenteil: Der Staat hat zugelassen, dass die mit Steuergeldern gerettete Commerzbank die Dresdner Bank übernehmen konnte und aus dem Bankenriesen ein noch größeres Monstrum wurde. Seitdem gibt es in Deutschland außer der Deutschen Bank noch eine zweite systemrelevante Bank – abgesehen von der Hypo Real Estate (HRE), die sich inzwischen als monströses Milliardengrab unter staatlicher Aufsicht befindet, nachdem ihre Verluste sozialisiert wurden.

Die Ohnmacht der Politik auch hinsichtlich der Banken hat einen einfachen Grund: der Zwang zur internationalen Abstimmung, bevor wirkungsvolle Gesetze erlassen werden können. Würde zum Beispiel die Deutsche Bank in kleinere Einheiten zerlegt, ohne dass auch ausländische Großbanken in gleicher Weise verkleinert sind, dann wäre nichts gewonnen. Denn dann könnten sich zum Beispiel amerikanische Banken diejenigen Stücke aus dem Bankenkuchen einverleiben, die ihnen am besten gefallen.

In Deutschland haben sich die relativ kleinen Sparkassen, die sich in kommunaler Hand befinden, in der Megakrise bewährt, weil sie sich nicht auf die damals sehr lukrativen, wenn auch hoch riskanten Investmentgeschäfte eingelassen haben. Stattdessen haben sie das »langweilige« Kreditgeschäft in ihrer Region betrieben, also für eine ungehemmte Versorgung der Realwirtschaft mit notwendigen Krediten gesorgt. Auf globaler Ebene versucht zurzeit die Wirtschaftslobby, die kommunalen Sparkassen zu zerschlagen. Sie sollen privatisiert werden. Die Forderung nach Privatisierung aller Banken hat der IWF in einer Stellungnahme vom 7. Juni 2010 an die Eurozone gerichtet (Concluding Statement nach Artikel IV, Tz. 8).

Die Wirtschaftselite lacht sich ins Fäustchen. Die Banken und Unternehmer erleben schon wieder fette Jahre. Der DAX ist 2009 um 67 Prozent gestiegen – in der größten Rezession seit achtzig Jahren! Die Kapitalmärkte blühen. »Das Jahr 2010 war bislang trotz der Krise in Griechenland ein gutes Jahr für die Kapitalmärkte. Erneut konnten die Anleger [...] gute Ergebnisse erzielen«, heißt es zum Beispiel in einem Brief des »Gerling Rendite Fonds« an seine gut betuchten Kunden. Der Ölpreis ist um 80 Prozent und der Kupferpreis um 150 Prozent gestiegen. Das hat kaum etwas mit der realen Nachfrage zu tun, sondern mit Spekulationen und weist auf die nächste Blase hin. Sowohl vor der Krise als auch nach der Krise sind die Kapitaleigner die Gewinner. Aber nicht sie werden zur Sanierung der leeren Staatskassen herangezogen, sondern vor allem die Teile der Bevölkerung, die wegen der notwendigen Sparmaßnahmen des Staates über Jahrzehnte hinweg unter den größer werdenden Lücken in der öffentlichen Daseinsvorsorge zu leiden haben.

International geltende Regeln, mit denen die global agierende Finanzwirtschaft wirkungsvoll an das Gemeinwohl gebunden werden, sind nicht in Sicht. Auf internationalen Treffen der führenden Industrieländer werden tiefer greifende Maßnahmen zur Zähmung des Finanzmarktes nur diskutiert. Ein Beispiel: Auf 4 Billionen Dollar schätzt die Bank für Internationalen Zahlungsausgleich den täglichen Umsatz am Währungsmarkt. Eine Steuer auf diese Finanztransaktionen (»Tobinsteuer«) könnte diese schädlichen Machenschaften abschwächen und den Steuerertrag für nützliche Ziele einsetzen. Das Österreichische Institut für Wirtschaftsforschung hat errechnet, dass eine Steuer in Höhe von nur 0,01 Prozent auf alle Finanzgeschäfte in Europa 60 bis 70 Milliarden Euro erbringen würde. Aber diese Maßnahme geht den maßgeblichen Kräften der Finanzwirtschaft zu weit.

Während in Europa die Finanzlobby bisher verbesserte Regelungen für das Finanzsystem verhindern konnte, haben Mitte 2010 die USA mit ihrem »Dodd-Frank-Gesetz« die »größte Neuordnung der Bankenaufsicht seit der Weltwirtschaftskrise« auf den Weg gebracht. Allerdings sind die neuen Regeln lediglich dazu gedacht, die gröbsten Risiken für das bestehende Finanzsystem durch mehr Transparenz und bessere staatliche Kontrolle zu reduzieren.

Die Reformen sind weit davon entfernt sicherzustellen, dass nur solche Finanzgeschäfte getätigt werden, die volkswirtschaftlichen Nutzen bringen. Die Spekulanten dürfen sich weiterhin auf Milliardengewinne freuen, die sie mit ihren Wetten zulasten der Realwirtschaft erzielen.

Präsident Obama und seine Regierung sind nicht nur wegen dieses harmlosen Gesetzes heftigsten Angriffen vonseiten der Wirtschaft und der Republikaner ausgesetzt. Unter der Überschrift »Ärger mit den Bossen« berichtet Moritz Koch in der *Süddeutschen Zeitung* vom 16. Juli 2010 von einem »Job-Gipfel« der US-Handelskammer. Die Regierung wird für die wachsende Arbeitslosigkeit verantwortlich gemacht. Der Handelskammer-Chef kritisiert, die Regierung überziehe das Land mit lästigen Vorschriften (»Regulierungswut«). Der Preis für all die Staatseingriffe sei ein Investitionsstau. Die Unternehmen hielten verängstigt ihr Geld zurück, statt zu expandieren und neue Arbeitsplätze zu schaffen.

Moritz Koch kommentiert: »Hat sich das Bild eines wirtschaftsfeindlichen Präsidenten erst verfestigt, schmilzt seine Chance, wiedergewählt zu werden.« Er weist darauf hin, dass der Oberste Gerichtshof die Machtbalance in Washington noch mehr zugunsten der

Konzerne verschoben hat, indem Anfang 2010 die Richter in einem fragwürdigen Urteil entschieden, dass das Grundrecht auf freie Meinungsäußerung auch für Unternehmen zu gelten habe. Das hört sich harmlos an. Aber das Urteil hat zur Folge, dass Unternehmen künftig ungehindert Wahlkampagnen starten dürfen. Die Finanzkraft von Großbanken und Schwerindustrie würde – so Koch – selbst einen brillanten Wahlkämpfer wie Obama überwältigen.

Zu den Fakten: Was den »Investitionsstau« betrifft, so halten die US-Konzerne tatsächlich fast 2 Billionen Dollar zurück, jedoch nicht die Verunsicherung durch die Regierung ist dafür die Ursache, sondern die anhaltende Schwäche der Binnennachfrage. Massenarbeitslosigkeit und Armut (Stichwort: »Working Poor«) dämpfen den Konsum und bremsen das Wachstum. Die schwere Rezession hat in den USA bereits mehr als 8 Millionen Jobs gekostet, die Arbeitslosenquote liegt bei 9,5 Prozent. Mitte 2010 gibt es in den USA 6,6 Millionen Langzeitarbeitslose. Wenn Jobsucher aufgegeben haben, werden sie von der Statistik nicht mehr erfasst. Solange sich der Stellenabbau fortsetzt, kommt auch die Binnennachfrage nicht in Gang, die 70 Prozent der amerikanischen Wirtschaftsleistung ausmacht. Wegen der Angst um ihren Arbeitsplatz geben die Amerikaner weniger Geld aus.

Unter der Überschrift »Amerika fehlt die Industrie« beschreibt Moritz Koch (*Süddeutsche Zeitung* vom 7./8. August 2010) einen Teufelskreis: Wegen des Stellenabbaus komme auch die Binnennachfrage nicht in Gang. Amerikas Aufschwung sei auch deshalb so schwach, weil die Industrie eine derart geringe Rolle spiele. Sie ist in den vergangenen Jahrzehnten zu großen Teilen in Billiglohnländer abgewandert.

Präsident Obama will die Zahlung des Arbeitslosengeldes verlängern – Sozialpolitik als Beitrag zur Wachstumsförderung. Auch plant er, die Steuern von Haushalten mit einem Jahreseinkommen von über 250 000 Dollar massiv zu erhöhen – so ähnlich, wie auch schon US-Präsident Roosevelt im Rahmen seines »New Deal« 1932 die Reichen zur Kasse gebeten hatte. Sein wichtigstes Vorhaben zur Belebung des Wachstums – und damit geht er mit der Wirtschaftselite konform – ist jedoch die Förderung des Exports, zum Beispiel durch Freihandelsabkommen mit Kolumbien und Südkorea. Wie sich diese Abkommen auf Wirtschaft und Bevölkerung dieser beiden Länder auswirken, interessiert die amerikanische Politik nicht.

Das Beispiel macht deutlich, wie sehr die Regierungen auf das Wohlwollen der Wirtschaftselite angewiesen sind. Der Export als Rettung des Wirtschaftswachstums von Industrieländern geht zulasten der armen Regionen. Die tiefere Ursache der US-Schieflage – das riesige Defizit in der Handelsbilanz – hat etwas mit der De-Industrialisierung der US-Wirtschaft zu tun.

Ein führender Politiker wie Präsident Obama, der sich mit der Wirtschaftselite anlegt, muss mit allem rechnen. Die Wirtschaftselite hält sich dabei in der Regel eher im Hintergrund und lässt andere die »schmutzige Arbeit« erledigen. Schon seit seinem Amtsantritt ist Obama einer niederträchtigen Verweigerungs- und Diffamierungskampagne seiner Gegner aus Politik und Wirtschaft ausgesetzt. Sie ziehen alle Register der Desinformation. Ein Beispiel: Obwohl sich Obama zum christlichen Glauben bekennt, haben religiöse Schmierenkampagnen erreicht, dass ein Fünftel aller Amerikaner glaubt, ihr Präsident sei Muslim, weil dessen voller Name Barack Hussein Obama lautet. Das Gerücht geht um, Obama sei nicht in Amerika geboren und somit gar kein Amerikaner. Massendemonstrationen der rechtslastigen Tea-Party-Bewegung mit Hunderttausenden von Teilnehmern haben zum Beispiel im August 2010 die Stimmung aufgeheizt. Im Zusammenhang mit dieser Massendemonstration hat Alveda King, die Nichte des ermordeten Bürgerrechtlers Martin Luther King, kritisch bemerkt: Die derzeit schlechte Wirtschaftslage »reflektiert die moralische Armut Amerikas«.

Populäre Fernseh- und Radiomoderatoren wie Glenn Beck, Rush Limbaugh und andere Wortführer der Tea-Party-Bewegung benutzen die in den Händen der Wirtschaftselite befindlichen Medien wie zum

Beispiel den Kabelsender Fox News dazu, die Person Obama publikumswirksam zu verunglimpfen. Sie meiden politische Argumente und setzen allein auf die Unwissenheit in der Bevölkerung, die es nicht gelernt hat, sich mit den schwierigen Fragen der Politik in einem demokratischen Staat vernünftig auseinanderzusetzen – und im Übrigen dazu auch gar nicht bereit ist.

Es ist nicht ausgeschlossen, dass die rechtsradikale Tea-Party-Bewegung in den nächsten Jahren bei den Republikanern die Oberhand gewinnt und schließlich die Politik der USA bestimmt. Das wäre ein bedauernswertes Beispiel dafür, wie Demokratie zum Opfer einer irregeleiteten Bevölkerungsmehrheit werden kann. Dafür gibt es bereits andere Beispiele in der Geschichte der Demokratie. Bevölkerungsmehrheiten lassen sich dann in die Irre führen, wenn sie von der Angst vor wirtschaftlicher Not getrieben sind. In ihrer Verunsicherung sehnen sie sich nach Sicherheit und Ordnung – eine Sehnsucht, die von denen ausgenutzt wird, die sich mit simplen und menschenverachtenden (meist gegen eine Minderheit gerichteten) Parolen an die Spitze dieser Massenbewegung stellen.

## *Wo liegt das Problem der wirtschaftlichen Globalisierung?*

Unsere Welt wächst zusammen, und das ist gut so. In den letzten Jahrzehnten haben sich durch neue Verkehrstechniken und über das Internet große Chancen ergeben, weltweit Informationen sehr schnell auszutauschen und Güter über weite Strecken in kurzer Zeit kostengünstig zu transportieren. Der weltweite Austausch von Informationen und der Kontakt sowie die Verständigung zwischen unterschiedlichen Kulturen weltweit ist eine sehr positive Erscheinung.

Der Harvard-Professor Theodor Levitt hat das Wort »Globalisierung« 1983 in seinem Artikel »The Globalization of Markets« als wirtschaftlichen Begriff geprägt. Auch im vorliegenden Buch ist von der wirtschaftlichen und nicht von der kulturellen Globalisierung die Rede.

Die Kritik an der Globalisierung bezieht sich auf ihre marktradikale Ausprägung in Form der Öffnung der Märkte – den international ungeregelten Kapitalverkehr und Freihandel. Kritikwürdig sind solche wirtschaftlichen Prozesse, die sich mehr und mehr von politischer Regulierung gelöst haben und immer noch weiter lösen.

Die folgenden zwei Entwicklungen, die sich gegenseitig verstärken, lassen sich zwar schon immer beobachten, sie haben jedoch seit Beginn der 1990er-Jahre im Sinne eines Quantensprungs eine Dimension erreicht, die sich inzwischen äußerst bedrohlich auswirkt.

Gemeint ist *erstens* die sprunghafte technische Entwicklung, die es möglich gemacht hat, dass ein schnell wachsender Teil der menschlichen Arbeit von Maschinen und Apparaten übernommen werden kann. Dazu gehört auch die Entwicklung solcher Technologien der Kommunikation und des Transports, die den weltweiten Transfer von Kapital, Gütern, Dienstleistungen und Arbeitskräften in hohem Maße vereinfacht, beschleunigt und verbilligt haben. Die durch die technische Entwicklung erhöhte Produktivität menschlicher Arbeit ist als solche positiv zu bewerten. Sie wird erst dann gefährlich, wenn ihre Auswirkungen nicht mehr politisch steuerbar sind, sondern nur noch den sogenannten »Gesetzen des freien Marktes« gehorchen, also alle nicht marktgängigen Bedürfnisse tendenziell vernachlässigen.

Mit der *zweiten* Entwicklung ist das vollständige Aufbrechen regionaler Wirtschaftskreisläufe gemeint, genauer: die politisch vor allem durch die reichen Industrieländer (allen voran die USA und die EU) mithilfe der WTO energisch vorangetriebene globale Öffnung der Märkte. Diese Öffnung bedeutet das Niederreißen der politisch kontrollierten Schranken, mit denen politisch abgegrenzte Wirtschaftsräume ihre Volkswirtschaften schützen konnten. Regionale Wirtschaftskreisläufe zur Erzeugung von Gütern und Dienstleistungen, ihre Verteilung, ihr Verbrauch und die Investition von Gewinnen in die Produktion (Arbeit, Kapital, Rohstoffe) können nun nicht mehr gezielt vor zerstörerischem Wettbewerb geschützt werden. Unsere Demokratie und der Wohlstand der breiten Bevölkerung ist durch die neoliberal geprägte Globalisierung in Gefahr, weil bei global offenen Märkten ein Wettbewerb stattfindet, der allein den Forderungen des Weltmarktes gehorcht. Der weltweite Standortwettbewerb wird bei offenen Märkten letztlich durch die industrielle Produktivität (gemessen an der Höhe der Lohnstückkosten) entschieden – und das unter der sehr problematischen Voraussetzung, dass die Unternehmen von allen nicht der wirtschaftlichen Effizienz geschuldeten Kosten entlastet werden: von Unternehmenssteuern und Auflagen, mit denen die Wirtschaft an Ziele der Sozial- und Umweltpolitik gebunden wird. Dieser die Demokratie gefährdende global ungesteuerte Wettbewerb ist als unlauter und als zerstörerisch zu bezeichnen.

Was ist mit »unlauter« und »zerstörerisch« gemeint? »Unlauter« ist ein Wettbewerb, bei dem Unternehmen bei ungleichen Rahmenbedingungen gegeneinander anzutreten haben, wenn also die Wettbewerbsfähigkeit nicht nur von der Qualität und dem Preis der Erzeugnisse abhängt, sondern auch von ungleich gesetzten Rahmenbedingungen des Wirtschaftens, zum Beispiel vom Niveau der Steuern und der sozialen und ökologischen Standards. Über die Grenzen einer Volkswirtschaft (eines Wirtschaftsraumes mit gleichen Gesetzen) hinweg konkurrierende Unternehmen, die völlig unterschiedlichen Rahmenbedingungen unterworfen sind, lassen sich vergleichen mit zwei gegeneinander antretenden Kurzstreckenläufern, von denen der eine über eine Aschenbahn und der andere über einen Acker rennen muss. Welches global agierende Unternehmen im weltweit ungeregelten Wettbewerb erfolgreich ist, wird also immer weniger über die Leistungen der Unternehmen entschieden und immer mehr über die Rahmenbedingungen, unter denen diese Leistungen erbracht werden.

»Zerstörerisch« ist ein Wettbewerb, der die von gesellschaftlichem Konsens getragene Solidarität, wie sie sich in der sozial-ökologischen Marktwirtschaft manifestiert hat, systematisch untergräbt und zum Einsturz bringt. Das über Jahrzehnte hinweg in Westeuropa erkämpfte kulturelle Niveau der gesetzlich organisierten Solidarität und Nachhaltigkeit auf nationaler Ebene wird auf der globalen Ebene durch die Regellosigkeit des Wettbewerbs infrage gestellt. Das hohe Niveau staatlicher Daseinsvorsorge erweist sich im globalen Kostenvergleich als Nachteil für die Wettbewerbsfähigkeit des Standorts. Dieser Nachteil mündet in einer Abwanderung industrieller und anderer Arbeitsplätze und wirkt sich in Gestalt niedriger Löhne, Sozialabbau und Verzicht auf den Schutz natürlicher Ressourcen aus. Die global agierenden Unternehmen sind im schärfer werdenden internationalen Wettbewerb mehr und mehr gezwungen, für ihre Produktion oder Dienstleistung Standorte zu wählen, an denen die geringsten Kosten anfallen. Je niedriger die Steuern, je geringer die Löhne und je ungenügender die sozialen und ökologischen Standards, desto höher sind die Wettbewerbsvorteile für das Unternehmen an diesem Wirtschaftsstandort.

Die ungeregelte internationale Arbeitsteilung führt bei den Ländern mit relativ hohem Niveau des sozialen Ausgleichs und der Rücksicht auf natürliche Ressourcen zu einem »race to the bottom« (Wettlauf nach unten). Das zerstört die Solidarität in der Gesellschaft und mindert den Wohlstand der Bevölkerung – wobei Wohlstand nicht am (von der Wirtschaftselite bevorzugten) Maßstab des Bruttoinlandsproduktes zu messen ist, sondern an einem Maßstab, in den die gerechte Verteilung des erwirtschafteten Reichtums und die Nachhaltigkeit des Wirtschaftens einfließt.

Die ungeregelte globale Arbeitsteilung führt darüber hinaus zu einer immer stärkeren Konzentration von Unternehmen, die mit ihrer Macht nicht nur Regierungen, sondern auch Märkte unverhältnismäßig stark beeinflussen können. Die Entwicklung zu marktbeherrschenden Monopolen und Oligopolen ist bei global offenen Märkten selbst durch Kartellgesetze nicht mehr aufzuhalten. Denn solche Gesetze beziehen sich nur auf den Wettbewerb von Staaten und Staatengemeinschaften wie der EU. Eine nur auf Deutschland oder die EU bezogene Ordnung des Wettbewerbs durch die Sicherung einer Mindestanzahl von gleichstarken Wettbewerbern wird unterlaufen, weil sich Großunternehmen im Weltmaßstab gegenüberstehen. Ein zum

Beispiel auf dem deutschen Binnenmarkt dominantes Unternehmen kann nicht mehr daran gehindert werden, durch Einverleibung eines anderen Unternehmens zu wachsen, weil eine Beschränkung dieses Wachstums seine globale Wettbewerbsfähigkeit gefährden würde.

## *Gewinner und Verlierer der neoliberalen Globalisierung*

Die Produktivität unserer Wirtschaft hat sich in den letzten Jahrzehnten unglaublich erhöht. Die Arbeitsleistung des Einzelnen pro Zeiteinheit ist mithilfe der wissenschaftlichen und technischen Erfindungsgabe gestiegen, weil nun sehr intelligente Maschinen und Apparate sehr viele Arbeitsvorgänge übernehmen können, die vorher allein mit körperlichem und geistigem Arbeitseinsatz von Menschen geleistet werden konnten.

Wenn die gewonnene Zeit gerecht aufgeteilt würde, bräuchte jeder Einzelne ohne Einkommensverlust weniger zu arbeiten. Er könnte stattdessen solchen Tätigkeiten nachgehen, die seinem persönlichen Leben Sinn geben und ihm Freude machen. Vielleicht würde er gern mehr Zeit mit der Familie und mit Freunden verbringen, mit Sport, mit der Pflege eines Angehörigen, mit Ausflügen in die Natur, mit Fortbildung oder mit anderen Dingen, die ein materiell gesichertes Leben so bietet.

Das Gegenteil ist eingetreten: Die gewonnene Arbeitszeit ist nicht allen arbeitenden Menschen zugute gekommen, sondern ist als zusätzlicher Nutzen den Kapitaleignern zugeflossen. Und nicht nur das: Eine sich verschärfende Umverteilung der Arbeitszeit zulasten der Arbeitsplatzsicherheit hat dazu geführt, dass auf der einen Seite die arbeitende Bevölkerung immer mehr in beruflichen Stress gerät (»Arbeitsverdichtung«) und auf der anderen Seite immer mehr Menschen unfreiwillig ihre Erwerbsarbeit verlieren (Arbeitszeit wird auf null gesetzt), sodass diese bedauernswerten Personen auf staatliche Hilfe angewiesen sind. Wer arbeitslos ist, der kann seine gewonnene »Freizeit« nicht genießen, sondern er fühlt sich als Versager an den

Rand der Gesellschaft gedrängt. Immer mehr Langzeitarbeitslose müssen ohnmächtig hinnehmen, dass sie dauerhaft von der Teilnahme am Arbeitsleben und weitestgehend von der Teilhabe am erwirtschafteten Reichtum ausgeschlossen sind.

Warum wird diese Absurdität von der Gesellschaft geduldet? Es gibt Gewinner dieser Entwicklung – und die sitzen auch in Demokratien an den wirkungsvollsten Hebeln der Macht. Im Kapitel »Die soziale Spaltung der Gesellschaft nimmt zu« sind konkrete Zahlen über Gewinner und Verlierer der Globalisierung genannt worden. Im vorliegenden Kapitel geht es dagegen eher um die Akteure, Mechanismen und Motive, die hinter dieser Spaltung stehen.

Die Massenarbeitslosigkeit ist ein Vorteil für die im internationalen Standortwettbewerb stehenden global agierenden Konzerne, die mithilfe der neoliberalen Weise des Wirtschaftens ihre Absatzmärkte erweitern wollen. Durch die Massenarbeitslosigkeit lassen sich die Arbeitnehmer im Interesse der Arbeitgeber sehr wirkungsvoll disziplinieren. Sie fordern nicht mehr Lohn, wenn sie dadurch ihren Arbeitsplatz gefährden. Sie akzeptieren auch niedrigere Einkommen, wenn sie zum Beispiel einen Arbeitsplatz bei einer Zeitarbeitsfirma annehmen müssen. Sie finden sich mit unsicherer und schlecht bezahlter Arbeit ab – in gut begründeter Furcht vor dem Verlust ihres prekären Beschäftigungsverhältnisses. Diese Niedriglohnempfänger in den westlichen Industrieländern stehen in direkter Konkurrenz zu den Empfängern extrem niedriger Löhne in den Entwicklungs- und Schwellenländern. Denn ihre für den Weltmarkt hergestellten Produkte dürfen im Kaufpreis – in Dollar oder Euro gemessen und verglichen – nicht höher liegen als die Produkte, die mit gleicher Technologie in den Billiglohnländern erzeugt werden und die mit geringen Kosten über weite Entfernungen transportiert werden können.

Die Verlierer der Globalisierung in den westlichen Industrieländern ebenso wie in den Schwellen- und Entwicklungsländern sind die arbeitswilligen Menschen ohne Arbeit, die Arbeitenden in prekären

Beschäftigungsverhältnissen und die abhängig oder selbstständig Arbeitenden mit einem Einkommen, das ein »gutes Leben« nicht zulässt.

In den westlichen Industrieländern gibt es eine relativ kleine Gruppe von Menschen, die unter den Bedingungen der neoliberalen Globalisierung besonders hohe Einkommen erzielen. Neben den Unternehmern und Großaktionären gehören dazu Wirtschafts- und Finanzberater, Topmanager, Patent- und Wirtschaftsanwälte, Spezialisten unter den Ingenieuren und erfolgreiche Werbefachleute. Diese von den Wirtschaftsverbänden vertretene Wirtschaftselite befindet sich sozusagen am »goldenen Ende« der von Anhängern des neoliberalen Dogmas gerühmten Spreizung der Einkommensskala. Es heißt, diese Spreizung – und nicht die Freude an der Arbeit und der Sinn, den man in ihr sieht – stachele die Motivation der Beschäftigten an. Das Bild eines allein über die Erhöhung seines Einkommens motivierbaren Beschäftigten wird als allgemeingültiges Menschenbild propagiert.

Die große Masse der Verlierer der neoliberalen Globalisierung in Gestalt der Arbeitslosen sowie der schlecht bezahlten Arbeitnehmer befindet sich nicht nur in den industriell hoch entwickelten Ländern, sondern auch in den Entwicklungs- und Schwellenländern. In den letzten Jahrzehnten ist dort die herkömmliche kleinteilig strukturierte und arbeitsintensive Wirtschaft (Landwirtschaft, Handwerk und Kleinindustrie) im Zuge des Freihandels (Abbau der Zölle und Kontingente) zerschlagen worden. Die Wirtschaft so mancher Entwicklungsländer wurde einseitig auf den Export ausgerichtet. Sie ist nun durch eine hoch produktive Monostruktur mit riesige Plantagen und steuerfreien industriellen Produktionsstätten gekennzeichnet.

So ist auch hier eine ungeheure Massenarbeitslosigkeit entstanden. Das extrem niedrige Niveau der Löhne kann kaum angehoben werden, weil das Land dann seinen Standortvorteil verlieren würde, der auf niedrigsten Arbeitskosten beruht. Die Unternehmen würden bei steigendem Lohnniveau weiterziehen in ein Land, das Hungerlöhne akzeptiert und den Kapitalgebern eine hohe Rendite garantiert. Die Mitglieder der dünnen Oberschicht (Wirtschaftselite) der Entwicklungs- und Schwellenländer profitieren jedoch maßlos von dieser Misere. Sie fungieren als »Brückenköpfe« zu den westlichen Industrieländern. Denn sie profitieren von deren neoliberaler Ideologie und Freihandelspraxis. Als Machthaber konnten sie dafür sorgen, dass diese Ideologie auch in ihren Ländern das Wirtschaftsleben beherrscht.

Seit Jahren fordern engagierte Experten wie der ehemalige UNO-Beauftragte für das Recht auf Ernährung, Jean Ziegler, die Spekulation mit Nahrungsmitteln als »unethisch« zu verbieten. Aber nichts geschieht, weil das den Interessen derer zuwiderlaufen würde, die mit diesen Spekulationen das große Geld machen.

Die neoliberale Globalisierung ist hinter ihrer humanen Maske eine Form der anonymisierten Sklavenhaltung. Die global agierenden Unternehmen aus den reichen Industrieländern lagern die arbeitsintensiven Teile der Produktion in Länder aus, in denen eine arme Bevölkerung die Arbeit für extrem niedrige Löhne verrichtet (Stichwort: »verlängerte Werkbank«). Die Menschen dort sind gezwungen, diese Arbeit unter unwürdigen Bedingungen anzunehmen, weil sie sonst verhungern. Wer Hunger hat, ist nicht frei. Das gängige Argument der Befürworter von neoliberaler Globalisierung, dass die westlichen Investoren in den Entwicklungsländern neue Arbeitsplätze schüfen, greift nicht angesichts der bereits erwähnten Tatsache, dass unter dem Einfluss der westlichen Wirtschaft – in Kumpanei mit den ansässigen Wirtschaftseliten – erst einmal die bestehenden arbeitsintensiven Kleinstrukturen zerstört werden. Mit exportorientierten Monostrukturen werden die Arbeitsplätze wegrationalisiert. Das große Potenzial an Arbeitskraft, Fähigkeiten und Kreativität in den Entwicklungsländern wird nicht genutzt, um sich den technischen Fortschritt nutzbar zu machen und eine eigenständige, starke Wirtschaft aufzubauen. Dieses Potenzial wird von den Eliten innerhalb und außerhalb dieser Länder als Bedrohung ihrer Herrschaft betrachtet und brutal unterdrückt.

Die erzielte Kapitalrendite der Investitionen kann nur deshalb so hoch sein, weil die Wirtschaftselite den von ihr angerichteten sozialen und ökologischen Schaden auf die Bevölkerungen abwälzt. Die Staaten sind zu schwach, um die Unternehmen als Verursacher der »Nebenwirkungen« ihres Wirtschaftens in die Verantwortung zu nehmen.

Die durch den technischen Fortschritt bedingte hohe Produktivität der Arbeitskraft macht es möglich, genug Güter zu erzeugen, um allen Menschen in der Welt ein sorgenfreies Leben zu ermöglichen. Das »Genug für alle« ist jedoch nur unter der Voraussetzung einer gerechteren Verteilung von Arbeit und Einkommen denkbar. Und diese gerechtere Verteilung muss gegen die Interessen der Wirtschaftseliten in aller Welt erst noch erkämpft werden.

## *Der Verlust industrieller Arbeitsplätze ist absehbar*

Seit den 1980er-Jahren, als die wirtschaftliche Globalisierung die internationale Arbeitsteilung vorangetrieben hat, wurde in den neoliberal ausgerichteten Wirtschaftsinstituten und in den Wirtschaftsredaktionen der großen Zeitungen die Auffassung vertreten, es komme nur noch auf den Ausbau des Dienstleistungssektors an. Für entwickelte Volkswirtschaften sei die industrielle Produktion ein Auslaufmodell, hieß es. Schwellenländer wie China und Indien würden den westlichen Staaten ohnehin irgendwann den Rang ablaufen. Die Abwanderung der Produktion sei nicht mehr aufzuhalten. Dienstleistungen seien produktiver.

Caspar Busse analysiert diese noch heute weit verbreitete Meinung. In seinem Beitrag in der *Süddeutschen Zeitung* vom 20. April 2010 macht er überzeugend deutlich, dass dieses Credo auf einen Irrweg führt. Das habe spätestens die weltweite Wirtschaftskrise gezeigt. Sein Fazit: »Erfolgreiche Nationen können nicht nur vom Service leben, sie brauchen eine starke Industrie.«

An England mit seiner weit vorangeschrittenen De-Industrialisierung lässt sich die Problematik der neoliberalen Fehleinschätzung aufzeigen. Die früher sehr starke Industrienation hat sich in den vergangenen Jahrzehnten fast ganz auf Dienstleistungen konzentriert. Denn irgendwann war die Produktion wegen der relativ hohen Arbeitskosten zu teuer geworden. Die Briten wurden zur Aufgabe ihrer Industrie gezwungen, weil das Land mit seinen Produktionsstätten im internationalen Wettbewerb nicht mehr mithalten konnte. Die Textilindustrie, die Autoindustrie – nahezu alle großen Industriezweige sind inzwischen verschwunden. Das Land hat kaum noch Industriekonzerne von Weltrang.

Der Beitrag der britischen Industrie zum Bruttoinlandsprodukt liegt mittlerweile unter 10 Prozent. Deutschland steht im Vergleich dazu noch recht gut da. Nach Angaben der Organisation für wirtschaftliche Zusammenarbeit und Entwicklung (OECD) macht hier die Industrie einschließlich Energiewirtschaft noch mehr als ein Viertel der gesamten Wertschöpfung aus.

In Großbritannien und vor allem im Großraum London – so Caspar Busse – konzentrierte sich die Wirtschaft dagegen immer stärker auf Finanzdienstleistungen. Lange Zeit sah man in diesem Sektor die Quelle von Wohlstand – allerdings profitierte davon vor allem eine kleine Gruppe sehr gut verdienender Manager. In der aktuellen Finanzkrise ist der Traum von der tragenden Rolle der Finanzwirtschaft geplatzt.

Auch die USA leiden unter dem Verlust industrieller Arbeitsplätze. Unter der Überschrift »Amerika fehlt die Industrie« berichtet Moritz Koch in der *Süddeutschen Zeitung* vom 7./8. August 2010 von den Schwierigkeiten der US-Wirtschaft, die zu großen Teilen mit der negativen Außenhandelsbilanz (hohe Verschuldung, Exportschwäche) zusammenhängt. US-Landesregierungen und Kommunen mussten auf ihre Überschuldung mit dem Abbau von Stellen im öffentlichen Dienst reagieren. Bekannt geworden ist in diesem Zusammenhang das Städtchen Maywood bei Los Angeles. Dort musste auf einen Schlag die gesamte öffentliche Daseinsvorsorge privatisiert werden. Von der Not öffentlicher Haushalte profitiert die Privatwirtschaft, indem sie immer mehr Aufgaben übernimmt. Damit sich das Geschäft rentiert, werden die Löhne gesenkt und für die Leistungen Preise verlangt, die sich ärmere Schichten der Bevölkerung nicht mehr leisten können.

In einem Interview des Magazins *change* (1/2010) berichtet der ZDF-Korrespondent Klaus-Peter Siegloch über die veränderte Einstellung der Amerikaner zur Globalisierung. Dabei erwähnt er die Abwanderung der Industrie und die dadurch bedingte Massenarbeitslosigkeit: »Das Unbehagen ist gewachsen, als es in die industriellen Kernbereiche ging [...] Es sind Exporte aus anderen Ländern gekommen, hochwertige aus Europa, preiswerte aus Korea [...] Ein Werk nach dem anderen ist geschlossen worden. Wenn es im Zuge der Globalisierung Träume gab, mischen sich in diese jetzt auch Albträume, weil die eigene industrielle Zukunft in vielen Bereichen infrage gestellt wird. Das ist ein Teil der Probleme, die Obama jetzt hat.«

Aus Deutschland sind in den vergangenen Jahrzehnten viele Industriezweige ganz oder weitgehend in Billiglohnländer Europas und Asiens ausgewandert. Die Produktion von Textilien und Schuhen, Fotoapparaten, Computern, Schiffen bis hin zu Haushaltsgeräten, Fernsehern, Handys und Spielwaren wird weitgehend in anderen Ländern erledigt. Deutschland weist trotzdem im Vergleich zu anderen europäischen Staaten und den USA noch einen relativ hohen Industrialisierungsgrad auf. Der Export, der überwiegend in die EU-Länder geht, stützt sich vor allem auf die Chemiebranche, auf Metallverarbeitung, Elektroindustrie, Maschinenbau und Kraftfahrzeugbau.

Eine große wirtschaftliche Bedeutung haben neben der Industrie die industrienahen oder produktgebundenen Dienstleistungen. Denn oft wird das Produkt zusammen mit Serviceleistungen wie Finanzierung oder Wartung angeboten. Manche Industrieunternehmen bieten mit eigener Tochtergesellschaft Ingenieurdienstleistungen an – etwa das Know-how für die schlüsselfertige Erstellung ganzer Anlagen. Zum Beispiel erwirtschaftet der Baukonzern Hochtief den Großteil seiner Leistung von mehr als 20 Milliarden Euro nicht mehr mit bloßem Bauen, sondern mit baunahen Dienstleistungen. Die Industriefirmen wiederum benötigen Beratungsleistungen zum Beispiel von Rechtsanwälten, IT-Experten und Werbefirmen.

In Deutschland sind in der Zeit zwischen 1992 und 2005 insgesamt etwa 2,3 Millionen industrieller Arbeitsplätze verloren gegangen. Die meisten dieser Arbeitsplätze konnten im Dienstleistungsbereich ersetzt werden. In den letzten zwanzig Jahren – seit der stärker werdenden Öffnung der Finanz- und Gütermärkte – hat sich der Anteil der Arbeitsplätze im industriellen Sektor (ohne Baugewerbe) um etwa 10 Prozent – von etwa 29,3 Prozent auf etwa 19,4 Prozent aller Arbeitsplätze – verringert. Nach seriösen Schätzungen werden sich in Deutschland auf längere Sicht nur 20 bis 30 Prozent der heute noch in der Industrie Beschäftigten halten können. Es ist also damit zu rechnen, dass die heute etwa 7,8 Millionen Arbeitsplätze (Stand 2009) im industriellen Sektor sich um 5,4 bis 6,2 Millionen verringern. Dass sich auch nur die Hälfte dieses Verlusts im Dienstleistungssektor auffangen lässt, ist kaum anzunehmen. Die Massenarbeitslosigkeit wird also in Deutschland (und ähnlich in Europa) – trotz kurzfristiger konjunktureller Erholung und trotz des demografischen Faktors – auf längere Sicht weiter ansteigen.

Niemand weiß, wie groß das Arbeitsplatzpotenzial im Dienstleistungssektor noch ist. Das hängt auch davon ab, für welchen Stundenlohn gearbeitet werden muss. Dass die dienstleistenden Menschen (als Diener, Haushaltshilfen, Kindermädchen) für einen extrem niedrigen Lohn für die Mittelschicht zu arbeiten haben, gehört hoffentlich für immer der Vergangenheit an. Vor dem Ersten Weltkrieg konnte sich zum Beispiel jeder Lehrer, dessen Frau nicht arbeitete, für seine Familie eine solche billige Hilfskraft ganztägig leisten. Diesen Zustand sollten wir jedoch nicht aus der Perspektive des Lehrers, sondern aus der des Dienstpersonals betrachten. Wer möchte gern Diener sein, der nur für seine »Herrschaft« lebt und sich keine eigene Familie leisten kann?

Es stellt sich die Frage nach der Zukunft der bisher noch verbliebenen 7 bis 8 Millionen Arbeitsplätze in der Industrie. Aller Voraussicht nach sind sie gefährdet und werden abwandern, sobald unsere noch vorhandenen Wettbewerbsvorteile (Bildung, Infrastruktur, Rechtssicherheit) dahingeschmolzen sind. Wer meint, dass diese Millionen zusätzlicher Arbeitsloser von einem wachsenden Dienstleistungssektor aufgefangen werden, der müsste dies erst noch plausibel begründen.

Auch wenn wegen niedriger Geburtenrate und geringer Zuwanderung die Zahl arbeitsfähiger Menschen deutlich abnehmen wird, ist auf längere Sicht mit einem drastischen Anstieg von Arbeitslosigkeit und prekärer Beschäftigung zu rechnen, sofern es nicht gelingt, die Verteilung der Arbeitszeit politisch zu gestalten (zum Beispiel über eine hohe Besteuerung von Überstunden, die eine politisch festgesetzte Stundenzahl pro Monat oder Jahr übersteigen), statt diese Verteilung den Marktkräften zu überlassen.

Ohne die klassische Industrie tun sich auch die Dienstleistungs- oder die Finanzbranche sehr schwer. Vielleicht versucht mancher Staat, über die Finanzwirtschaft den Verlust an Industrie zu kompensieren. Die Standortvorteile für die Finanzdienstleistungen sind einem Kasino vergleichbar, das seinen Gewinn aus unsauberen Manipulationen zieht. Es ist abzuwarten, wie lange die anderen Staaten, die unter den Wetten der Spekulanten leiden, sich das gefallen lassen.

Ein Land ohne oder mit nur geringer industrieller Produktion gerät zwangsläufig in ein Außenhandelsdefizit. Es wird abhängig von großen international agierenden Konzernen und verliert seine Kompetenz zur politischen Beeinflussung der gesellschaftlichen Entwicklung vollständig an die globale Wirtschaftselite.

## *Gibt es einen Schutz vor den fatalen Auswirkungen des Freihandels?*

Selbst in Zeiten der Finanz- und Wirtschaftskrise hält die Mehrheit der Wirtschaftsredakteure in der überregionalen Presse noch an der

Heilserwartung fest, die sie der neoliberalen Globalisierung schon seit Jahrzehnten entgegengebracht haben. So etwa bezeichnet Alexander Hagelüken in der *Süddeutschen Zeitung* vom 12. Juni 2009 den Freihandel als »Basis unseres Wohlstandes«. Er spricht vom »Gift des Protektionismus«, das sich langsam in den »Venen der Weltwirtschaft« ausbreite, und warnt vor einem »globalen Handelskrieg«.

Die Verfechter des neoliberalen Mainstreams in Wissenschaft, Wirtschaft und Politik verkünden unverdrossen die Heilslehre vom Segen offener Märkte. So etwa vertritt Robert Hormats, Staatssekretär für Wirtschaft, Handel und Landwirtschaft im US-Außenministerium und vor seiner Regierungstätigkeit Vize-Präsident der Investmentbank Goldman Sachs International, im Magazin *change* (1/2010) die Auffassung: »Die Globalisierung ermöglicht es den Ländern, am wirtschaftlichen Wachstum und am Wohlstand ihrer Wirtschaftspartner teilzuhaben; diese Verflechtung stärkt wechselseitig und fördert nachhaltiges Wachstum und Wohlstand nicht nur in den USA und Deutschland, sondern auch im Rest der Welt.« Die Politik der offenen Märkte habe »Millionen Menschen aus der Armut geführt und eine dynamische globale Mittelklasse entstehen lassen«.

Wer das glaubt, der muss gegen den Schutz von Märkten sein, zum Beispiel gegen den Schutz lateinamerikanischer Länder, die keine eigene Industrie entwickeln können, weil ihr Binnenmarkt vom Import billiger Industriegüter aus den USA überschwemmt wird.

Unter Protektionismus verstehen wir die Neigung eines Staates zur Protektion (zum Schutz) seiner eigenen Wirtschaft mittels handelspolitischer Maßnahmen, die den Zweck verfolgen, einzelne Sektoren der Volkswirtschaft vor Importkonkurrenz zu schützen. So etwa sollen Zölle ausländische Waren verteuern, um zu verhindern, dass die im Inland teurer hergestellten Waren im eigenen Land keine Absatzchancen mehr haben und die auf den Binnenmarkt ausgerichteten Unternehmen in den Konkurs getrieben werden. Auch andere staatliche Hilfsmaßnahmen wie etwa die Subventionierung bestimmter erwünschter wirtschaftlicher Aktivitäten, die nur inländischen Unternehmen und Branchen zugute kommen, gelten als Protektionismus.

»Protektionismus« ist von den Propagandisten der neoliberalen Ideologie zu einem Unwort abgestempelt worden. Das wirtschaftspolitische Diktat der Marktliberalisierung und Deregulierung – globale Öffnung der Märkte, Abbau staatlicher Regulierungen wie Zölle, Kontingente und Kapitalverkehrskontrollen – duldet keine handelspolitischen Schutzmaßnahmen, mit denen Länder versuchen, die durch die Befolgung der neoliberalen Freihandelsdoktrin verursachten sozialen und ökologischen Verheerungen abzumildern.

Der Wirtschaftsexperte Gerd Zeitler weist in seinem Buch »Der Freihandelskrieg« (2006) darauf hin, dass zwischen Regierungen verschiedener Länder vereinbarte außenwirtschaftliche Schutzmaßnahmen und damit verbundene außenwirtschaftliche Gewinne auf Gegenseitigkeit bis in die 1970er-Jahre als ein unbestrittener Grundsatz der Wirtschaftspolitik galten. Das war eine Zeit wirtschaftlicher Prosperität mit Vollbeschäftigung und der Entwicklung sozialer Sicherungssysteme. Die marktradikale Ächtung der außenwirtschaftlichen Protektion will die Zeit vor der Öffnung der Kapital- und Gütermärkte vergessen machen.

Der Protektionismus wird von den Verfechtern eines globalen Freihandels mit dem Argument abgelehnt, er zerstöre Wohlstand. Geschützte Märkte seien weniger produktiv als offene Märkte, weil Letztere mehr Wettbewerb zuließen. Das führe zu mehr Wohlstand aller Menschen auf der Welt. Diese Doktrin geht davon aus, dass es für alle Menschen von Vorteil sei, wenn jedes Produkt nur dort hergestellt wird, wo die besten Standortbedingungen für die Produktion herrschen, zum Beispiel niedrige Löhne und niedrige Steuern. Das hat, wie bereits in anderen Kapiteln ausgeführt wurde, in der neoliberalen (deregulierten) Globalisierung die Folge, dass mehr und mehr Branchen aus Hochlohnländern ihre Produktion ganz oder teilweise in Billiglohnländer verlagern – und mit ihnen die Arbeitsplätze.

Industrieproduktionen und industrienahe Dienstleistungen – vor allem wenn die Arbeitskosten einen erheblichen Teil der Gesamtkosten ausmachen – sind von dieser Verlagerung betroffen, sofern nicht Transportkosten, schlecht ausgebildete Arbeitskräfte, Kriminalität oder andere Hindernisse eine Verlagerung unrentabel machen. Über kurz oder lang droht daher allen Industrieländern eine Abwanderung der meisten Industrieunternehmen (De-Industrialisierung). Weiter als in Deutschland ist diese Entwicklung, wie erwähnt, etwa in den USA und in Großbritannien vorangeschritten.

Gerd Zeitler charakterisiert in einem Artikel zum Protektionismus die Widersprüche wie folgt: »Der Vorwurf des Protektionismus wird regelmäßig in der Welthandelsorganisation (WTO) erhoben, wenn Mitgliedsländer Importbeschränkungen einführen, um sich gegen überbordende Exporte anderer Länder und die Gefahr von Marktzerrüttungen zu schützen. Das hat zu der WTO-typischen Schizophrenie geführt, dass die meisten Mitglieder zwar offene Märkte für ihre Exporte fordern, zugleich aber Anspruch auf Mengenbeschränkungen für ihre Importe erheben – üblicherweise mit der Begründung, die eigenen Binnenmärkte seien noch nicht reif für den globalen Wettbewerb. Die Widersprüchlichkeit dieser Forderungen ist systembedingt und lässt sich nicht auflösen. Denn im fortgesetzten Verdrängungswettbewerb auf offenen globalen Märkten kann die Mehrzahl nationaler Produktionen mit ihren spezifischen Traditionen und Bedingungen niemals wettbewerbsfähig werden. Länder, die sich dem neoliberalen Wettbewerb ungeschützt aussetzen, riskieren deshalb unweigerlich binnenwirtschaftliche Zerrüttung« (aus: »Lexikon der sozial-ökologischen Marktwirtschaft«, 2009, http://knol.google.com/k/gerd-zeitler).

Wenn für offene Märkte mit Statistiken geworben wird, die wachsenden Wohlstand mit der Öffnung von Märkten in Zusammenhang bringen, dann ist das genauso überzeugend wie der Hinweis, dass die Zahl der über ein Land fliegenden Störche mit der Zahl der Geburten in diesem Land korreliert. Die Ursache von steigendem Wohlstand ist vielmehr der technische Fortschritt. Trotz dieses Fortschritts gibt es noch so viel Armut, weil der durch global geöffnete Märkte erzwungene ungezähmte Wettbewerb eine gerechtere Verteilung des Reichtums verhindert.

Gehört Deutschland zu den Gewinnern der neoliberalen Globalisierung? Deutschland als »Exportweltmeister« ist in besonders hohem Maße daran interessiert, dass seine Produkte in anderen Ländern gekauft werden. Selbstverständlich würde ein plötzlich um sich greifender Protektionismus (Abschottung gegen Einfuhren) Deutschland in seiner jetzigen Situation bis ins Mark treffen. Daher ist es richtig, im Interesse des eigenen exportabhängigen Landes gegen einen übereilten Protektionismus zu plädieren.

Abgesehen von der aktuellen Banken- und Eurokrise sind die Nachteile der neoliberalen Globalisierung für die meisten Menschen zumindest in Deutschland gegenwärtig noch nicht so deutlich erkennbar. Denn die sehr hohe Produktivität der deutschen Industrie sorgt noch in hohem Maße für Vorteile im globalen Wettbewerb. Selbst bei einem Transfer der hochproduktiven Technologie in die Billiglohnländer ist Deutschland und sind andere westliche Industrieländer noch im Vorteil, weil sie – im Vergleich zu den meisten Entwicklungs- und Schwellenländern – wichtige Standortvorteile bieten, zum Beispiel eine verlässliche Rechtsordnung, einen hohen durchschnittlichen Bildungsgrad der Beschäftigten und eine gut ausgebaute Infrastruktur. Aber diese Standortvorteile werden in absehbarer Zeit abgeschmolzen sein. Letztlich sind es die Arbeitskosten, die ausschlaggebend dafür sein werden, an welche Standorte die Investitionen fließen, weil dort das Kapital die beste Rendite abwirft – und diese Standorte werden nicht die westlichen Länder mit relativ hohem Wohlstand sein: Wohlstand, der nur bei hohen Löhnen sowie bei anspruchsvollen sozialen und ökologischen Standards zu haben ist.

Die Exportabhängigkeit eines Landes ist vergleichbar mit der Abhängigkeit eines Rauschgiftsüchtigen von seiner Droge. Man darf dem Süchtigen sein Gift nicht plötzlich entziehen. Denn dann würde er zugrunde gehen. Aber das bedeutet nicht, dass er die Droge sein Leben lang nehmen muss. Er muss unter ärztlicher Kontrolle langsam von ihr entwöhnt werden, um ein Leben ohne Zwänge und Ängste führen zu können.

Nicht der Freihandel, sondern der technische Fortschritt hat zu höherer Produktivität und entsprechend zur Erzeugung von mehr oder besseren Gütern und Dienstleistungen geführt. Und ein hoher allgemeiner Wohlstand hängt mit einer Verteilungspolitik zusammen, die für eine relativ große Binnennachfrage sorgt. Der Export darf sinnvollerweise nur eine ergänzende Rolle spielen. Der Handel über die Grenzen eines Wirtschaftsraumes hinweg muss politisch gesteuert sein, damit er beiden Handel treibenden Regimen zum Vorteil gereicht und nicht nur die Renditeinteressen von global agierenden Konzernen bedient.

Im Hinblick auf die Schwellen- und Entwicklungsländer stellt sich die Frage, ob sie sich bei ungeschützten Märkten aus ihrer Armut und wirtschaftlichen Abhängigkeit befreien können. Oder können sie ihre Rolle auf dem »freien« Weltmarkt nur spielen, wenn sie zulasten ihrer Bevölkerung den Industrieländern als »verlängerte Werkbank« mit billigen Arbeitskräften dienen, ihre Rohstoffe verschleudern und ihre ehemals vielfältige Wirtschaftsstruktur gegen eine exportorientierte Monokultur eintauschen? Chinas Wachstumserfolg hängt damit zusammen, dass dieses Land seinen Außenhandel nicht blind den Marktkräften (den weltweit agierenden Konzernen) überlassen, sondern politisch gesteuert hat.

Das neoliberale Dogmengebäude basiert auf dem Glaubenssatz vom Wohlstand durch grenzenlosen Wettbewerb. Dieses System von Dogmen folgt einer inneren Logik, deren Absurdität verdeckt bleibt, wenn das System Wirtschaft/Markt (mit systemspezifischen Mechanismen) isoliert betrachtet wird, also strikt vom System Gesellschaft/Politik getrennt bleibt. Die Volkswirtschaft wird als erweiterte Betriebswirtschaft verstanden – mit gleichen Funktionsmechanismen. Diese Kopfgeburt von Experten mit eingeschränktem Gesichtskreis sollte von der Politik nicht weiter ernst genommen werden.

In einer Situation weltweit geöffneter Märkte bleibt der Protektionismus ein unzureichendes Mittel, um die schlimmsten Auswirkungen des ungezügelten globalen Wettbewerbs abzumildern. Unzureichend ist der nur auf bestimmte Güter (zum Beispiel auf die Herstellung von Autos) bezogene Protektionismus bei ansonsten offenen Märkten deshalb, weil in aller Regel dadurch die Innovation im betreffenden Sektor gebremst wird. Dadurch leidet die Wettbewerbsfähigkeit, was bei offenen Märkten längerfristig das Überleben des Sektors gefährdet. Außerdem drohen protektionistische Gegenmaßnahmen der Länder, die sich in ihren Exportinteressen geschädigt sehen.

Daher sollte nach einer globalen Ordnung für die Wirtschaft gesucht werden, in der solche vereinzelten und oft kontraproduktiven Schutzmaßnahmen gar nicht erst notwendig werden. Die letzten Kapitel dieses Buches liefern Empfehlungen für diese neue Ordnung.

## *Der Systemzwang der neoliberalen Globalisierung*

Die zur Krise führenden Handlungsweisen sind »Ergebnisse eines verstetigten, weit ausgreifenden Handlungszusammenhangs, der einer eigenen Funktionslogik folgt und alles Weitere dieser Funktionslogik unterordnet«. Die Einzelnen seien zwar die Akteure, aber in ihrem Verhalten folgten sie nicht so sehr einem eigenen, freigesetzten Impetus, sondern eher den Antrieben, die vom System und seiner Funktionslogik ausgehen. Das hat Ernst-Wolfgang Böckenförde am 24. April 2009 in der *Süddeutschen Zeitung* im Blick auf den »modernen Kapitalismus« festgestellt, der das Prinzip der Gewinnmaximierung verabsolutiert hat. Kann dieser scheinbar zwingenden Logik eine Alternative entgegengesetzt werden?

Böckenförde war von 1983 bis 1996 Bundesverfassungsrichter. Er gilt als einer der profiliertesten Staatsrechtler seit Gründung der Bundesrepublik. Kaum jemand hat die Diskussion um das deutsche

Grundgesetz so geprägt wie er, kaum einem wird so viel Unabhängigkeit in der Meinung und Mut zum Urteil attestiert. So etwa formulierte er 1976 den berühmten Satz: Der »freiheitliche, säkularisierte Rechtsstaat lebt von Voraussetzungen, die er selbst nicht garantieren kann«. Der Staat lebt von den religiösen, ethischen Orientierungen seiner Bürger. Böckenförde hat zu zahlreichen wichtigen Streitfragen zukunftsweisende Beiträge geleistet.

Zur Beschreibung des »modernen Kapitalismus« – darunter versteht er die neoliberale Ausprägung der Marktwirtschaft – verwendet er das Modell der »sekundären Systeme« als spezifische Gebilde der modernen industrialisierten Welt. Charakteristisch für diese sekundären Systeme ist, dass sie Handlungsabläufe entwerfen, die nicht an vorgefundene Ordnungen anknüpfen, sondern von wenigen zweckrationalen Setzungen ausgehen. Von diesen Setzungen her sind sie konstruiert und erhalten sie ihre eigene Rationalität.

Solche Handlungsabläufe beziehen – so Böckenförde – die Menschen nicht als Personen in ihrer Ganzheit, sondern nur mit den Antriebskräften und Funktionen ein, die von den Setzungen und deren Realisierung gefordert sind. Was die Menschen sonst sind oder sein wollen/sollen, bleibe außen vor. »Handlungsabläufe dieser Art entwickeln und verfestigen sich zu einem ausgereiften, von ihrer spezifischen Zweckrationalität geprägten Handlungssystem, das sich – verändernd und prägend auf sie einwirkend – über die bisherige soziale Wirklichkeit legt.« – Ein Beispiel, das zu diesem Zitat passt: Wenn in einem Staat eine soziale Gesetzgebung (in den 1970er-Jahren) entwickelt worden ist und diese später (vielleicht in den 1990er-Jahren) mit der neoliberalen Systemlogik in Konflikt gerät, dann wird das System alles daransetzen, auf dieses seiner eigenen Dynamik »fremde« Element einzuwirken, um es so umzuformen, dass es sich in die eigene Logik einfügt. Das bedeutet – sofern sich die Systemlogik durchzusetzen vermag – Sozialabbau mit dem Ziel, dass sich das Soziale nur noch auf solche Maßnahmen beschränkt, die der Wettbewerbsfähigkeit des Standorts nützen.

Der moderne Kapitalismus (Neoliberalismus oder die »neoklassische Theorie«) hat nach Böckenförde nur wenige Prämissen. Das sind die allgemeine Erwerbs- und Vertragsfreiheit jedes Einzelnen wie auch der Zusammenschlüsse von Einzelnen, die volle Freiheit des Waren-, Handels- und Kapitalverkehrs über nationale Grenzen hinweg (»Freihandel«), die Garantie und Verfügungsfreiheit des individuellen Eigentums (einschließlich des Erbrechts), wobei unter Eigentum ebenso Sach- und Geldeigentum wie auch der Besitz von Wissen und Technik zu verstehen ist. »Funktionales Ziel ist die allseitige Entbindung eines potenziell unbegrenzten Erwerbsinteresses sowie der Erwerbs- und Produktionskräfte, die sich am freien Markt entfalten und im Wettbewerb miteinander konkurrieren.«

Maßgebliche Antriebskraft dieses neoliberalen Handlungssystems sei ein selbstbezogener Individualismus. Sein »bewegendes Prinzip« – sein Motor – bilde das Erwerbs-, Innovations- und Gewinninteresse der Beteiligten. Dieses Prinzip sei nicht auf ein vorgegebenes (zum Beispiel im demokratischen Entscheidungsprozess gewonnenes) inhaltliches Ziel gerichtet, das Maß und Grenze setzt, sondern auf unbegrenzte Ausdehnung seiner selbst, auf Wachstum und Bereicherung. Deshalb sei dieses Handlungssystem darauf aus, alle Hemmnisse und Regulative, die nicht durch die genannten Prämissen als notwendig gesetzt sind, abzubauen beziehungsweise zu beseitigen. Regulatives Prinzip des Systems sei allein der freie Markt. Die Befriedigung der Bedürfnisse der Menschen und ihr wachsender Wohlstand seien nicht der Ausgangspunkt und die Konstruktionsbasis, sondern diese fielen »im voranschreitenden Prozess und Progress« nur als Nebenfolge des funktionierenden Systems an. »Das Recht und der Staat als seine Schutzmacht haben (nur) die Aufgabe, dieses Handlungssystem mit seiner Entfaltungsmöglichkeit zu gewährleisten und in Gang zu halten; sie sind funktionale Variable, nicht vorausliegende Ordnungs- und Begrenzungsmacht.«

Böckenförde weist auf die ungeheure Dynamik und die das Verhalten prägende Kraft eines solchen Systems hin. Dieses neoliberale

System werde und sei selbst Subjekt des Handelns. Das bewegende und dominierende Prinzip folge einer funktionalen Rationalität, dem sich alles Weitere ein- und unterordnet. Merkmale des Systems seien Gewinnerzielung, Kapitalvermehrung, Produktions- und Produktivitätssteigerung, Selbstbehauptung und Ausdehnung am Markt. Die arbeitenden Menschen kommen in dieser Rationalität lediglich als Funktionsträger und Kostenfaktoren in den Blick. Es erscheint ökonomisch geboten, sie nach Möglichkeit durch Maschinen und automatisierte Technik mit Aussicht auf Kostenersparnis zu ersetzen.

Die Kompensation der sozialen und ökologischen Probleme und Ausfälle, die dadurch eintreten, liege außerhalb der eigenen Funktionslogik dieses Systems. Das sei in dieser Funktionslogik Aufgabe des Staates, dem nur noch zugestanden wird, das Funktionieren des Marktes zu gewährleisten: mithilfe der erhobenen Steuern und Beiträge.

Diese Systembeschreibung bringt es auf den Punkt: Die neoliberal ausgerichtete Wirtschaftsordnung folgt in ihrer Dynamik einer eigenen Logik. Der Staat spielt lediglich eine Nebenrolle, über die sich die wirtschaftliche Entwicklung hinwegsetzt, wenn die freie Entfaltung des Marktes dies verlangt. Der Neoliberale sieht in den Versuchen, die Wirtschaft zu regulieren, nichts anderes als schädlichen Bürokratismus. Neoliberalismus und Demokratie stehen in einem unauflösbaren Widerspruch zueinander. Wer an die »Gesetze des Marktes« in der neoliberalen Logik glaubt – etwa an den Freihandel im Sinne der globalen Arbeitsteilung nach den Gesetzen des Marktes –, der folgt dieser Logik und verweigert sich den von Menschen gemachten Gesetzen (Regelungen), die aus seiner Sicht nur in die Irre führen können. Ein Land, das sich der neoliberalen Ordnung unterwirft, verabschiedet sich offen oder versteckt von der demokratischen Staatsform.

### *Von Regulierung wird viel geredet – aber die Hilflosigkeit bleibt*

Die weltweite Marktöffnung in der neoliberalen Globalisierung ist zwangsläufig verbunden mit der Entmachtung des Staates. Dem Staat wird nur noch die Aufgabe zugestanden, den Standort für den mörderischen Konkurrenzkampf der Standorte »fit zu machen«. Er soll zum Beispiel die Ausbildung für Ingenieure verbessern und den weiteren Ausbau solcher Infrastruktur vorantreiben, die den Unternehmen die Einsparung von Kosten ermöglicht. Es zeichnet sich ab, dass als Rechtfertigung für staatliches Handeln nur noch ein Argument akzeptiert wird: die Verbesserung der Standortgunst. Die Demokratie, die dem Sozialstaatsgebot verpflichtet ist, wird zum negativen Standortfaktor für global agierende Unternehmen.

Wenn heute – nach den Erfahrungen der Finanzkrise – die Forderung nach mehr Regelung der Wirtschaft allenthalben zu hören ist, dann ist Vorsicht geboten. Soll das neoliberale System mit seiner zerstörerischen Logik nur besser geschmiert werden, damit es im Interesse der Wirtschaftselite zukünftig störungsfreier funktioniert?

Ein Beispiel für die Ohnmacht des Staates ist der Umgang der Regierungen mit den zahlreichen Steueroasen innerhalb und außerhalb Europas. Gelingt es den Staaten Europas, der Wirtschaftselite genügend Steuern abzunehmen, um das soziale Netz finanzieren und andere staatliche Aufgaben erfüllen zu können, ohne sich in unverantwortbarer Weise zu verschulden? Seit Jahrzehnten werden der Allgemeinheit von den Reichen Hunderte von Milliarden Steuergelder vorenthalten, ohne dass die betroffenen Staaten sich bisher in der Lage sahen, etwas dagegen zu unternehmen. Das schon seit Jahrzehnten bekannte Problem des illegalen Fluchtkapitals wurde erst im Zusammenhang mit der aktuellen Krise auf die politische Agenda gesetzt. Seitdem werden große Worte geschwungen, um dem Wähler Entschlossenheit zum Handeln zu signalisieren: »Die Ära des Bankgeheimnisses ist vorbei«, hieß es zum Beispiel im Abschlusskommuniqué des Londoner G-20-Gipfels. Jedoch wird dieses heiße Eisen von den Regierungen Europas immer noch extrem zögerlich angefasst. Eine Beendigung der in großem Stil vor den Augen der Weltöffentlichkeit vollzogenen Steuerhinterziehung erscheint aussichtslos. Die Wirtschaftselite weiß es zu verhindern.

Wie der *Spiegel* im April 2009 (Nr. 16) berichtete, streitet zum Beispiel der Außenminister von Luxemburg (etwa 500 000 Einwohner, 3402 Investmentfonds) die nachweisbare Tatsache ab, dass sein Land Beihilfe zur Steuerhinterziehung leistet: »Luxemburg schützt keine Steuerbetrüger, aber wir wollen nicht, dass Herr Steinbrück auf Knopfdruck erfährt, wer wie viel auf dem Konto hat.« Im Klartext: Wir geben nicht die Informationen heraus, die notwendig wären, um den Steuerhinterziehern auf die Schliche zu kommen und ihnen das Handwerk zu legen. Jeder Kundige weiß: Wenn von den Banken Informationen über Steuerbetrüger nur geliefert werden müssen, sofern gegen eine bestimmte Person ein konkreter Verdacht vorliegt, dann gleicht die Fahndung nach einem Steuersünder der Suche nach einer Stecknadel im Heuhaufen. Die Austrocknung von Steueroasen ist so nicht möglich.

Luxemburg und die zahlreichen andere Steueroasen werden es auch in Zukunft verstehen, den Anschein zu erwecken, als seien sie bereit, auf ihre einträglichen Geschäfte mit den Steuerflüchtlingen zu verzichten. Und die geschädigten Staaten werden das weitgehend hinnehmen. Können sie sich aus den vermeintlich zwingenden politischen Rücksichtnahmen lösen? Dazu müssten sie so unabhängig sein wie die USA, die sich die durchsichtige Hinhaltetaktik der Steueroase Schweiz nicht gefallen ließen und ihren gerechtfertigten Wunsch nach Lüftung des Bankgeheimnisses durchzusetzen wussten. Allerdings ist nicht bekannt, dass die USA auch gegen die zahlreichen anderen Steueroasen so konsequent vorgehen, um ihre Steuersünder zur Rechenschaft zu ziehen. Die notwendigen Kraftakte gegen Steueroasen sind im Umgang der Länder innerhalb Europas kaum vorstellbar – geschweige denn im Hinblick auf außereuropäische Staaten.

Die Hilflosigkeit der Staaten gegenüber Steuerparadiesen ist nur ein Beispiel unter vielen. Der Glaube an die Gestaltungskraft der Politik wird brüchiger von Tag zu Tag. Niemand spricht laut darüber. Viele Menschen verharren noch in einer Angststarre. Sie fürchten um ihren Job. Sie machen sich fit für die gestiegenen Anforderungen in ihrem Arbeitsleben. Mehr Stress ist ihnen lieber als das erzwungene Nichtstun, das ihnen nach ihrer Entlassung droht. Sie wagen nicht, dem Chef zu widersprechen. Sie vermeiden Krankentage. Sie sind einverstanden, wenn ihnen der Lohn gekürzt oder die Arbeitszeit verlängert wird. Die Angststarre betrifft nicht nur die Lähmung ihrer Protestbereitschaft, sondern auch das eigene Denken bei der Suche nach einer Politik gegen die Massenarbeitslosigkeit. Jeder kämpft seinen Lebenskampf für sich allein. Es scheint keine Alternative zu geben. Jedenfalls erwartet kaum noch jemand eine Alternative, die sich von demokratischen Staaten politisch gestalten lässt.

Und was sagen Politiker und Wissenschaftler? Begriffe wie »staatliche Regulierung« und »Ordnungsrahmen« haben gegenwärtig Hochkonjunktur. Seit Ausbruch der aktuellen Finanz- und Wirtschaftskrise mit ihren Bankenbürgschaften, Konjunkturpaketen, den Versuchen zur Rettung ganzer Industrien und der Forderung nach einem Umbau des Finanzsystems ist in der öffentlichen Wahrnehmung die Ordnungspolitik zu einer Zauberformel geworden. Die Politiker aller Parteien rufen danach. Aber jeder versteht etwas anderes darunter. Ein global abgestimmtes und zugleich wirkungsvolles Vorgehen ist nicht zu erwarten.

Die Wirtschaftswissenschaftler Joachim Zweynert und Nils Goldschmidt haben darauf hingewiesen (*Süddeutsche Zeitung* vom 9./10. Mai 2009), dass die rhetorische Wertschätzung von »Ordnungspolitik« im Gegensatz steht zu ihrer Reputation an den wirtschaftswissenschaftlichen Fakultäten der Universitäten. »Ordnungsökonomen stehen in dem Generalverdacht, nicht auf der Höhe des theoretischen Geschehens zu sein, das nun einmal exzellente mathematische Kenntnisse verlange. Stattdessen würden sie versuchen, theoretischen

Gehalt durch Werturteile zu kompensieren.« Dieser Hinweis wirft ein Licht auf die Tatsache, dass in den letzten Jahrzehnten die Ausbildung der Ökonomen in aller Welt allein auf dem neoliberalen Dogma aufgebaut hat, dem zufolge der Markt sich selbst reguliert und der Staat nur Schaden anrichtet, wenn er eingreift. Die renommiertesten Wirtschaftswissenschaftler haben ihre Karriere mit diesem Dogma gemacht, sodass davon ausgegangen werden muss, dass eine Neuausrichtung ihres Denkens – falls es überhaupt gelingt – sehr viel Zeit brauchen wird.

Selbst aus der Wirtschaftselite lassen sich kritische Stimmen über den Umgang mit der Krise vernehmen. So etwa hat Hans-Peter Keitel, Chef des Bundesverbandes der Deutschen Industrie, am 14. Juni 2009 in einem *Handelsblatt*-Interview die Befürchtung geäußert, »dass auf den globalen Finanzmärkten das Kasino schon wieder eröffnet wird, dass kurzfristiges Denken und die Risikobereitschaft wieder zunehmen«. Meist werden Regeln angemahnt, die lediglich grobe Störeinflüsse in Zukunft ausschließen sollen – Einflüsse, die sich auf die Selbstregulierung der Märkte störend auswirken, zum Beispiel falsches Risikomanagement der Banken, Informationsmangel oder interessengebundene Bewertungen durch Ratingagenturen.

Ein wirkungsvoller Ordnungsrahmen müsste jedoch weit über die Funktion der Marktstabilisierung hinausgehen. Dazu gibt es bereits einige in die richtige Richtung weisende Vorschläge, die zum Beispiel vom globalisierungskritischen Netzwerk Attac gemacht wurden, jedoch bisher kaum beachtet werden.

Der frühere Münchner Oberbürgermeister und ehemalige Bundesminister Hans-Joachim Vogel geißelte die ungezügelten Marktkräfte auf einer Veranstaltung des Münchner Marketing-Clubs im Januar 2010 zum Thema »Herausforderung Wertewandel« mit den Worten: »Der Shareholder-Value ist der Wert, der alle wirklichen Werte verdrängt.« Welche Konsequenzen müsste die Politik aus diesen Worten ziehen? Wenn die Aktienmärkte nicht ganz verboten werden sollen, dann müssten diese zumindest so gezähmt werden, dass ihre Macht nicht die zentralen Werte der Menschenwürde, der Freiheit, Gerechtigkeit, Solidarität und des Friedens verdrängen kann. In den letzten Kapiteln dieses Buches wird ein Ausweg aus der zerstörerischen Logik des global freien Kapitalmarktes gewiesen.

Die Ohnmacht der Politik unter den Bedingungen der neoliberalen Globalisierung kommt in einem Kommentar von Marc Beise (*Süddeutsche Zeitung* vom 2./3. Oktober 2010) deutlich zum Ausdruck. Es geht um die Einführung sinnvoller neuer Regeln für das Finanzsystem und um die Einkommensverteilung. Er schreibt: »Die Politik hat dazu auf dem Papier alle Möglichkeiten. Der Gesetzgeber kann ... Managervergütungen steuern, Spitzeneinkommen begrenzen, Boni verbieten. Er kann den Spitzensteuersatz nach oben schieben, bis es schmerzt. All das ginge – nur ist Deutschland dummerweise keine Insel und Geld ein flüchtiges Gut. In der globalisierten Welt würden die internationalen Kapitalströme sofort, buchstäblich über Nacht, in andere Staaten und Volkswirtschaften fließen.« Dem Wirtschaftsredakteur kommt nicht in den Sinn, dass es vielleicht eine Alternative zum global ungebändigten »freien« Kapitalverkehr geben könnte. Auch beugt er sich im gleichen Kommentar mit den folgenden Worten willig unter die Zwänge des neoliberalen Marktgeschehens: »Weil aber der Kapitalismus ein mangelhaftes System ist, reicht seine Kraft nicht für alle, und je mehr eine Wirtschaft unter Druck gerät, durch internationalen Wettbewerb beispielsweise, desto mehr Menschen kommen nicht mehr mit. In Deutschland gibt es für sie das Wort ›Hartz IV‹.«

Grundsätzlich ist zu unterscheiden zwischen der Freiheit des Marktes *innerhalb* eines Staates oder eines Staatenbundes, dessen Gesetze diesem Markt einen verbindlichen Rahmen vorgeben können, und der Freiheit des *globalen* Marktes. Für den globalen Markt kann es keinen Ordnungsrahmen geben, der für den internationalen Standortwettbewerb angemessene soziale und ökologische Regeln verbindlich vorgibt. Auf die Unmöglichkeit eines solchen globalen Ordnungsrahmens wird in dem Kapitel »Steuerung der Wirtschaft durch globale Institutionen?« eingegangen.

Bislang wird hilflos an Symptomen kuriert, anstatt den Kern des Übels anzugehen: die globale Öffnung der Märkte. Diese Öffnung verschafft den Märkten eine Dynamik, die durch einzelne gut gemeinte Regelungen nicht mehr gezähmt werden kann. Bei einer globalen Öffnung der Märkte (Deregulierung der Außenhandelsbeziehungen nicht nur im Finanzsektor) kann der Staat für seine Bürger nicht mehr das leisten, wozu er als Schutzmacht für die Gesamtheit der Bevölkerung (nicht nur für einen kleinen Teil davon) verpflichtet ist. Wenn alle Standorte in der Welt gegeneinander im Wettbewerb um Investitionen zur Ansiedlung von Produktionsstätten stehen, dann werden systematisch soziale und ökologische Ziele missachtet, da die niedrigsten Standards zum Wettbewerbsvorteil werden, zum Beispiel die billigsten Löhne, die schlechteste Absicherung gegen Krankheit und Altersarmut. Die Unternehmen und Aktionäre können die höchsten Renditen ihres Kapitals an solchen »wirtschaftsfreundlichen« Standorten erzielen, weil sie sich dort ihrer Verantwortung für das Wohl der Allgemeinheit entziehen können.

Erst dann geht es beim Wettbewerb um Leistung und Qualität, wenn nicht mehr externe Faktoren wie unterschiedliche Löhne, Steuern, Sozial- und Ökostandards diesen Wettbewerb verzerren. Im globalen Wettbewerb der Standorte bei ungeregeltem Kapitalverkehr und Freihandel werden jedoch genau diese unterschiedlichen Rahmenbedingungen ausschlaggebend für Erfolg und Misserfolg der Volkswirtschaften. Dass sich die Länder international auf eine Vereinheitlichung der sozialen und ökologischen Rahmenbedingungen einigen werden, ist illusorisch, da bei offenen Märkten viele Länder ihre Standortgunst der Uneinheitlichkeit dieser Rahmenbedingungen verdanken.

## *Wachstumszwang? Die Bäume wachsen nicht in den Himmel*

Gibt es in der Wirtschaft einen Wachstumszwang? Die Volksweisheit, dass die Bäume nicht in den Himmel wachsen, besagt, dass es kein unendliches Wachstum geben kann. Dieser Aussage wird jeder vernünftige Mensch erst einmal zustimmen. Aber bezogen auf unsere Wirtschaft kommen Zweifel: Wie steht es mit dem qualitativen Wachstum – und wie kann man das quantitative vom qualitativen unterscheiden?

In diesem Kapitel geht es darum, ob unsere neoliberale Wirtschaftsordnung in der Lage ist, Wachstum mit Stabilität in Einklang zu bringen. Auch ein Wald wächst ständig: Auf einer Brachfläche dominiert zunächst das Mengenwachstum der Biomasse, es folgen mehrere Entwicklungsstadien (»natürliche Sukzession« genannt) mit unterschiedlichen Lebensgemeinschaften, die sich in Anpassung an die Standortbedingungen verändern. Zum Beispiel ändert sich das Kleinklima mit zunehmendem Schattenwurf (weniger Sonneneinstrahlung) der aufkommenden Baumarten. Bei älter werdendem Wald schwächt sich sein Mengenwachstum ab. Das reife Waldstadium ist durch Stabilität gekennzeichnet: Es wächst nicht mehr Biomasse heran als abstirbt. Ein Gleichgewicht zwischen Wachsen und Vergehen ist erreicht. Je reifer das Ökosystem, desto mehr geht das quantitative Wachstum (der Biomasse) zurück zugunsten eines qualitativen Wachstums, mit dem die standortgemäße Vielfalt der Arten aufrechterhalten wird.

Ist ein solches Gleichgewicht auch in der Wirtschaft denkbar? Die neoliberale Marktwirtschaft ist auf permanentes quantitatives Wachstum programmiert mit der Folge, dass sie früher oder später an Grenzen der Verfügbarkeit natürlicher Ressourcen stößt und das Weltklima zerstört. Folgender Gedankengang soll dies verdeutlichen: Eine Volkswirtschaft benötigt große Teile der in ihr erwirtschafteten Erträge der Unternehmer und Ersparnisse aus dem Einkommen der Beschäftigten, um ihre Wirtschaftskreisläufe funktionsfähig zu halten. Mit diesen Finanzmitteln müssen die Produktionsanlagen und die Infrastrukturen laufend gepflegt und erneuert werden. Auch muss ständig in Bildung, Gesundheit, Sicherheit, Verwaltung und andere notwendige Gemeinschaftsaufgaben investiert werden, um das erreichte Wohlstandsniveau halten zu können. Zu den unverzichtbaren

Aufgaben zählt auch der Umbau unserer überwiegend auf fossilen Energiequellen basierenden Industriekultur hin zu einer zukunftsfähigen Produktionslandschaft, die sich auf erneuerbare Energien (Sonne, Wasser, Wind, Erdwärme) gründet.

Die hier angedeutete notwendige Re-Investition in die eigene Volkswirtschaft ist mit folgendem Vorgang im Wald vergleichbar: Biomasse wie Laub, abgefallene Zweige, umgefallene Bäume (Totholz) werden von Bioorganismen zersetzt und bilden den nährstoffreichen organischen Boden (Humus), aus dem sich neu wachsende Pflanzen ernähren. Auch die Erträge aus einer Volkswirtschaft müssen zu einem angemessenen Teil in deren Aufrechterhaltung fließen.

In einem Wald, aus dem die erwähnte Biomasse übermäßig entfernt wird (etwa wegen zu starker Holzentnahme ohne Zuführung organischer Ersatzsubstanzen), setzt allmählich eine Verarmung des Bodens ein. Irgendwann geht deshalb das ursprünglich standortgemäße Ökosystem Wald zugrunde, und es entsteht dort etwas anderes, vielleicht eine Magerwiese, die sich mit dem ausgelaugten Boden verträgt. Übertragen auf die Wirtschaft heißt das: Bei offenen Grenzen fließen die Finanzströme dorthin, wo sie am meisten Rendite abwerfen und das meiste Wachstum erzeugen. Wenn zu viele Finanzmittel nicht in die eigene, sondern in andere Volkswirtschaften fließen, dann verarmt die eigene Volkswirtschaft. Dieser Vorgang ist typisch für die neoliberale Globalisierung.

In entgrenzten Volkswirtschaften entzieht sich das erwirtschaftete Kapital der demokratischen Kontrolle. Es folgt allein der mit rein wirtschaftlichen Kriterien gemessenen »Standortgunst«. Regierungen, die erkannt haben, dass ihr Land diesem globalen Standortwettbewerb (wegen der geöffneten Märkte: schutzlos) ausgesetzt ist, sind daher bestrebt, der Gefahr des volkswirtschaftlichen Niedergangs (Verarmung der Bevölkerung) zu entgehen, indem sie mit allen erdenklichen Mitteln das Finanzkapital im eigenen Land halten. Dies kann ihnen bei offenen Märkten aber nur gelingen, wenn sie diesem Kapital für ihre Rendite die günstigsten Bedingungen bieten: Rücknahme möglichst aller Auflagen und Regeln, die von Investoren als Einengung empfunden werden und von denen sie sich abschrecken lassen. Unter diesen Voraussetzungen ist das Wachstum der Menge an Gütern und Dienstleistungen mit allen seinen zerstörerischen Folgen unaufhaltsam.

Zurück zum Waldvergleich: Eine nachhaltige Waldwirtschaft ist dadurch gekennzeichnet, dass sie dem Wald nicht mehr Biomasse entnimmt, als er für seine Regeneration benötigt. Holz kann für wirtschaftliche Zwecke aus dem Wald entnommen werden – aber eben nur in Maßen. Um dieses Maß erkennen und einhalten zu können, bedarf es in einer Volkswirtschaft entsprechender Regeln des Wirtschaftens, die dem Mechanismus von Angebot und Nachfrage Schranken setzen. Was im Hinblick auf eine gesunde Volkswirtschaft vernünftig wäre, ist unter den Bedingungen der neoliberalen Globalisierung nicht möglich: so viel Kapital wie nötig im eigenen Land zu belassen und nur den für die eigene Volkswirtschaft entbehrlichen Überschuss anderweitig zu investieren.

Der nur über den Preis gelenkte Mechanismus von Angebot und Nachfrage entfaltet sich bei offenen Märkten schrankenlos. Daher gibt es Vorschläge, die auf eine Begrenzung der Nachfrage hinauslaufen: Es wird ein Lebensstil propagiert, der weniger Ressourcen verbraucht. Somit stellt sich die Frage: Kann auf diese Weise der Wachstumszwang auch ohne Ausstieg aus der neoliberalen Globalisierung überwunden werden?

Theoretiker der Marktwirtschaft haben von der Grenzenlosigkeit menschlicher Bedürfnisse gesprochen, womit sie nicht ganz unrecht haben. Die meisten Menschen streben danach, immer mehr zu haben. Sie wollen immer besser, schneller, komfortabler ihr Leben genießen, sofern sie die Möglichkeit dazu haben. Wir wollen zum Beispiel von einer Mietwohnung in eine zunächst kleine, dann größere Eigentumswohnung ziehen und schließlich ein Haus bauen oder kaufen – in möglichst guter Lage mit viel Platz und auch mit großem Garten, damit die Kinder dort schön spielen können. Wir geben uns nicht mit einem Fahrrad zufrieden, sondern erstreben ein motorisiertes Fahrzeug, und das sollte auch nicht zu klein sein, sondern unserem Lebensstil entsprechen. Auch die Kleidung sollte nicht nur die Funktion erfüllen, den Körper vor Kälte zu schützen, sondern sie sollte uns und unseren Mitmenschen gefallen. Dazu gehört auch der Schmuck. Eine Halskette mit Glasperlen kann sehr schön sein – aber warum kann es nicht ein Schmuck aus einem ganz besonderen Metall oder Kristall sein, wenn wir genug Geld dafür übrig haben? Mit einem Privatflugzeug können große Strecken schneller und bequemer zurückgelegt werden als mit Bahn oder Kraftfahrzeug. Und unseren Urlaub wollen wir auch nicht immer zu Hause verbringen. Die Beispiele für unsere Konsumwünsche ließen sich endlos verlängern.

Wir lassen uns von niemandem gern vorschreiben, welcher Konsum im Hinblick auf die Endlichkeit unserer Biosphäre »angemessen« ist. Daher verfehlen bei den meisten Menschen alle Appelle ihre Wirkung, die an die Tugend der Bescheidenheit und an die Notwendigkeit des Maßhaltens erinnern. Die meisten Menschen verhalten sich nur dann freiwillig umweltgerecht, wenn damit keine für sie schmerzhaften Verzichte verbunden sind. Das wurde in einer empirischen Studie am Beispiel des Verbraucherverhaltens im Urlaub nachgewiesen (Schemel, H.-J. u. a. 2001).

Bisher hat sich nur eine Weise, wie die Erfüllung von Konsumwünschen begrenzt werden kann, in der Praxis bewährt: durch den Zwang der Verhältnisse, zum Beispiel durch den Mangel an finanziellen Möglichkeiten. Und wenn es um ganze Volkswirtschaften geht, dann lässt sich eine defizitäre Handelsbilanz nur entweder durch Sparen (weniger Import, weniger Staatsschulden) oder durch die Steigerung des Exports (mit zusätzlichem quantitativen Wachstum) ausgleichen. Doch es helfen auch Einfuhrverbote. Solche »Handelshindernisse« gibt es bereits zum Beispiel für Pelze geschützter Tierarten, Elefantenzähne und archäologisch wertvolle Funde.

Aber welche Gründe außer denjenigen des Schutzes bestimmter extrem seltener Natur- oder Kulturgüter sollte es geben, Konsumwünsche zu begrenzen und entsprechende Handelsbeschränkungen gesetzlich zu verfügen? Dafür kommen nur volkswirtschaftliche oder gesamtgesellschaftliche Schäden in Betracht, deren Vermeidung notwendig und durchführbar ist. Allerdings bestehen begründete Zweifel daran, dass betriebs- oder volkswirtschaftliche Betrachtungsweisen solche Schäden angemessen wahrnehmen und zu dem Ergebnis kommen könnten, eine Wachstumsbegrenzung sei notwendig. Dazu bedarf es der Argumente auch aus anderen Wissensgebieten. Es ist eine ethisch fundierte Haltung der politischen Verantwortung für das eigene Land und die Welt erforderlich, um zu einem solchen Ergebnis kommen zu können. Die Gründe für einen Ausstieg aus dem Wachstumswahn können mit dem eingeschränkten Blickwinkel der Wirtschaftswissenschaften nicht erkannt und verstanden werden, wie sich aus den folgenden Überlegungen ergibt.

»Wir brauchen mehr Wachstum« ist ein von allen Politikern und den hinter ihnen stehenden wissenschaftlichen Beratern immer wieder vorgebrachtes Bekenntnis. Dadurch sollen Arbeitsplätze entstehen. Da technische Innovationen dazu führen, dass immer mehr menschliche Arbeit durch Maschinen ersetzt werden kann, also die Produktivität der Arbeit steigt, müssen die überflüssig gewordenen Arbeitskräfte aufgefangen werden, indem an anderer Stelle neue Arbeitsplätze in neuen oder wachsenden Unternehmen entstehen.

Der nach dem produktivitätsbedingten Wegfall von Arbeitsplätzen notwendige Ersatz kann erreicht werden, indem der Industrie- oder der Dienstleistungssektor wächst. Es müssen also bei gestiegener Produktivität weitere Kapazitäten mit entsprechenden Arbeitsplätzen aufgebaut werden. Theoretisch müssten infolge des technischen Fortschritts weder die Zahl der Arbeitsplätze noch die Einkommen wachsen. Praktisch ist jedoch keine Linie vorgegeben, die ein solches Wachstum begrenzen könnte. Vielmehr setzt sich bei nicht hinreichend geregelten Märkten eine Eigendynamik durch, die allein den Marktgesetzen von Angebot und Nachfrage folgt.

Die (zusätzlichen) Erzeugnisse eines Unternehmens müssen auf dem (Welt-)Markt erfolgreich angeboten werden. Was der Binnenmarkt nicht aufnimmt, wird exportiert. Der erfolgreiche Verkauf erbringt Gewinne des Unternehmens, die in innovative Techniken investiert werden. Denn die Produktivität muss weiter steigen, um auf dem Weltmarkt konkurrenzfähig zu sein. Durch die wachsende Größe der Unternehmen entstehen sogenannte Skalenvorteile (»Economies of Scale«), die sich auf die in einer Produktionsstätte erzeugte Stückzahl beziehen. Mit steigender Stückzahl sinken die Stückkosten. Je größer die Konkurrenz, desto größer der Druck auf die Unternehmen, ihre Produktivität zu erhöhen und die Lohnstückkosten zu senken. Daher wird Wachstum als ein Wettbewerbsvorteil betrachtet, auf den bei offenen Märkten kein global agierendes Unternehmen verzichten kann, wenn es seine Existenz nicht aufs Spiel setzen will. Motto: »Wachse oder weiche!«

Aus betriebswirtschaftlichem Blickwinkel heraus ist kein Grund erkennbar, warum es für das Wachstum eine Grenze geben muss, solange das Unternehmen wettbewerbsfähig ist. Und aus volkswirtschaftlichem Blickwinkel heraus wird argumentiert, dass die Exporte ebenso wie die Investitionen in allen Ländern der Welt die Nachfrage dort befriedigen können. Solange eine kaufkräftige Nachfrage besteht, ist es nur eine Frage der Wettbewerbsfähigkeit, ob es dem jeweiligen Unternehmen möglich ist, diese Nachfrage zu bedienen. Da die Konsumwünsche tendenziell grenzenlos sind – in den Entwicklungsländern gibt es noch einen enormen Nachholbedarf an materiellen Wohlstand –, wird also auch der Volkswirt keine Grenze des wirtschaftlichen Wachstums entdecken können. Daraus folgt: Die Wirtschaftsexperten können mit der Aussage, eine bestimmte Menge von Produktion (Angebot) und Konsum (Nachfrage) sei schädlich und daher zu vermeiden, nichts anfangen. Das Thema »Grenzen des Wachstums« gehört nicht in das Gebiet dieser Wissenschaftsdisziplin. Sie ist damit total überfordert. Das wäre so, als wenn von einem Mathematiker verlangt würde, er solle die Aufgaben eines Arztes übernehmen.

Die Produktionsweise in einer freien und nicht durch soziale und ökologische Zügel gezähmten Marktwirtschaft – auch »Kapitalismus« genannt – orientiert sich ausschließlich an der Kapitalrendite, und diese ist von der Wettbewerbsfähigkeit des jeweiligen Unternehmens abhängig. Für die Ökonomen gibt es nur den Mechanismus von Angebot und kaufkräftiger Nachfrage, der sich unter verschiedenen Bedingungen über Preise so oder anders verhält. Ihr Denken bewegt sich in einem geschlossenen System, das modellartig mehr oder weniger wirklichkeitsfern abgebildet werden kann. Was sich außerhalb dieses Systems abspielt, gerät nur als von außen vorgegebene Rahmenbedingung dieses Systems ins Blickfeld.

Wenn die Wirtschaft nicht als isolierter Kosmos verstanden wird, sondern als nützlicher Teil des gesellschaftlichen Gefüges, dann wird klar: Die Wirtschaft braucht Rahmenbedingungen, die nicht von ihr selbst bestimmt werden können, sondern von der Politik gesetzt werden müssen. Der drohende Ausverkauf der fossilen Energiequellen und anderer natürlicher Ressourcen sowie die Abwendung des katastrophalen Klimawandels sind hinreichende Gründe, einer unverantwortlichen Wirtschaftselite das Steuer aus der Hand zu nehmen. Es sollte nicht gewartet werden, bis die Finanz- und Gütermärkte auf Knappheiten reagieren – und das ohne soziale und ökologische Skrupel.

Es ist Aufgabe der Politik, der Wirtschaft solche Vorgaben zu machen, dass sie nicht unbegrenzt wächst. Statt des quantitativen Wachstums muss das qualitative Wachstum in den Vordergrund treten, bei dem es in erster Linie darum geht, $CO_2$-Emissionen zu vermeiden, Arbeitsplätze zu schaffen beziehungsweise zu erhalten und die Arbeitsbedingungen bei angemessenem Einkommen zu verbessern.

Nachhaltiges (qualitatives) Wachstum ist aus ökologischer Sicht dadurch gekennzeichnet, dass es nicht mehr natürliche Ressourcen verbraucht, als nachwachsen können. Aus sozialer Sicht beinhaltet das Prinzip Nachhaltigkeit die Forderung, dass alle Menschen am Prozess der Wertschöpfung teilnehmen und an seinen Erträgen teilhaben können müssen. Aus ökonomischer Sicht müssen sich die wirtschaftlichen Aktivitäten rentieren. Die Rentabilität wiederum hängt davon ab, ob das Verhältnis von Aufwand und Ertrag im Wettbewerb mit konkurrierenden Unternehmen bestehen kann – und dieser Wettbewerb muss unter fairen Wettbewerbsbedingungen erfolgen.

Die gegenwärtige Wirtschaftsweise raubt nicht nur den Armen der Welt, sondern auch unseren Kindern und Enkeln die Lebensgrundlage. Daher kommt es darauf an, unsere materiellen Bedürfnisse mit sozial und ökologisch verantwortlichem Wirtschaften zu befriedigen – und das geht nur bei politisch gezügelten Märkten. Mit einem solchen »qualitativen Wachstum« ist ein Stadium der Stabilität erreichbar – einer Stabilität, die dem Wohl aller Menschen dient. Wir können vom Wald lernen. Aber das wird nur möglich sein, wenn es uns gelingt, uns aus den Zwängen des globalen Standortwettbewerbs zu befreien.

## *Ist die neoliberale Globalisierung ethisch vertretbar?*

Die philosophische Disziplin der Ethik, die menschliches (auch politisches) Handeln einer normativen Beurteilung unterzieht, orientiert sich nicht nur an Kriterien ökonomischer Effizienz, sondern auch an Kriterien, mit denen das individuelle und soziale Leben kraft vernünftigen Denkens bewertet und begründet werden kann. Die Ethik bezieht sich auf verschiedene Lebensbereiche, so auch auf die Wirtschaft. Gegenstand der »Wirtschaftsethik« ist die Anwendung ethischer Prinzipien auf den Bereich wirtschaftlichen Handelns, wobei laut »Lexikon der Wirtschaftsethik« (1993) die Werte Humanität, Solidarität und Verantwortung als zentral gelten. Die Rechtfertigung wirtschaftsethischer Normen ergibt sich aus den Folgen wirtschaftlichen Handelns auf andere Menschen und die Umwelt. Maßstäbe hierfür sind soziale Gerechtigkeit und Nachhaltigkeit. Gemäß ihrem Selbstverständnis gibt die Wirtschaftsethik eine Orientierungshilfe für aktuelle Debatten in der Gesellschaft. Ein solcher Debattenbeitrag wird hier vorgestellt.

Der Wirtschaftsethiker Karl Homann, der als Philosoph, Theologe und Volkswirt seit 1999 am Lehrstuhl für Philosophie und Ökonomik an der Ludwig-Maximilians-Universität (LMU) München lehrt, hat am 29. Januar 2008 ein Interview über die Globalisierung im Zusammenhang mit der Werksverlagerung der Firma Nokia gegeben (»Wettbewerb ist solidarisch«, *Süddeutsche Zeitung*). Aus diesem Interview wird im Folgenden zunächst zitiert, um seine Aussagen sodann zu kommentieren.

Die Werksverlagerung nach Rumänien sei »nicht unanständig«, denn »wir leben in einer Wirtschaft mit globalem Wettbewerb und müssen mit einem forcierten Strukturwandel rechnen«. Die Entscheidung von Nokia sei »folgerichtig«, denn »der Konzern muss auf seine zukünftige Wettbewerbsfähigkeit schauen und nicht darauf, ob er heute in Bochum profitabel ist«. Werksverlagerungen seien »Ausgeburten eines stinknormalen Wettbewerbs, der die Bedingung unseres Wohlstands ist. Die Mehrheit profitiert davon, indem sie möglichst billig einkaufen kann«.

Auf die Frage der Redakteurin Sibylle Haas, ob diese »Geiz-ist-geil«-Mentalität moralisch sei, antwortet der Professor: »Wenn die Kunden das wollen, dann sollen sie dort einkaufen, wo sie die Ware am günstigsten bekommen.« Und auf die Frage: »Auch wenn das zulasten anderer geht?«, antwortet der Wissenschaftler: »Wettbewerb geht immer zulasten anderer. Er bringt aber auf lange Sicht uns allen die größten Vorteile. Letztlich ist Wettbewerb solidarischer als Teilen.« Und diesen Satz begründet er mit dem Hinweis auf Monopole (wie dasjenige der früheren »gelben Post«), die ihre Kunden durch überhöhte Preise »brutal ausgebeutet« hätten. »Das alte Mütterchen mit kleiner Rente, das seine sozialen Kontakte über das Telefon aufrechterhält, hat vom Wettbewerb ganz klar profitiert.«

Das Handeln von Nokia widerspreche nicht der Idee von Solidarität. Solidarität in einer Wettbewerbswirtschaft »darf nicht bedeuten, dass wir den Wettbewerb bändigen wollen, als sei er ein wildes Tier. Um der Solidarität willen sollten wir den Wettbewerb forcieren«.

Die Frage, ob die Legitimität unternehmerischen Handelns nicht auch daran zu messen sei, welche kurzfristigen Folgen es für die Arbeitsplätze hat, verneint Homann grundsätzlich. »Die Arbeitsplätze stehen immer zur Disposition. Unternehmerisches Handeln ist daran zu messen, ob und wie weit es der Allgemeinheit und nicht den Arbeitsplatzbesitzern dient.« Und als die Redakteurin nachbohrt mit der Frage, ob die Unternehmer denn keine soziale Verantwortung gegenüber ihren Beschäftigten hätten, meint er: »Doch, natürlich haben sie die«, und verweist auf deren »Fürsorgepflicht« und darauf, dass sie »für menschengerechte Arbeitsplätze zu sorgen« hätten. Wenn sie diese »Verpflichtungen« nicht erfüllten, wirke sich das für sie auch betriebswirtschaftlich negativ aus, denn »dann haben sie eine Belegschaft, bei der die innere Kündigung an der Tagesordnung ist«. Wertschöpfung erfolge durch Wertschätzung. »Deshalb wird kein Unternehmer leichtfertig Mitarbeiter entlassen. Das wäre ökonomisch nicht rational.«

Dem Einwand, dass nach dieser Logik Nokia sozial verantwortlich handle, indem der Konzern (in Zeiten hoher Gewinne der in Bochum stillgelegten und dann verlagerten Produktionsstätte) Menschen entlässt, begegnet Homann wie folgt: »Es kann in einer Marktwirtschaft keinen Bestandsschutz geben. Es gibt für Nokia aus ethischer Sicht auch keinen Grund, die deutschen Arbeitnehmer gegenüber den rumänischen zu bevorzugen. Allerdings müssen die Härten für die von Arbeitslosigkeit Betroffenen abgefedert werden. Wir müssen den Menschen die Chance geben, wieder in den Arbeitsprozess zu kommen.« Er verweist auf notwendige Qualifizierungsmaßnahmen.

Den Aufruf mancher Politiker zum Boykott von Nokia-Handys hält Homann für »sehr populistisch und blanke Heuchelei. Wenn wir alle im Ausland produzierten Produkte aus unseren Haushalten entfernen, dann wären unsere Wohnungen leer«. Er wirft diesen Politikern vor, mit solchen Aufrufen die Stimmung gegenüber den Unternehmen in unserem Land zu verschlechtern und damit langfristig die Ansiedlung ausländischer Unternehmen in Deutschland, »auf die wir dringend angewiesen sind«, zu behindern. Der Markt sei heute ein Weltmarkt. In der Globalisierung sei es normal, dass deutsche Unternehmen im Ausland Arbeitsplätze schaffen. Im Gegenzug müssten ausländische Unternehmen nach Deutschland kommen. Es sei deshalb verantwortungslos, wenn Politiker die Antiunternehmensstimmung anheizten.

Auf die Frage, ob der Fall Nokia nicht zeige, dass es zu wenige gesetzliche Regelungen für internationale Wirtschaftsverflechtungen gibt, antwortet er: »Jeder Wettbewerb braucht Spielregeln. Der internationale Wettbewerb hat in der Tat bisher relativ wenige Spielregeln. Daran müssen wir arbeiten.«

Auf die Frage: »Machen internationale Ethikstandards die globale Wirtschaftswelt menschlicher oder ineffizienter?«, antwortet Homann: »Sie machen sie menschlicher und damit effizienter. Wir dür fen nicht von diesem Gegensatz ausgehen. Wenn das Wirtschaftsleben menschlicher wird, dann zahlt sich das langfristig aus.«

Am Beispiel der Kinderarbeit erläutert er diese Aussage. Langfristig steige der Wohlstand eines Landes, das seine Kinder gut ausbilde. Die Frage sei jedoch, ob das gesetzlich geregelt werden könne. Denn wenn das Einkommen der Eltern so gering sei, dass Kinder zum Einkommenserwerb beitragen müssen, dann führe das Verbot der Kinderarbeit beispielsweise die Mädchen in die Prostitution. »Die Menschen wollen keine Kinderarbeit, sie können jedoch oft nicht anders überleben.« Dagegen könne nur etwas getan werden, indem das Einkommen der Eltern gesteigert wird. »In China geht die Kinderarbeit wegen des exorbitanten Wirtschaftswachstums deutlich zurück. Wenn der Wohlstand steigt, schicken die Menschen ihre Kinder nicht zur Arbeit, sondern in die Schule. Diese Entwicklung kennen wir aus unserer eigenen Geschichte ja nun auch.«

Einige kommentierende Anmerkungen zu diesem Interview: Karl Homann argumentiert als Wirtschaftsethiker so, als gäbe es keine Alternative zur neoliberalen Globalisierung, also zum globalisierten Wettbewerb, der sich von den nationalen Gesetzen »befreit« hat und keine Regeln kennt, die das Marktgeschehen an demokratisch beschlossene soziale und ökologische Standards binden.

Konsequent nimmt Homann den betriebswirtschaftlichen Standpunkt ein und unterwirft sich so der Ratio des Weltmarktes mit seiner marktradikalen Arbeitsteilung. Er zweifelt nicht daran, dass eine »unsichtbare Hand« dafür sorgen wird, dass die vielen allein aus betriebswirtschaftlichem Blickwinkel getroffenen Einzelentscheidungen der Unternehmer letztlich dem Wohl aller Menschen dienen. Wer an diesem Glauben festhält, für den wirken die Argumente vom solidarischen Wettbewerb stimmig. Was ökonomisch rational ist, das ist dann zugleich auch ethisch geboten.

Die Werksverlagerung von Nokia ins Ausland – also die Kündigung der Belegschaft eines Gewinn bringenden Unternehmens – ist für ihn Ausdruck eines »stinknormalen Wettbewerbs, der die Bedingung unseres Wohlstandes ist«. Wettbewerb sei letztlich solidarischer als Teilen. Diese steile Behauptung begründet er mit dem Hinweis auf Monopole, denn die könnten wegen der Ausschaltung des Wettbewerbs die Kunden »brutal ausbeuten«. Mit diesem Extrembeispiel hat er zwar recht, aber er sagt nichts zu einem Wettbewerb, der durch soziale und ökologische Auflagen geregelt wird. Denn solche Auflagen fehlen auf dem global ungezügelten Weltmarkt. Die einzigen Beschränkungen, denen der Weltmarkt unterworfen ist, sind die völkerrechtlich verbindlichen Normen. Aber darunter finden sich keine, die soziale Ausbeutung und ökologische Zerstörungen verbieten.

Es stimmt, dass Wettbewerb »immer zulasten anderer« geht, wenn man unter Last das Risiko versteht, im Wettbewerb unterlegen zu sein, und wenn man die möglicherweise auch belebende Wirkung des Wettbewerbs einmal unberücksichtigt lässt. Aber mit dieser Aussage bagatellisiert er die Auswirkungen, die der globalisierte Wettbewerb auf die Entstehung von Massenarbeitslosigkeit, auf prekäre Beschäftigungsverhältnisse und auf die zunehmende Kluft zwischen Arm und Reich hat.

Die steigende Arbeitslosigkeit überall in der Welt ist Ausdruck einer ungeregelten internationalen Arbeitsteilung, die den Konzentrationsprozess der Konzerne vorantreibt. Zwar stimmt es, dass dadurch wegen der Größenvorteile Massengüter billiger werden – die Produktion großer Stückzahlen und ihre Vermarktung lässt sich so kostensparender erledigen –, aber übersehen wird die Kehrseite der niedrigen Einkaufspreise: dass mehr und mehr Menschen ihre Arbeit verlieren oder zu schlechteren Bedingungen arbeiten müssen. Der Staat soll dann für die Arbeitslosen und die Niedrigstverdiener (»Aufstocker«) sorgen. Von welchem Geld? Von den Steuern der Konsumenten, sofern diese noch Steuern zahlen können. Unternehmenssteuern sollten aus neoliberal-globaler Sicht möglichst wenig erhoben werden, denn hohe Steuern behindern die globale Wettbewerbsfähigkeit gegenüber konkurrierenden Unternehmen, die an ihrem Standort weniger Steuern zahlen. Nach dieser Logik sind Unternehmenssteuern ethisch nicht zu rechtfertigen, weil sie den Wettbewerb verzerren.

Der Weltmarkt diktiert niedrige Löhne und Sozialleistungen sowie niedrige Rohstoff- und Warenpreise ohne Rücksicht auf unsere mühsam erkämpften sozialen und ökologischen Standards. Dieser Weltmarkt sorgt angeblich für Wohlstand bei uns und dem Rest der Welt. Es ist die alte Mär, dass wir zunächst den Gürtel enger schnallen müssen, damit die Segnungen der Globalisierung anschließend umso üppiger über uns hereinbrechen. Gürtel enger schnallen heißt im Klartext, dass wir die Zerstörung unserer gewachsenen regionalen Wirtschaftsstrukturen und ihrer Arbeitsplätze weiter dulden müssen, weil ja ersatzweise hochproduktive zentrale Strukturen entstehen. Statt Arbeit werden uns schließlich billige Produkte angeboten. Welche Zukunft aber sollen zentrale Massenproduktionen haben, wenn es keine massenhaften Arbeitseinkommen und keine Massennachfrage mehr gibt? Es liegt auf der Hand: Wir stecken mitten in einem Prozess der Selbstzerstörung unserer wirtschaftlichen Strukturen und Kreisläufe – und damit der Zerstörung des Fundaments, auf das übrigens auch der globale Austausch von Gütern angewiesen ist.

Wer die internationale Arbeitsteilung zu Ende denkt, der wird erkennen müssen, dass sich in Zukunft die Produktion industrieller Güter und industrienahe Dienstleistungen immer mehr an solchen Standorten konzentrieren werden, wo den Unternehmen die günstigsten Bedingungen geboten werden. Die Verantwortung für die Folgen bzw. Begleitumstände des Wirtschaftens, also zum Beispiel die Sorge um Bildung, Gesundheit, Umweltschutz, die Versorgung von nach wirtschaftlichen Kriterien »leistungsschwachen« Menschen, die Verhinderung von Altersarmut, muss dann dem Einzelnen bzw. dem Staat aufgebürdet werden, damit »unsere« Unternehmen im globalen Wettrennen nicht abgehängt werden – denn ein Wettbewerbsnachteil würde auch noch die verbliebenen Arbeitsplätze gefährden.

Im ungeregelten internationalen Wettbewerb gibt es für die unternehmerischen und für die staatlichen Akteure keinerlei Anreize, sich für einheitlich hohe soziale und ökologische Standards stark zu machen – in Europa in absehbarer Zeit nicht und weltweit vermutlich nie. Im Gegenteil: Das skrupellose Absenken von Standards verschafft dem Wirtschaftsstandort Wettbewerbsvorteile.

Die Niedrigpreise, die Herr Homann für ein Zeichen von Wohlstand hält, sind Dumpingpreise. Denn die sozialen und ökologischen Kosten der Produktion werden in den Billiglohnländern (wie Rumänien) auf die Allgemeinheit abgewälzt.

In der heutigen Zeit der neoliberalen Globalisierung lassen sich die notwendigen Rahmenbedingungen, die für die gesamte Welt auf menschenwürdigem Niveau soziale und ökologische Rücksichten verbindlich sichern, nicht finden, geschweige denn durchsetzen. Voraussetzung für angemessene Rahmenbedingungen der Wirtschaft sind Regionen, innerhalb deren Grenzen die von den gewählten Politikern beschlossenen Gesetze einzuhalten sind – und nicht durch Marktgesetze ausgehebelt werden.

Karl Homann räumt ein, dass jeder Wettbewerb Spielregeln braucht. Er gibt zu, dass der internationale Wettbewerb davon noch »relativ wenige« hat, und fordert, dass »wir daran arbeiten« müssen.

An welche denkt er dabei? An die Regeln der WTO, die allein darauf abzielen, noch bestehende Wettbewerbshürden (Zölle, Kontingente, Reglementierung des Kapitalverkehrs) zwischen den Mitgliedsländern zu beseitigen? Nein, er denkt an internationale Ethikstandards. Er denkt dabei nicht an anspruchsvolle soziale Standards, sondern an das Verbot von Kinderarbeit. Niemand wird ihm widersprechen, dass sich Kinderarbeit am besten durch höhere Einkommen der Eltern beseitigen lässt. Aber woher dieses Einkommen nehmen? Und hier schließt sich das Denken des Professors zu einem Kreis: Er glaubt daran, dass sich der Wohlstand aller Menschen irgendwann als Folge der globalen internationalen Arbeitsteilung von selbst – durch die Kräfte des Marktes – einstellen wird. Er gehört zu denen, die diesen Glauben noch träumen können. Eine Alternative zur neoliberalen Wirtschaftsordnung ist für ihn weder wünschenswert noch denkbar.

Es gibt jedoch auch ethische Vorstellungen, die sich nicht vorschnell dem Credo des ungebremsten Marktes und des Wohlstand generierenden globalen Wettbewerbs unterworfen haben. Hans Jonas bringt in »Das Prinzip Verantwortung – Versuch einer Ethik für die technologische Zivilisation« (erschienen 1979) seine Besorgnis über die »quasi-utopische Dynamik« der Technologie zum Ausdruck, die »als wirkende Macht an sich« in Erscheinung trete. Auch wenn die Suche nach einer Alternative dem praktischen Sinn zu widersprechen scheint, müsse die »Ethik der Verantwortung [...] dem galoppierenden Vorwärts die Zügel anlegen«. Diese Aussage gilt auch für die Bewegung des Marktes, der sich in seiner neoliberal-globalen Ausprägung als alternativlos präsentiert. Ein geschichtlicher Prozess wird – so Jonas – als schicksalhaft hingenommen, wenn er »im voraus [als] unvermeidlich« gilt. »Nur ein anderer Name dafür wäre ›die Geschichte‹ als notwendige Selbstbewegung, mit ihrem eingepflanzten und vielleicht sogar erkennbaren Wohin, gegen das sich zu sträuben vergeblich wäre. [...] Dass wir in Graden Gefangene der von uns selbst begonnenen Prozesse werden, ist nicht zu leugnen. Aber was vermeidlich und was unvermeidlich ist, stellt sich immer erst heraus durch das, was vermieden und was nicht vermieden wurde nach ernsthaftem Versuch.«

Dieser ernsthafte Versuch ist bisher nicht unternommen worden. Sind die Prozesse, deren »Gefangene« wir sind, vermeidbar oder unvermeidbar? Eine Alternative zu den global offenen (ungeschützten) Märkten ist bisher weder von den Wissenschaftlern der Politik noch von denen der Nationalökonomie modellartig durchdacht und diskutiert worden.

Hannah Arendt hat in ihrem Essay »Wahrheit und Politik« den treffenden Satz geprägt: »Politisches Denken und Urteilen bewegt sich zwischen der Gefahr, Tatsächliches für notwendig und daher für unabänderlich zu halten, und der anderen, es zu leugnen und zu versuchen, es aus der Welt zu lügen.« Auf die Leugnung einer Alternative zur neoliberalen Globalisierung durch die Wirtschaftselite und ihre willigen Helfer wurde bereits hingewiesen.

In diesem Buch wird die Auffassung vertreten, dass die Ökonomie einem humanen Leitbild der Ethik zu folgen hat. Der Mensch ist Mittelpunkt und Ziel aller Wirtschaft. Das Gemeinwohl besitzt Vorrang gegenüber den Sonderinteressen Einzelner. Ethik muss dabei die elementaren wirtschaftlichen Notwendigkeiten berücksichtigen, nachdem die Prämissen dieser »Notwendigkeit« kritisch geprüft worden sind.

Der Wirtschaftsethiker Peter Ulrich vertritt in seinem Buch »Integrative Wirtschaftsethik. Grundlagen einer lebensdienlichen Ökonomie« (2007) die Auffassung, Ethik diene der Begrenzung des ökonomischen Rationalitätsprinzips. Probleme, die sich aus der Ökonomie ergeben, seien im Diskurs zu lösen. Die Ökonomismuskritik sei Hauptaufgabe der Wirtschaftsethik. Dazu gehöre die Sicherstellung des Vorrangs der Politik vor der Ökonomik sowie der Ausbau der ökonomischen Rationalität zum Konzept der Lebensdienlichkeit. Diese überzeugende Position verkennt nicht die Konflikte, die sich zwischen der wirtschaftlichen Rationalität und anderen elementaren Ansprüchen des menschlichen Lebens ergeben können. Wenn die Ökonomie keiner Eigengesetzlichkeit folgt, ergibt sich daraus, dass die Ordnung der Wirtschaft das Ergebnis eines Diskurses sein muss, der nach vernünftigen Begründungen sucht.

In diesem Zusammenhang ist ein Zitat des früheren Wirtschaftsministers und Bundeskanzlers Ludwig Erhard bemerkenswert: »Die Frage der Wirtschaftsordnung steht in unlösbarem Zusammenhange mit der politischen und Gesamtlebensordnung, die wir erstreben. Es gilt heute Klarheit darüber zu gewinnen, wie wenig es möglich ist, die Ideale menschlicher Freiheit und persönlicher Würde zu verwirklichen, sofern die wirtschaftliche Ordnung, die wir wählten, dem widerspricht.«

Erhard, der diese Sätze in seinem Werk »Wohlstand für alle« (1957) schrieb, hat dabei an eine soziale Marktwirtschaft gedacht, in der die Politik gegenüber der Wirtschaft Vorrang genießt. Mit seinem damaligen Wissens- und Erfahrungshorizont konnte er zur Gefährdung der sozialen Marktwirtschaft durch die neoliberale Globalisierung noch nicht Stellung beziehen – einer Globalisierung, die den Vorrang der Wirtschaft gegenüber der Politik erzwingt und daher den Idealen der Freiheit und persönlichen Würde widerspricht. Es geht heute um die Möglichkeit einer Gesellschaft, ihr Schicksal politisch frei zu gestalten und dabei im Wirtschaftsleben den Ausgleich zwischen Freiheit und Gerechtigkeit eigenständig und nach demokratischer Willensbildung zu finden.

Der Theologe Hans Küng hat in seinen Ausführungen zum »Weltethos« auf Regeln hingewiesen, die in allen Weltreligionen gelten und daher auch – unabhängig von weltanschaulichen Unterschieden im Einzelnen – als allgemeine ethische Richtschnur für das Handeln in Politik und Gesellschaft akzeptiert werden. Diese Regeln, die die Würde jedes Menschen und den gegenseitigen Respekt der Menschen untereinander fördern und schützen, sind auch Grundlage der modernen Demokratie, die sich ebenfalls auf die Menschenrechte beruft. Eine Wirtschaftsordnung dagegen, die sich »Marktgesetzen« unterwirft und darauf verzichtet, diese ideologisch überhöhten »Gesetze« durch demokratisch hervorgebrachten Willen zu brechen, und die es ablehnt, dass im Interesse der Weltbevölkerung die Marktmechanismen durch geeignete Regeln der wirtschaftlichen Verantwortung für Solidarität und Nachhaltigkeit auf staatlicher Ebene gelenkt werden, widerspricht dem Weltethos.

Es ist ethisch nicht vertretbar, dass sich die Industrieländer über eine »verlängerte Werkbank« aus Entwicklungs- und Schwellenländern versorgen lassen, wenn diese Güter unter menschenunwürdigen Bedingungen hergestellt worden sind. Als moderne Sklavenhaltung ist eine Situation zu bezeichnen, in der Menschen für sehr geringen Lohn arbeiten müssen, damit wir in den reichen Ländern die Produkte billig erwerben können. Denn die Menschen in den Entwicklungsländern sind oftmals gezwungen, sich auf solche ausbeuterischen Produktionsverhältnisse einzulassen, um nicht verhungern zu müssen. Es sei daran erinnert, dass weltweit jeden Tag 22 000 Kinder sterben müssen, weil sie nicht genügend Nahrung, ausreichend sauberes Wasser oder einfache medizinische Hilfe bekommen. 97 Prozent der Fälle von Mütter- und Kindersterblichkeit entfallen auf die 68 Entwicklungsländer, in denen die Not besonders groß ist. Solche Zustände dürfen nicht in Kauf genommen werden, wenn es dazu eine menschenfreundliche Alternative gibt.

# Regionalisierung als Grundlage einer zukunftsfähigen Globalisierung

Der letzte Abschnitt behandelt die Grundzüge einer demokratieverträglichen Wirtschaftsordnung. Der weitverbreitete Glaube, die neoliberale Globalisierung ließe sich demokratisch gestalten, indem Institutionen allein auf globaler Ebene für eine hinreichende Berücksichtigung sozialer und ökologischer Ziele sorgen, ist eine Illusion. Stattdessen wird eine weltweite Regionalisierung vorgeschlagen: eine konsequente Dezentralisierung sowohl der politischen Entscheidungsbefugnisse als auch der wirtschaftlichen Machtzentren.

## *Welche Regelungen auf internationaler Ebene sind legitim?*

Der große Philosoph Immanuel Kant hat die Idee einer weltbürgerlichen Verfassung entwickelt, die davon ausgeht, dass der Anspruch der Menschen auf Freiheit und Gleichheit überall auf der Welt Gültigkeit hat. Das staatszentrierte Völkerrecht soll zum Weltbürgerrecht werden. Etwa 200 Jahre später wurde versucht, diese Idee im Völkerbund zu verwirklichen. Mit der Gründung der Vereinten Nationen nach dem Zweiten Weltkrieg hat die Idee der Herstellung einer weltbürgerlichen Ordnung eine stabilere institutionelle Gestalt erhalten.

Inzwischen ist die UNO gegen zahlreiche Widerstände zu einer allseits anerkannten Autorität geworden, die mit hohem ethischen Anspruch weltpolitisch agiert. Sie hat die Aufgabe, über die Einhaltung von Menschenrechten zu wachen. Als supranationale Organisation versucht sie im Auftrag souveräner Staaten mehr oder weniger erfolgreich, auf der Grundlage der UN-Charta zur Lösung militärischer Konflikte und anderer weltweit relevanter Probleme beizutragen. Lässt sich das UNO-Modell einer supranationalen Institution auch auf andere, insbesondere wirtschaftspolitische Aufgabenfelder ausweiten mit dem Ziel, das globale Wirtschaftsgeschehen so zu gestalten, dass für alle Menschen Wohlstand erreichbar wird?

Die Welthandelsorganisation WTO – eine Unterorganisation der UNO – stellt einen solchen Versuch dar, der allerdings als gescheitert betrachtet werden muss. Denn die WTO ist ein Instrument der mächtigen Industrienationen, die damit ihre exportorientierten Wirtschaftsinteressen weltweit durchzusetzen versuchen: Öffnung der Märkte, marktradikale Deregulierung, rigorose Privatisierung. Schon vor der aktuellen Wirtschaftskrise wurden die Freihandelsregeln als einseitige Interessenpolitik erkannt. Die Länder, die dem Druck der WTO nachgaben, haben dies mit großen Wohlstandsverlusten für die ärmeren Bevölkerungsschichten büßen müssen. Die WTO ist zu einem Instrument der global vernetzten Wirtschaftselite verkommen. Die Politik der WTO verletzt auf eklatante Weise das Prinzip der Subsidiarität.

Der Kampf gegen den Klimawandel, offizielles Ziel auf großen Regierungskonferenzen, ist das aktuellste Beispiel für die Notwendigkeit einer globalen Zusammenarbeit. Allerdings hat diese Zusammenarbeit bisher kläglich versagt. Eine Institution auf globaler Ebene hat nur dann eine Chance, dem Fortschritt im Sinne der Menschenrechte zu dienen, wenn sie sich nicht mächtigen Partialinteressen unterwirft.

Der bisher bekannteste Vorschlag eines neuen Ordnungsrahmens für den Weltmarkt zielt darauf ab, globalen Institutionen die Verantwortung für die Gestaltung und Überwachung einer notwendigen Wettbewerbsordnung für die globalen Märkte zu übertragen. Stichwörter in diesem Zusammenhang sind »global governance« und »Weltinnenpolitik«.

Zwischenstaatliche Zusammenarbeit von Regierungen ohne Einschränkung ihrer nationalen Souveränität, Beispiel UNO, sind zu unterscheiden von supranationalen Zusammenschlüssen, Beispiel EU.

Bei der EU und anderen supranational verfassten Staatengemeinschaften werden nationalstaatliche Zuständigkeiten der Mitgliedsländer auf eine höhere Ebene verlagert. Souveränitätsrechte werden von den Mitgliedsländern an Institutionen der Staatengemeinschaft übertragen. Supranational beschlossene Gesetze (EU-Richtlinien) sind für jeden Bürger der Mitgliedsländer unmittelbar bindend. Sie genießen im Konfliktfall Vorrang vor nationalen Gesetzen beziehungsweise vor nationaler Rechtsprechung. Wenn Mitgliedsländer ihre Verpflichtungen verletzen, können sie (etwa über den Europäischen Gerichtshof) belangt und bestraft werden. Die dem neoliberalen Wettbewerbsrecht zuwiderlaufende staatliche Förderung eines angeschlagenen Unternehmens zur Rettung Tausender von Arbeitsplätzen kann verboten und die Zuwiderhandlung von der EU mit hohen Geldbußen belegt werden.

Wo liegt das Problem supranationaler Regeln? Wenn auf nationaler Ebene vom Bundestag ein Gesetz beschlossen werden soll, dann kann über dieses Gesetzesvorhaben, sofern es umstritten ist, im Lande heiß debattiert werden. Dabei können die Wähler über die Medien verfolgen, welche Position die von ihnen gewählten Politiker in dieser Diskussion einnehmen. Und sie können daraus ihre Schlüsse für die nächste Wahlentscheidung ziehen. Wenn jedoch Gesetze auf EU-Ebene erlassen werden, geschieht dies praktisch jenseits demokratischer Kontrolle. Eine »Kontrolle« wird formal lediglich durch die Vertreter der Regierungen (Exekutive) ausgeübt, die zustimmen müssen. Während sich die Bürger und die Medien kaum für die Vorgänge der Gesetzgebung auf europäischer Ebene interessieren, sind die Wirtschaftsverbände in Brüssel und Straßburg dabei sehr präsent. Sie sind in der Lage, über ihre »Experten« die Vorbereitung der Gesetze gezielt zu beeinflussen.

Das demokratische Delegiertenprinzip ist bei den Entscheidungen auf der supranationalen Ebene bis zur Unkenntlichkeit überdehnt worden. Die gewählten EU-Abgeordneten haben in ihrem »Parlament« nur sehr eingeschränkte Kompetenzen. Die Herrschaft der Experten kann sich in den zahlreichen Gremien unbeobachtet und ungestört entfalten. Was Wirtschaftsfragen anbelangt, so sind in der EU die Weichen schon längst auf neoliberalen Kurs gestellt: Der Markt hat immer recht. Wettbewerb in seiner nahezu unbegrenzten Ausprägung ist oberstes Gebot. Somit können die Vertreter der Wirtschaft gemäß ihrem Selbstverständnis als »Experten des Marktgeschehens« ohne soziale oder ökologische Skrupel agieren und die Politiker »beraten«.

Jürgen Habermas hat sich in seinem Essay »Eine politische Verfassung für die pluralistische Weltgesellschaft?« (2005) mit dem Legitimitätsbedarf und der Legitimationsfähigkeit von politischen Entscheidungen in internationalen Organisationen befasst und die Auffassung vertreten, dass auf supranationaler Ebene legitime Entscheidungen gefällt werden können – aber nur, soweit sie einen weltweit bestehenden Grundkonsens widerspiegeln. In allen Kulturen sei zum Beispiel die Pflicht zur Unterlassung von Menschheitsverbrechen und Angriffskriegen verankert.

Ganz anders verhält es sich nach Auffassung von Habermas im Falle transnational ausgehandelter Entscheidungen, deren Regelungen über den klassischen Aufgabenkatalog von Sicherheit, Recht und Freiheit hinausreichen. In verteilungsrelevanten Fragen entstehe ein Legitimitätsbedarf von der Art, wie er nur innerhalb des Nationalstaates auf demokratischem Wege befriedigt werden kann. »Aber dieser Weg ist, sobald man vom Traum der Weltrepublik Abschied genommen hat, auf transnationaler Ebene verschlossen. So entsteht hier ein Legitimitätsdefizit, das zunehmend als ein Problem wahrgenommen wird.«

Diese Überlegungen führen zu der Einsicht, dass die Welthandelsorganisation WTO nicht die Legitimation besitzt, ein für alle Volkswirtschaften verbindliches globales Regelwerk zur Steuerung der

Wirtschaft aufzustellen. Neben der Frage der Legitimität ist auch die Frage nach den realen Möglichkeiten einer solchen globalen Steuerung negativ zu beantworten. Denn kein souveräner Staat würde sich einer globalen Institution freiwillig unterordnen, wenn von ihr zum Beispiel soziale oder ökologische Standards festgelegt würden, die im deutlichen Widerspruch zu den eigenen wirtschaftlichen Interessen stehen.

Solche die Gewinnmaximierung zugunsten sozialer oder ökologischer Anliegen zügelnden Regelungen lassen sich auf demokratische Weise nur auf der Ebene des Nationalstaates oder eines demokratisch legitimierten Staatenbundes verbindlich festlegen und bei Verstößen auch sanktionieren. Das beinhaltet die Möglichkeit, dass zwischen unterschiedlichen Staaten oder Staatengemeinschaften bilaterale Vereinbarungen über Wirtschaftsbeziehungen mit gemeinsamen Regeln für den grenzüberschreitenden Finanz- und Gütermarkt getroffen werden. Solche Vereinbarungen müssten jedoch den Charakter einer zwischenstaatlichen Zusammenarbeit haben, die eine Einschränkung der nationalen Souveränität beider Partner ausschließt.

Jede demokratisch gewählte Regierung hat sich unter Eid dazu verpflichtet, den Nutzen des eigenen Landes zu mehren. Zu diesem Nutzen gehört nicht nur der wirtschaftliche Vorteil. Daher kann eine internationale Zusammenarbeit nur dann zu legitimen Beschlüssen führen, wenn die eigene Bevölkerung und nicht nur eine privilegierte Minderheit Nutznießer dieser Beschlüsse ist. Die Wirtschaftselite hat es bisher verstanden, die Mehrheit der Bevölkerung glauben zu machen, dass sich ihre eigenen Interessen mit dem Allgemeinwohl decken oder doch zumindest mit diesem vereinbar sind.

## *Prinzipien einer demokratieverträglichen Wirtschaftsordnung*

Mit den folgenden Prinzipien werden Grundforderungen skizziert, die erfüllt sein müssen, damit die Wirtschaftsordnung mit dem Verständnis einer modernen, dem Sozialstaatsgebot und der Nachhaltigkeit verpflichteten Demokratie vereinbar ist. Diese Grundforderungen werden im Kapitel über die Regionalisierung konkretisiert.

Es geht um eine Richtungsänderung, die eine politische Gestaltung der wirtschaftlichen Globalisierung möglich macht. Es geht um eine dauerhaft funktionsfähige sozial-ökologische Marktwirtschaft, die sich mit dem Etikett »soziale Marktwirtschaft« nicht nur schmückt. Diese Marktwirtschaft folgt einem bestimmten Verständnis von Politik – einer Politik, die mit geeigneten Rahmenbedingungen die Voraussetzungen schafft, damit nicht nur in den Industrieländern, sondern in allen Regionen der Welt das Ziel des allgemeinen Wohlstands erreichbar wird.

Die Forderungen nach einer neuen Weltwirtschaftsordnung gehen von der Prämisse aus, dass die Wirtschaft den Menschen zu dienen hat und dass die Menschen nicht den unabänderlichen »Gesetzen des Marktes« ausgeliefert werden. Es wird nicht akzeptiert, wenn die Wirtschaftseliten in aller Welt ihre Vormacht rechtfertigen, indem sie den Wohlstand auf global unbegrenzte Arbeitsteilung mit ungeregeltem Wettbewerb zurückführen.

Demokratisch gewählte Politiker müssen den Ordnungsrahmen vorgeben können, innerhalb dessen sich die Kräfte des Marktes entfalten, auch wenn diese Ordnung den Partialinteressen der global agierenden Konzerne zuwiderläuft. Die wichtigsten Prinzipien für diesen Ordnungsrahmen seien im Folgenden skizziert:

Erstens: Der *Primat der Politik* gegenüber der Wirtschaft im Staat muss durch demokratisch gewählte Regierungen aufrechterhalten werden können. Dabei darf das Bestehen auf dem Primat demokratischer Politik nicht etwa mit der Rückkehr der öffentlichen Gewalt als bloße Staatsmacht verwechselt werden. Der Vorrang demokratischer Politik vor den Interessen der Wirtschaftselite, die als wirtschaftliche »Sachzwänge« getarnt sind, ist nur realisierbar, wenn das Handeln aller in einer Region tätigen Unternehmen den demokratisch beschlossenen Gesetzen des jeweiligen Staates oder der Staatengemeinschaft unterworfen werden können. Wettbewerb ist gut – aber nur, wenn er begrenzt und politisch gesteuert ist. Die Verträglichkeit des Wirtschaftens mit Demokratie auch im globalen Maßstab muss als strikte Voraussetzung akzeptiert und wieder eingeführt werden.

Zweitens: Das bisher sträflich vernachlässigte *Prinzip der Subsidiarität* soll nicht nur für die Politik, sondern auch für die Wirtschaft gelten. Seine Umsetzung ist konsequent anzustreben. Das heißt für die politische Entscheidungsstruktur: Die Entscheidungen sollen so nahe wie möglich an der Bevölkerung gefällt werden – in der Region, die von den Folgen der jeweiligen Entscheidung am meisten betroffen ist. Das gilt auch für die Steuerung der Wirtschaft. Entscheidungen, mit denen eine Region überfordert ist, sind in der räumlichen Hierarchie der Regionen auf der nächsthöheren Ebene angesiedelt: von der nationalen über die supranationale bis hin zur globalen Ebene. Nach gesamtgesellschaftlichen und nicht allein wirtschaftlichen Kriterien ist zu entscheiden, welche Entscheidungsebene für welche wirtschaftsrelevante Steuerung verantwortlich ist. Die soziale und ökologische Verantwortlichkeit der Wirtschaft soll an den jeweiligen Standort des Unternehmens gebunden werden.

Drittens: Die *regionalen Wirtschaftskreisläufe* des Binnenmarktes müssen gestärkt werden. Der »Sachzwang« von Standortentscheidungen bei global offenen Finanz- und Gütermärkten allein nach der maximalen Rendite des eingesetzten Kapitals muss durchbrochen werden. Die Aufspaltung zwischen Wirtschaftsinteressen einerseits und staatlicher beziehungsweise kommunaler Verantwortung für alle nicht marktgängigen Belange des Gemeinwesens andererseits muss überwunden werden. Daher soll sich der Kreislauf von Erzeugung, Verteilung, Verbrauch und Investition im Hinblick auf Güter und Dienstleistungen auf die kleinstmögliche Region beziehen und hier so weit wie möglich geschlossen sein.

Viertens: Die *Vielfalt der Wirtschaftsstruktur* ist eine Voraussetzung für das Funktionieren der wirtschaftlichen Kreisläufe in Regionen unterschiedlicher Größenordnung (Kommune, Nation, Staatengemeinschaft/Großregion). Die Tendenz der De-Industrialisierung, die dem Diktat der »Gesetze des globalen Marktes« und der unbegrenzten internationalen Arbeitsteilung folgt, soll zugunsten der Aufrechterhaltung und Wiedergewinnung der wirtschaftsstrukturellen Vielfalt gestoppt und eine Re-Industrialisierung angestrebt werden. Die Rahmenbedingungen für die Unternehmen müssen so gestaltet sein, dass in jedem Land alle Wirtschaftsbranchen vertreten sind.

Und schließlich: Der Erfolg des Wirtschaftens darf nicht als Menge der produzierten Güter und Dienstleistungen definiert werden. Wichtiger ist die Qualität der Güter und Dienstleistungen und ihr Nutzen für die Allgemeinheit. In die *Bemessung von Wohlstand* müssen daher auch die Verteilung des Wohlstandes (Arbeitsplätze, Einkommen) und die gesundheitlichen und ökologischen Zerstörungen durch wirtschaftliche Tätigkeiten als wichtige (korrigierende) Größen eingehen. Wirtschaftswachstum und die Steigerung der Produktivität um ihrer selbst willen sind nicht zukunftsfähig. Weder das Bruttosozialprodukt auf weltweiter und europäischer Ebene noch das Bruttoinlandsprodukt auf nationaler Ebene sind geeignete Indikatoren für Wohlstand. Ihre Verwendung als Vergleichsmaßstab ist ein Instrument der Desinformation im Interesse der Wirtschaftselite. Der grenzenlose globale Standortwettbewerb nützt allein der Wirtschaftselite und schadet den meisten Menschen in allen Ländern der Welt.

## Steuerung der Wirtschaft durch globale Institutionen?

Es gibt Probleme, die nur weltweit lösbar sind. Dazu gehört zum Beispiel die Vermeidung des Klimawandels. Es wäre auch wünschenswert, wenn es einen globalen Ordnungsrahmen geben würde, der die global agierenden Unternehmen zwingt, hohe soziale Standards einzuhalten. Dazu gehört nicht nur die Überwindung von Hunger und bitterer Armut, sondern auch eine gerechtere Verteilung des erwirtschafteten Reichtums, sodass alle Menschen auf der Welt an den materiellen Voraussetzungen für ein »gutes Leben« teilhaben können.

Der bekannteste Vorschlag eines Ordnungsrahmens für den Weltmarkt läuft unter der Bezeichnung »Global Governance«. Darunter wird »das gesamte System aller internationaler Institutionen sowie die Regeln, nach denen sie arbeiten und wie sie mit nationalen Institutionen interagieren«, verstanden (»Gabler Wirtschaftslexikon«, 16. Auflage). Die Vorstellung einer derartigen globalen Steuerung unterstellt, dass sich die Regierungen aller Länder der Welt auf bestimmte Regeln eines fairen Wirtschaftens einigen können. Eine grundlegende Reform und Demokratisierung der globalen Entscheidungsfindung wird in absehbaren Zeiträumen für realisierbar gehalten. Beispiele für schon bestehende internationale Institutionen sind die WTO und der IWF. Vorgeschlagen wurde die Schaffung einer Weltzentralbank und von Institutionen zum Beispiel zur Bewältigung der Schuldenprobleme von Staaten, zur Stabilisierung der Rohstoffpreise und zur Koordinierung der Steuerpolitik.

Welche Vereinbarungen auf globaler Ebene lassen sich treffen, um bestimmte weltweite Probleme anzugehen? Es gibt einige drückende Probleme, die durch weltweit abgestimmte Regeln und Maßnahmen zumindest entschärft werden können. Einige der gröbsten Menschenrechtsverletzungen (wie Folter, Menschenhandel) können zum Beispiel auf globaler Ebene geächtet werden. Es mag auch möglich sein, sich auf einige weltweit geltende Minimalregeln für den Finanzmarkt zu einigen, eine globale Hilfe für Katastrophenopfer zu organisieren, Vereinbarungen zur Armutsbekämpfung zu treffen und Regeln zum Arten- und Klimaschutz festzulegen, die von allen Staaten als verbindlich anerkannt werden. Bei solchen und ähnlichen Vereinbarungen achten die verantwortlichen Regierungen sorgfältig darauf, dass bei der internationalen Kooperation Konflikte mit nationalen Interessen vermieden werden.

Es wäre allerdings eine Illusion zu glauben, dass Staaten mit sehr unterschiedlichem Lohn- und Wohlstandsniveau einheitliche Rahmen für die Wirtschaft festlegen werden, zum Beispiel gemeinsame Mindestlöhne und Steuersätze, um zu verhindern, dass unter den Bedingungen einer ungebremsten internationalen Arbeitsteilung renditehungriges Kapital in die Länder mit den geringsten Sozial- und Ökostandards ausweicht. Die extrem unterschiedlichen Interessen der armen und reichen Länder lassen sich bei offenen Märkten nicht unter einen Hut bringen.

Die Illusion, durch weltweit geltende soziale und ökologische Standards zu erreichen, dass der internationale Wettbewerb unter gleichen Rahmenbedingungen abläuft und die weltweite Arbeitsteilung daher dem (nicht nur materiell definierten) Wohlstand aller Menschen auf der Welt dient, wird vonseiten der Wirtschaftselite über die Medien genährt. Denn diese Illusion ist geeignet, die neoliberale Globalisierung zu rechtfertigen und zu stabilisieren. Auf jedem Treffen der mächtigsten Regierungschefs werden großartige Ziele verkündet und der Eindruck erweckt, als sei die internationale Staatengemeinschaft in der Lage, sich auf gemeinsame Regeln zu einigen – Regeln, mit denen der »freie Markt« in Schranken gewiesen und Grundsätze eines fairen Miteinanders verbindlich festgelegt werden könnten.

Wer die Interessen und die Macht der weltweit vernetzten Wirtschaftselite durchschaut hat, der erkennt, dass Vorhaben einer global abgestimmten Politik der gerechteren Verteilung des gesellschaftlichen Reichtums oder eines nachhaltigen Umgangs mit den natürlichen Ressourcen undurchführbar sind.

Die Einführung eines global gültigen Sozial- und Arbeitsrechts oder die Verpflichtung aller Länder auf reduzierte $CO_2$-Emissionen zur Rettung des Weltklimas bei gleichzeitigem Verzicht auf die unbeherrschbare Atomenergie sind leider eine wirklichkeitsferne Utopie. Wer noch an die politische Gestaltbarkeit der neoliberalen Globalisierung glaubt, klammert sich an einen schönen, aber unerfüllbaren Traum.

Die moderne Demokratie verfügt über geeignete Institutionen, um die Macht der Wirtschaftselite zu begrenzen und diese davon abzuhalten, immer größere Teile der Weltbevölkerung in Existenzängste zu treiben. Aber dazu bedarf es einer Demokratie, die auf dem Primat der Politik gegenüber der Wirtschaft besteht und diesen Primat auch mit den Mitteln des Staates durchzusetzen weiß.

Selbst innerhalb der EU, die als Beispiel für eine »Globalisierung im Kleinen« bezeichnet werden kann, ist es bisher nicht gelungen, der Wettbewerbsfreiheit (Öffnung der innereuropäischen Finanz-, Güter- und Dienstleistungsmärkte) durch eine gemeinsame Sozial- und Wirtschaftspolitik wirkungsvolle Grenzen zu setzen. Bei der Griechenland-Euro-Krise ist unübersehbar geworden, dass sich der Standortwettbewerb selbst innerhalb der Eurozone (bei einheitlicher Währung) nicht zügeln lässt, wenn die Märkte geöffnet sind. Die Unterschiedlichkeit in der Produktivität der EU-Staaten hat zu einem enormen Anpassungsdruck geführt. Dieser Druck zwingt »schwächere« Länder, denen der Weg eines starken Exportwachstums versperrt bleibt, zum Abbau sozialer Standards.

In der EU besteht immerhin die Chance, dass sich die Regierungen der Mitgliedsländer unter dem Druck ihrer Bevölkerungen dazu durchringen, ihren neoliberalen Kurs zu ändern, indem sie ihrer Wirtschaftspolitik starke soziale Zügel anlegen. Wenn es gelingt, durch gezielte Förderung der noch schwachen Mitgliedsländer das bisher bestehende Gefälle im Produktivitätsniveau zwischen den exportstarken und den exportschwachen Ländern auszugleichen und für Europa als Region eine ausgeglichene Außenhandelsbilanz mit anderen Großregionen der Welt zu erreichen, kann Europa zu einer eigenständigen, allseits geschätzten (und nicht gefürchteten) Wirtschaftsregion mit relativ homogener Wirtschaftskraft werden. Solange jedoch die Großregion Europa bei global geöffneten Märkten dem weltweiten Standortwettbewerb ausgesetzt ist, sind die Spielräume für eine abgestimmte Politik für sozial und ökologisch anspruchsvolle Standards sehr eingeschränkt.

Die Überwindung der Wohlstandskluft zwischen einzelnen EU-Staaten ist eine zwar schwer erreichbare, jedoch nicht ganz unrealistische Option. Das gilt jedoch nicht für die Politik auf globaler Ebene. Die »Konvergenztheorie«, die davon ausgeht, dass sich bei offenen

Märkten das Wohlstandsniveau allmählich angleicht, kann nur in einer Richtung Plausibilität beanspruchen: Das hohe Niveau wird sich dem niedrigen Niveau angleichen.

Aber selbst wenn sich die völlig unrealistische Annahme einer sozial gerechten und ökologisch zukunftsfähigen Steuerung der Wirtschaft auf globaler Ebene bestätigen würde: Eine Lenkung der Wirtschaft durch globale Institutionen, die den Verlust der einzelstaatlichen Souveränität voraussetzt, würde eine gigantische Zentralisierung fundamental wichtiger Entscheidungsbefugnisse bedeuten und ist der falsche Weg.

Auf diesem Weg würde die demokratisch organisierte Verantwortlichkeit der Menschen für ihr eigenes Leben *ad absurdum* geführt. Expertengremien würden auf globaler Ebene über das wirtschaftliche Schicksal der Menschen bestimmen. Die Entscheidungsprozesse von global agierenden Institutionen wären durch demokratisch gewählte Abgeordnete bzw. Regierungen der einzelnen Länder nicht mehr kontrollierbar und beeinflussbar. Sie würden Demokratie zur Worthülse verkommen lassen.

Der Weg in die umgekehrte Richtung führt in eine menschenwürdige Zukunft. Als einer der ersten Schritte heraus aus der Sackgasse müssten die WTO-Verträge, in denen die Umsetzung des neoliberalen Freihandelsdogmas unter den Mitgliedsländern verbindlich vereinbart worden ist, für null und nichtig erklärt werden: Verpflichtung zur Marktöffnung, Deregulierung, Verzicht des Staates auf gezielte Interventionen zur Stützung der eigenen Wirtschaft. Denn ohne Veränderung der auf globaler Ebene im Interesse der weltweit vernetzten Wirtschaftselite vorgenommenen Weichenstellungen muss heute jedes Mitgliedsland, das sich diesen neoliberalen Regeln widersetzt, mit Strafmaßnahmen rechnen. Der Weg in Richtung Regionalisierung kann nur in kleinen Schritten gegangen werden – aber die Richtung muss zunächst als sinnvoll und das Ende des Tunnels als erreichbar angesehen werden, bevor der Weg in diese Richtung konsequent beschritten werden kann.

## Regionalisierung macht eine demokratische Steuerung der Wirtschaft möglich

*Was ist unter Regionalisierung zu verstehen?*

Die Regionalisierung ist eine Alternative zur neoliberalen (marktradikalen) Globalisierung mit ihren weltweit mehr und mehr geöffneten Finanz-, Güter- und Dienstleistungsmärkten. Es geht bei der Regionalisierung um einen Weg, den Außenhandel der Priorität politischer Entscheidungen unterzuordnen.

Grundlegendes Ziel der Regionalisierung ist die Umsetzung des Prinzips der Subsidiarität. Das heißt: So viel Entscheidungskompetenz wie möglich soll auf möglichst tiefen Entscheidungsebenen angesiedelt sein. In Regionen unterschiedlicher Größenordnung – von der supranationalen Staatengemeinschaft (einer Großregion wie zum Beispiel der EU oder einiger Länder der EU) über den Einzelstaat (Mittelregion) und Regionen innerhalb des Staates bis hin zu Kommunen (Kleinregion) – müssen die Entscheidungskompetenzen dezentral organisiert werden. Diese Abkehr von der heute herrschenden Tendenz zur Konzentration und Zentralisierung im globalen Maßstab ist auch im Hinblick auf das Wirtschaftsleben zu konkretisieren. Der Subsidiarität ist Geltung zu verschaffen, indem sie gesetzlich verankert und konsequent angewendet wird.

Es geht um eine andere – nämlich politisch gestaltbare – Globalisierung, die auf räumlich und funktional abgestufte Entscheidungsebenen ausgerichtet ist. Geschlossene Wirtschaftskreisläufe sollen so kleinräumig wie möglich organisiert werden. Mit der Regionalisierung kann der selbst geschaffene »Sachzwang« des globalen Standortwettbewerbs überwunden werden. Demokratische Politik wird dadurch in die Lage versetzt, über eine gerechtere Verteilung des erwirtschafteten Reichtums und über einen sorgsamen Umgang mit den Umweltgütern für alle Menschen weltweit Wohlstand zu schaffen.

*Warum ist die Regionalisierung der Wirtschaft erforderlich, um Demokratie aufrechtzuerhalten?*

Das folgende Bild charakterisiert die gegenwärtige Rolle des Staates gegenüber der Wirtschaft: Ein Stier wird von einem Bauern am Nasenring geführt. Der Bauer gewinnt seine Macht über den starken Stier dadurch, dass er den Stier an seiner empfindlichsten Stelle packt. Ein Ziehen an der Kette mit dem Nasenring bereitet dem Stier große Schmerzen. Deshalb lässt sich der Stier führen, wohin der Bauer ihn leiten will, obwohl der Stier lieber eine andere Richtung einschlagen würde.

Was besagt dieser Vergleich? Die empfindlichste Stelle des Staates ist eine funktionierende Wirtschaft, weil davon der Wohlstand der Bevölkerung abhängt. Die Wirtschaftselite benutzt ein Instrument (vergleichbar dem Nasenring), um den Staat zu beherrschen: die Entgrenzung (Öffnung) der Märkte weltweit in Gestalt des Freihandels und des freien Kapitalverkehrs. Dadurch wird die Wettbewerbsfähigkeit der Unternehmen abhängig davon, dass sie sich auf dem Weltmarkt im globalen Preiskampf durchsetzen können. Da die Kosten, von denen der Preis der Güter und Dienstleistungen bestimmt wird, bei geringen Transportkosten sehr stark von der Höhe der Arbeitskosten und der Steuern sowie vom Niveau der sozialen und ökologischen Standards beeinflusst werden, muss sich der Staat als »Wirtschaftsstandort« möglichst wirtschaftsfreundlich verhalten, damit die Unternehmen global wettbewerbsfähig bleiben oder werden. Er steht also unter dem unausweichlichen Druck, die Unternehmen möglichst von Kosten zu »entlasten«.

Es geht dabei vor allem um solche Kosten, die ihnen durch Gesetze entstehen, die eine gerechtere Verteilung des Reichtums und nachhaltiges, die Umwelt schonendes Wirtschaften zum Ziel haben. Aber diese Kosten entstehen zwangsläufig, wenn der Staat seine Aufgabe erfüllen will, allen Menschen eine Chance für ein »gutes Leben« zu geben – durch Teilnahme am Wirtschaftsleben und angemessene Teilhabe an seinen Erträgen. Davon hängen die Zufriedenheit der Bevölkerung mit der Regierung und letztlich der Bestand der Demokratie ab. Die neoliberale Globalisierung, die den Staat lediglich als Zuträger wirtschaftlicher Interessen sieht, zerstört früher oder später die Demokratie.

Die folgende aus der Pferdezucht entliehene Szene kann den Gedanken von der Notwendigkeit eines von den Partialinteressen der Wirtschaftselite unabhängigen staatlichen Ordnungsrahmens für die Wirtschaft illustrieren: Ein Unternehmen ist vergleichbar einem Wildpferd. Ein Wildpferd lässt sich in der weiten Prärie nicht zähmen, weil es hier fliehen kann. Erst innerhalb eines Gatters kann der Cowboy dem Wildpferd Zügel anlegen. Die Einzäunung ist die Voraussetzung für die Zähmung dieses auf Ungebundenheit drängenden Tieres, das zum nützlichen Reit- oder Zugpferd erzogen werden soll.

Was besagt dieser Vergleich? Auch der freie Markt braucht politisch-räumliche Grenzen, damit sich »das scheue Kapital« nicht den Gesetzen des demokratisch regierten Landes entziehen kann. Ein global agierendes Unternehmen muss sich demokratisch beschlossenen Regeln fügen – Regeln, die dafür sorgen, dass die Wirtschaft auch nichtökonomische Belange der Allgemeinheit berücksichtigt.

Wenn ein Großunternehmen mit der Verlagerung seiner Zentrale oder von Teilen seiner Produktion in ein anderes »wirtschaftsfreundliches« Land drohen kann, um dem Gültigkeitsbereich der strengen Gesetze im eigenen Land zu entgehen, dann muss der Politiker (im Vergleich: der Cowboy) dem Unternehmen zu Willen sein (im Vergleich: das Pferd streicheln, ihm Zuckerle geben), um es zu halten. Die Rolle des Staates, bei der die Politik ihr Primat an die Wirtschaft abgibt, steht im Widerspruch zu dem, was wir unter Demokratie verstehen. Demokratie wird in diesem Fall zur Leerformel.

Obwohl in anderen Kapiteln bereits darauf hingewiesen wurde, soll der Hinweis wegen seiner Wichtigkeit wiederholt werden: Wenn hier von der neoliberalen Globalisierung (unbegrenzter Kapitalverkehr, Freihandel) als Sackgasse die Rede ist, aus der herausgefunden werden muss, dann ist die *wirtschaftliche* und nicht etwa die *kulturelle* Ausprägung von Globalisierung gemeint. Niemand sollte die weltweite Vernetzung und den global ungehinderten Austausch von Informationen und kulturellen Kontakten infrage stellen. Diese kulturellen Austauschbeziehungen sind wichtig und nützlich, allerdings werden sie konterkariert durch eine neoliberale Wirtschaftsordnung, die gleichberechtigte Interaktion und Kooperation zwischen den Kulturen in aller Welt bedroht durch einen zerstörerischen Konkurrenzkampf weltweit zwischen Wirtschaftsstandorten, von denen der wirtschaftlich Starke den Schwächeren dominiert und schädigt.

*Wozu soll und kann die Regionalisierung dienen?*

Die Regionalisierung ist die Voraussetzung dafür, dass Konzerne und andere global agierende Unternehmen an die Gesetze ihres Heimatstandorts gebunden werden können, um hier ihrer sozialen und ökologischen Verantwortung nachzukommen.

Die Demokratie ist auf Dauer nur lebensfähig, wenn es den gewählten Volksvertretern gelingt, die Leistungen der Wirtschaft für die elementaren Bedürfnisse der Bevölkerung nach materieller Sicherheit nutzbar zu machen, ohne dabei in Widerspruch zu den ethisch begründeten Forderungen der sozialen Gerechtigkeit und des nachhaltigen (zukunftsfähigen) Wirtschaftens zu geraten.

Es sind zwei übergeordnete Ziele, die mit den für alle Unternehmen bindenden Regeln anzustreben sind: Erstens ist die Teilnahme aller Menschen am Wirtschaftsleben und ihre angemessene Teilhabe an den erwirtschafteten Erträgen sicherzustellen: Vollbeschäftigung und Mindestlöhne, die ein sorgenfreies Leben ermöglichen. Zweitens müssen die wirtschaftsrelevanten Regeln darauf abzielen, dass durch eine die natürlichen Ressourcen schonende Wirtschaftsweise auch noch zukünftige Generationen ein sorgenfreies Leben ohne Angst und Entbehrungen führen können. Die Bindung an diese Ziele verlangt von den Unternehmen, dass sie ihre Entscheidungen nicht mehr allein nach betriebswirtschaftlichen Kriterien ausrichten. Die in konkrete Vorgaben zu gießenden Ziele gelten für alle im Wirtschaftsraum tätigen Unternehmen im Sinne eines einheitlichen Rahmens für den Wettbewerb.

*Welche Rolle spielen dabei die Wettbewerbsbedingungen?*

Politische Ziele müssen den Unternehmen in Form verbindlicher Regeln (Gesetze, Verordnungen, Anreize) als Rahmenbedingungen ihres Handelns »von außen« gesetzt werden: von Instanzen also, die nicht an die betriebswirtschaftliche Verwertungslogik gebunden sind. Solche die Eigendynamik des Marktes einschränkenden und kanalisierenden Regeln haben *nicht* zur Folge, dass den Unternehmen daraus Wettbewerbsnachteile erwachsen, weil diese Regeln für alle Unternehmen der Region gelten.

Wie bereits ausgeführt wurde, erleiden heute die Unternehmen einer Region bei anspruchsvollen Zielen und Standards Wettbewerbsnachteile, weil sie sich auf global offenen Märkten durchzusetzen haben – im Wettbewerb mit Unternehmen, die von den zwar wirtschaftsfreundlichen aber gemeinschaftsschädlichen Bedingungen der Länder (»Wirtschaftsstandorte«) mit billigen Löhnen, niedrigen Steuern und anspruchslosen Sozial- und Umweltstandards profitieren.

Der Wettbewerb kann sich nur *innerhalb* einer Großregion mit politisch gezähmten Marktkräften entfalten (also auf dem Binnenmarkt) – im Unterschied zum Außenhandel. Der Außenhandel lässt sich nicht über den Markt gemeinschaftsförderlich lenken, weil es für ihn keine einheitlichen Wettbewerbsbedingungen geben kann. Daher muss der Außenhandel (der Markt für Güter und Dienstleistungen) politisch gesteuert werden: durch Vereinbarungen zwischen den Regierungen der Großregionen. Der Außenhandel unterliegt nicht mehr dem hemmungslosen (politisch nicht gestaltbaren) Spiel der Marktkräfte, wie es heute im globalen Freihandel bei ungeregeltem Kapitalverkehr der Fall ist. Auf die bei der Regionalisierung in ihrer Größenordnung gestaffelte »Hierarchie der Regionen« (Klein-, Mittel-, Großregionen) wird noch eingegangen. Auch zur Regelung des Außenhandels werden noch Hinweise gegeben.

Mit der Regionalisierung allein ist noch nicht viel gewonnen. Mit ihr sind lediglich die Voraussetzungen geschaffen, dass mit demokratischer Politik die zentralen Probleme gelöst werden können, unter denen die Bevölkerung leidet. Welche sozialen und ökologischen Rahmenbedingungen für die Wirtschaft geschaffen werden müssen, damit die Unternehmen in den Dienst an der Gesellschaft gestellt werden können, muss im demokratischen Meinungskampf politisch ausgefochten werden. Ohne das Sachzwang-Argument des internationalen Wettbewerbs ist es dann möglich, den technischen Fortschritt für das Wohl aller Menschen einzusetzen – statt nur eine kleine Gruppe von Reichen immer reicher und mächtiger werden zu lassen.

*Was kann mit gezähmten Marktkräften erreicht werden?*

Die Wirtschaft hat den Menschen zu dienen und nicht umgekehrt. Die demokratisch gewählten Politiker müssen den Entscheidungsspielraum zurückgewinnen, der ihnen zusteht. Es kann dann zum Beispiel mit geeigneten Gesetzen eine Verringerung der Arbeitszeit durchgesetzt werden, um auf dem Wege einer gesellschaftlich verantwortlichen (nicht mehr allein über den Markt gesteuerten) Verteilung der Arbeitszeit wieder Vollbeschäftigung zu erreichen. Es können Mindestlöhne festgesetzt werden, mit denen auch Geringverdiener ein sorgenfreies Leben führen können. Steuereinnahmen können auf ein Niveau gebracht werden, mit dem eine Infrastruktur für alle Güter des Gemeinbedarfs geschaffen und erhalten werden kann, die auch für Bezieher niedriger Einkommen bezahlbar ist. Mit geeigneten Umweltgesetzen kann der $CO_2$-Ausstoß wirkungsvoll reduziert und der Klimawandel aufgehalten werden. Auch das Artensterben lässt sich durch konsequente Naturschutzbestimmungen verhindern und eine Vielfalt an Lebensräumen für Tiere und Pflanzen sichern.

Mehr Möglichkeiten zur demokratischen Mitbestimmung in Wirtschaftsfragen sowie die Übernahme von sozialer Verantwortung durch Unternehmen lassen sich mit Geboten und Anreizen im Wirtschaftsleben verankern. Gezielt können zum Beispiel genossenschaftliche Formen des Wirtschaftens gefördert werden. Auch bietet es sich an, die Gemeinnützigkeit von Unternehmen wirtschaftlich attraktiver zu gestalten, indem über steuerliche Entlastung hinaus geeignete Anreize gegeben werden.

Industriepolitik kann im Zusammenhang mit Regionalplanung betrieben werden, indem die Ansiedlung von Unternehmen im ländlichen Raum gefördert wird mit dem Ziel, im ganzen Land gleichwertige Lebensbedingungen zu schaffen.

Damit zwischen den Unternehmen Wettbewerb herrscht, muss der Bildung von Monopolen oder Oligopolen entgegengewirkt werden. Bezugsraum kann dabei die Mittel- oder die Großregion sein – je nach Branche. Zurzeit (ohne Regionalisierung) sind der Unternehmenskonzentration kaum Grenzen gesetzt, weil der Bezugsraum die ganze Welt ist. Das läuft (bei global offenen Märkten) darauf hinaus, dass früher oder später in jeder Branche nur noch zwei oder drei Konzerne den Weltmarkt beherrschen werden.

Christian Felber hat in seinem Buch »Gemeinwohlökonomie« (2010) Wege aufgezeigt, wie durch eine Politik der gezielten Anreize und Sanktionen anspruchsvolle gesellschaftliche Ziele und Standards für die Unternehmen zu betriebswirtschaftlichen Erfolgskriterien gemacht werden können.

*Was ist die Quelle von Wohlstand?*

Wissenschaft und Forschung haben in den vergangenen hundert Jahren mit ihrem Erfindungsreichtum eine hohe Produktivität der menschlichen Arbeit möglich gemacht, die es erlauben würde, mit den vorhandenen Ressourcen hinreichenden Wohlstand für alle Menschen auf der Welt zu schaffen. Dieser Wohlstand hängt vom Erreichen der weiter oben genannten beiden Zieldimensionen ab (allgemeine Teilnahme und Teilhabe an einem nachhaltigen Wirtschaftsleben). Dieser Wohlstand kann auf dem Wege der Regionalisierung für alle Regionen der Welt verwirklicht werden. Auch wenn die nach rein betriebswirtschaftlichen Kriterien bemessene Effizienz der Wirtschaft geringer ist, weil sie weniger unter Wettbewerbsdruck steht, so wird doch die Lebensqualität der Bevölkerung deutlich steigen. Es entfällt der überregionale Standortwettbewerb und der damit zusammenhängende »Sachzwang« für global agierende Unternehmen ebenso wie für die gesamte Volkswirtschaft, wachsen zu müssen. Dies ist eine Voraussetzung dafür, dass die Unternehmen ihre nicht profitorientierten Aufgaben für die Gesellschaft erfüllen können. Dazu gehört zum Beispiel die Befreiung von Hunger und die Bewältigung des Klimaproblems als Ergebnis politischer Steuerung.

*Was bedeutet die Anwendung des Subsidiaritätsprinzips im Bereich der Wirtschaft?*

Das für jedes einzelne Unternehmen legale und legitime Motiv, Gewinne zu erzielen – also die betriebswirtschaftliche Entscheidungsebene –, muss auf allen Ebenen der politischen Entscheidung gezähmt werden, indem das Gewinnmotiv mit den Interessen der Allgemeinheit verbunden wird. Mit anderen Worten: Die ungezügelte Eigendynamik der Gewinnmaximierung muss dergestalt gebremst und umgelenkt werden, dass sie nicht mehr in gesellschaftlich unerwünschter Weise wirksam werden kann, sondern allen Menschen zugute kommt.

Wichtig dabei ist, dass die wirtschaftliche Dynamik eines Unternehmens nicht durch Überregulierung in unverhältnismäßiger Weise abgebremst wird. Einbußen an Effizienz können allerdings in Kauf genommen werden, wenn dadurch negative gesellschaftliche Nebenwirkungen der Produktion vermieden werden. Entscheidend ist, dass solche Effizienzeinbußen nicht zum Wettbewerbsnachteil für das betroffene Unternehmen werden. Dies wird gewährleistet, indem alle Unternehmen in der Region den gleichen gesetzlichen Bestimmungen unterliegen.

Die Anwendung des Subsidiaritätsprinzips (Entscheidungsstruktur »von unten nach oben« – so dezentral wie möglich) ist unvermeidlich, wenn wir mittelfristig aus der Sackgasse der neoliberalen Globalisierung (freier Kapitalverkehr, Freihandel) herauskommen wollen. Im Blick auf die politischen Entscheidungsebenen spricht Jürgen Habermas (2005) von einem »globalen Mehrebenensystem«, das sich stufenweise von der kleinräumigen bis zur globalen Ebene aufbaut. Er unterscheidet dabei die kommunale, nationale, transnationale und die supranationale Ebene.

Die Regionalisierung geht von einer Hierarchie der Entscheidungsebenen und Entscheidungskompetenzen aus. Je nachdem, um welche Entscheidungen es geht, sind die Kommunen (Kleinregionen) oder die Regierungen auf Länder- oder Staatsebene (Mittelregionen) oder eine Staatengemeinschaft wie die EU oder Teile davon (Großregionen) zuständig, zuletzt auch global autorisierte Institutionen wie die UNO (»Eine-Welt«-Ebene).

Die wirtschaftsrelevanten Belange sollen so weit wie möglich (gemessen an der lokalen Verantwortung und Kompetenz) in der Kleinregion (auf der kommunalen Ebene) gesteuert werden, wie es zum Beispiel mit den Sparkassen praktiziert wurde, bevor sie über die Landesbanken auf den internationalen Finanzmärkten mitgemischt haben. Auch andere auf Gemeinschaftsgüter bezogene Unternehmen und Institutionen sollten entweder in der Hand oder zumindest in der Verantwortung von Kommunen liegen, zum Beispiel Unternehmen der Wasser- und der Energieversorgung, Krankenhäuser und Bildungseinrichtungen sowie Unternehmen der lokalen/regionalen Mobilität. Andere Entscheidungen, die größere Räume einbeziehen müssen, zum Beispiel der Fernstraßenbau oder die Bahn, müssen auf nationaler Ebene (auf der Ebene der Mittelregion) gefällt werden. Auf globaler Ebene sind zum Beispiel Vereinbarungen über die Vermeidung von Kriegen und über die Vermeidung des Klimawandels zu treffen.

*Was bewirkt die Verzahnung des politischen Handlungssystems mit dem wirtschaftlichen?*

Bei der Anwendung des Subsidiaritätsprinzips auf das Wirtschaftsgeschehen geht es – im wirtschaftswissenschaftlichen Sprachgebrauch – um die »Internalisierung externer Effekte«: um die Pflicht zur Berücksichtigung auch solcher sozialen und ökologischen Auswirkungen des Wirtschaftens im Prozess der Produktion und der Verteilung, die aus rein betriebswirtschaftlichem Blickwinkel nicht relevant sind. Denn der mit dieser Berücksichtigung verbundene Aufwand und die anfallenden Kosten bleiben in der gegenwärtig herrschenden Wirtschaftsordnung aus der betrieblichen Kalkulation ausgeklammert. Ihre Kompensation wird dem Staat aufgebürdet. Die künstliche scharfe Trennung zwischen den Aufgaben der Wirtschaft und denen des Staates muss also infrage gestellt und überwunden werden.

Sicherlich darf die Aufgabenteilung zwischen beiden Handlungssystemen nicht gänzlich aufgehoben werden – das würde auf eine Planwirtschaft hinauslaufen, die niemand will. Eine Planwirtschaft ist dadurch gekennzeichnet, dass ein Unternehmen die Wahl seiner Produkte nicht selbst bestimmt – orientiert an der Nachfrage und begrenzt allein durch gesetzliche Vorgaben –, sondern sich einem politisch vorgegebenen Plan zu unterwerfen hat.

Im Gegensatz zur Planwirtschaft bedarf es in einer Marktwirtschaft, die ihre soziale und ökologische Kompetenz ernst nimmt, einer planvollen Verzahnung beider Handlungssysteme, indem den unternehmerischen Entscheidungen geeignete »Leitplanken« vorgegeben werden. Diese Leitplanken lassen genügend Raum, damit sich im Wettbewerb zwischen Unternehmen die besseren Leistungen durchsetzen. Ziel dieser Leitplanken ist es, den Schaden einer Kollision zwischen wirtschaftlichen Zielen von Unternehmen einerseits und den sozialen, ökologischen und kulturellen Belangen der Allgemeinheit andererseits vorsorglich zu regeln und nicht erst nachträglich zu bereinigen. Denn der Staat soll nicht auf die Rolle eines bloßen Reparaturbetriebs reduziert werden. Ein nur auf die Reparaturfunktion reduzierter Staat, der den ungeregelten Marktkräften unterworfen und auf die Aufgabe beschränkt ist, deren negative Auswirkungen im Nachhinein so gut es geht zu bewältigen, kann verglichen werden mit einer Truppe von Sanitätern, die sich damit begnügen muss, die im Krieg verwundeten Soldaten zu versorgen. Besser ist es, wenn rechtzeitig Vorsorge zur Vermeidung von Kriegen getroffen wird.

Es gilt daher, wirkungsvolle Rahmenbedingungen für das Wirtschaften zu schaffen, um Kollisionen zwischen den Interessen der Wirtschaft und dem Wohl der Allgemeinheit vorbeugend zu vermeiden.

*Weshalb eine Wiederherstellung regionaler Wirtschaftskreisläufe?* Die Wirtschaftskreisläufe – Herstellung, Transport, Verkauf und Verbrauch der Güter und Dienstleistungen, verbunden mit Investitionen in den Erhalt und die Erneuerung der Produktionsstätten – müssen sich regional ausbilden können, anstatt global auseinandergerissen zu werden. Die weltweit unbegrenzte Arbeitsteilung führt zu einem zerstörerischen Standortwettbewerb, der vorwiegend den Kapitalinteressen dient und zulasten der Bevölkerung geht. Erst in einem überschaubaren, politisch regelbaren Raum ist es möglich, die in der betriebswirtschaftlichen Kostenrechnung der einzelnen Unternehmen nicht enthaltenen sozialen und ökologischen Effekte angemessen zu berücksichtigen. Wenn die Wirtschaftskreisläufe in möglichst kleinen Regionen intakt gehalten und wieder belebt werden, bleibt der Zusammenhang von Produzenten und Konsumenten erkennbar und eine lokale/regionale Verantwortlichkeit kann sichergestellt werden. Deshalb sollen die Wirtschaftskreisläufe innerhalb von Wirtschaftsregionen so weit wie möglich geschlossen sein.

Es gibt bereits sehr interessante Initiativen auf der Ebene von Kommunen und Kleinregionen. Über das Beispiel einer Initiative im Berchtesgadener Land berichtet Veronika Spielbichler (in: *Humane Wirtschaft*, Heft 4/2010): »RegioSTAR e. G. – die Genossenschaft als Herzschrittmacher für soziales Wirtschaften in der Region«). Die Mitglieder der Genossenschaft stärken unter dem Motto »Nicht jammern, sondern aktiv werden« mit einer Reihe von Projekten regionale Wirtschaftskreisläufe und damit die Wertschöpfung und Kaufkraft in der ländlichen Umgebung. Es geht darum, für elementare Lebensbedürfnisse wie Ernährung, Energie und Dienstleistung die Selbstversorgung aus der eigenen Region zu forcieren. Damit werden die Ziele der Lokalen Agenda 21 hinsichtlich einer sozial und ökologisch verträglichen Wirtschaftsweise angestrebt. Als Instrumente der Regionalentwicklung nutzt die Initiative zum Beispiel das Sterntaler-Regiogeld, einen Talente-Tauschkreis, Garten-Projekte und eine Fotovoltaik-Anlage.

Solche und ähnliche sehr sinnvolle Initiativen fristen jedoch ein Nischendasein und beeinflussen das große Wirtschaftsgeschehen kaum, solange sie nicht in großräumig (auf der Ebene von Mittel- und Großregionen) funktionierende Wirtschaftskreisläufe eingebunden werden, die dezentral nach dem Prinzip der Subsidiarität organisiert sind.

*Was hat ein gezähmter Wettbewerb mit der Branchenvielfalt zu tun?*

Mit geeigneten Rahmenbedingungen soll die Vielfalt der Wirtschaftsbranchen erhalten und jeder Entwicklung zu Monokultur und Marktbeherrschung entgegengetreten werden.

Dies bleibt so lange ein blauäugiger Wunsch, wie die Unternehmen dem »Orkan des internationalen Wettbewerbs« ausgesetzt sind und sich in diesem behaupten müssen, wenn sie nicht untergehen wollen. Sie brauchen Schutz vor diesem Orkan. Denn wenn sie ihre wirtschaftliche Tätigkeit in einen politisch vorgegebenen Ordnungsrahmen einfügen und die bisher der Allgemeinheit aufgebürdeten Kosten entweder vermeiden oder internalisieren müssen, dann steigen die Preise ihrer Produkte, was – wie bereits ausgeführt wurde – bei offenen Märkten ihre internationale Wettbewerbsfähigkeit schwächen würde.

Einen Schutz vor dem Wettbewerbsdruck des offenen Weltmarkts können Regionen mit hinreichend großem Binnenmarkt – große Nationalstaaten, Staatenbünde – bieten, die mit politisch gesetzten Regeln des Außenhandels den global zerstörerischen »Orkan« zu einem belebenden »Wind« des Wettbewerbs abschwächen.

Wir brauchen eine Wirtschaft, die in erster Linie die Nachfrage des Binnenmarktes bedient. Wir brauchen überschaubare Wirtschaftskreisläufe, die sich auf wirtschaftsstrukturelle Vielfalt stützen bzw. diese Vielfalt schaffen. Wir brauchen eine Re-Industrialisierung, die Abhängigkeiten von anderen Volkswirtschaften auf das notwendige Maß beschränkt und das Risiko begrenzt, von weltwirtschaftlichen Krisen erfasst zu werden.

Diese Branchenvielfalt ist uns durch die unbegrenzte internationale Arbeitsteilung im Rahmen der neoliberalen Finanz- und Wirtschaftsbeziehungen verloren gegangen – und mit ihr Millionen von

Arbeitsplätzen. Wir müssen uns dem international ungeschützten Wettbewerbsdruck entziehen. Erst wenn das Angebot an Arbeitsmöglichkeiten deutlich größer ist als die Nachfrage nach Arbeitsplätzen – so wie es in den Zeiten des »Wirtschaftswunders« bis in die 1960er-Jahre der Fall war –, werden die Löhne auch wieder steigen. Es ist nicht notwendig, dass wir die Effizienz unserer Wirtschaft immer weiter vorantreiben. Mit der gegenwärtigen Wirtschaftsleistung können alle Bedürfnisse gut erfüllt und genügend Güter hoher Qualität im Austausch für notwenige Importe exportiert werden.

*Wie können Außenhandel und Kapitalverkehr zwischen Großregionen geregelt werden?*

Unter Großregionen ist der Zusammenschluss mehrerer Länder mit relativ homogenem Produktivitäts- und Wohlstandsniveau zu verstehen. Für die Großregionen gilt der Grundsatz der Einheitlichkeit bei Gesetzen, die sich als Rahmenbedingungen des Wirtschaftens auf die Wettbewerbssituation der Unternehmen auswirken. Die Wirtschaftsunternehmen können wieder dem Primat der Politik unterworfen werden, indem die Politik in den Großregionen Regeln für ein sozial- und umweltverträgliches Wirtschaften festlegt.

Europa könnte eine von neun »handlungsfähigen Regionen« sein, die Christoph Zöpel in seinem Buch »Politik für 9 Milliarden Menschen in Einer Weltgesellschaft« (2008) vorschlägt. Europa als großer Wirtschaftsraum muss sich gegenüber anderen Großregionen abgrenzen, um wirkungsvoll gegen Massenarbeitslosigkeit und Armut agieren zu können. Vielleicht muss auch innerhalb von Europa der Transfer von Kapital, Gütern, Dienstleistungen und Arbeitskräften geeigneten Regeln unterworfen werden, die sicherstellen, dass bei großen Unterschieden der Länder in ihrem Produktivitäts- und Wohlstandsniveau die jeweils auf nationalstaatlicher Ebene existierende Wirtschaftsstruktur vor dem »Orkan des grenzüberschreitenden Wettbewerbs« geschützt wird.

Die Nationalstaaten müssen sich unabhängig von anonymen Aktien- und Finanzmärkten entwickeln können. Die Griechenland-Euro-Krise hat uns gezeigt, dass es wünschenswert wäre, wenn jedes Land eigenständig über seine soziale und wirtschaftliche Entwicklung entscheiden könnte, statt im Sog des internationalen Standortwettbewerbs dem Sachzwang einer nicht mehr beherrschbaren Eigendynamik des Marktgeschehens ausgesetzt zu sein.

Über ihre Grenzen hinweg sollen die Großregionen (mit je eigener Währung) weiter miteinander Handel treiben können – aber nicht mehr nur nach den Gesetzen des Marktes, sondern nach den Bedürfnissen der Bevölkerung, also politisch gesteuert.

Der Austausch von Gütern und Dienstleistungen zwischen den Großregionen sollte bilateral mit den jeweiligen Regierungen vereinbart und gesteuert werden. Die Entscheidungen zur Steuerung des Außenhandels können in Absprache mit den Handelspartner-Regionen zum Beispiel Asiens und Südamerikas getroffen werden. Denn auch sie sind nun vom Zwang des internationalen Standortwettbewerbs befreit und können entscheiden, welche Importe der eigenen Bevölkerung nützen.

So kann jede Region ihren Außenhandel autonom gestalten und ist nicht den Interessen global agierender Konzerne ausgeliefert. Jede Region sollte nach möglichst großer wirtschaftlicher Unabhängigkeit streben, um nicht erpressbar zu sein. Dazu ist eine möglichst weitgehende Vielfalt der Wirtschaftsstruktur notwendig.

Der Außenhandel darf nicht die Bedeutung haben, die er bei uns zurzeit hat und die uns von ihm abhängig macht. Der Außenhandel muss durch geeignete Instrumente wie Zölle, Kontingente und Kapitalverkehrsregeln reguliert werden. Mit ihnen kann der Binnenmarkt der Großregion bei Bedarf geschützt werden – immer mit dem Ziel, die Vielfalt der regionalen Wirtschaftsstruktur wiederzugewinnen und zu erhalten. So wird Vollbeschäftigung wieder möglich, wie wir sie in den 1970er-Jahren schon hatten – das war vor dem massiven Einsetzen der neoliberalen Globalisierung, als die genannten Instrumente der Steuerung des Außenhandels und des grenzüberschreitenden Kapitalverkehrs noch angewendet wurden.

Die Großregionen, in denen sich die Mitgliedsländer auf einheitliche Regeln der Wirtschaftssteuerung und auf eine entsprechend abgestimmte Sozial- und Wirtschaftspolitik verständigt haben, weisen einen Binnenmarkt auf, in dem sich geschlossene Wirtschaftskreisläufe entwickeln können.

Da ein solcher Binnenmarkt nur in geringem Maße von Import und Export abhängt, können die Regionen ihren Außenhandel mit anderen Regionen nach politischen Gesichtspunkten steuern – wie bereits erwähnt zum Beispiel über Zölle, Mengenkontingente und Kapitalverkehrsregeln. Wo es um existenzielle Abhängigkeiten geht, zum Beispiel um die Versorgung mit Öl, Heizgas oder bestimmten Metallen, werden die Regionen untereinander bilateral einen politisch gesteuerten Handel treiben, der frei vereinbart wird und beiden Regionen Vorteile bringt.

Die Regionalisierung hat also nichts mit Abschottung zu tun, sondern nur mit der Wiedergewinnung des Primats der Politik gegenüber der Wirtschaft. Wir können es uns nicht leisten, unser Schicksal den anonymen Kräften des global ungezügelten Marktes zu überlassen.

*Was sind die Aufgaben der Großregionen im Hinblick auf Wirtschaftssteuerung?*

Den Großregionen fallen solche Aufgaben zu, die von den ihnen untergeordneten kleineren Regionen (zum Beispiel Kommunen, Landkreise, Bundesländer, Nationen) nicht sachgemäß zu bewältigen sind.

Einheitliche Steuern sowie einheitliche soziale und ökologische Standards als verbindliche Rahmenbedingung für den Wettbewerb der Wirtschaftsunternehmen sind notwendig, damit die Wirtschaft in einer Großregion im Interesse der Bevölkerung funktionieren kann. Wenn diese Einheitlichkeit der wirtschaftsrelevanten Regeln in der EU nicht möglich ist, dann dürfen sich nur solche EU-Länder zu einer Großregion zusammenschließen, die sich darauf einigen können.

Die Wirtschaft soll wieder eine Wettbewerbsordnung erhalten, die eine Vielfalt in der Wirtschaftsstruktur sicherstellt und schützt: Alle Wirtschaftsbranchen sollen erhalten bleiben bzw. wieder neu entstehen.

Der Binnenmarkt der Großregion muss eine hinreichende Kapazität aufweisen, um den hier ansässigen Unternehmen einen Markt auch für technisch aufwendige Produkte wie Autos, Spezialmaschinen, Forschungsanlagen etc. bieten zu können. Wenn ein Konzern mit Sitz außerhalb der Region auf diesem Binnenmarkt aktiv werden will, muss er sich den Regeln der Großregion unterwerfen und sich zum Beispiel an die zwischen den Regierungen der Regionen ausgehandelten Kontingente für bestimmte Waren halten.

In jeder Großregion akzeptieren die Regierungen, dass in den anderen Großregionen Industriepolitik betrieben und andere wirksame Maßnahmen zur Erhaltung einer vielfältigen Wirtschaftsstruktur ergriffen werden. Jede Großregion strebt nach möglichst großer Eigenständigkeit und wirtschaftlicher Unabhängigkeit.

*Weshalb sind regionale Entscheidungskompetenzen unterhalb der Hierarchiestufe der Großregion zu institutionalisieren?*

Der Antwort auf diese Frage sei eine Vorbemerkung zur Kommunikation der Regionen untereinander vorausgeschickt: Institutionen der horizontalen und vertikalen Verständigung zwischen den Regionen kommt eine große Bedeutung zu – zum Beispiel zwischen Kommunen, zwischen Kommunen und ihrem Bundesland, zwischen den Bundesländern, zwischen Bundesländern und der nationalen Ebene, zwischen Deutschland und anderen Ländern innerhalb der Europäischen Gemeinschaft, zwischen der EU und anderen Großregionen. Grundprinzip dieser Verständigung ist die möglichst weitgehende Selbstverantwortung (Autonomie) jeder Region für alle ihre wirtschaftlichen, sozialen, kulturellen und ökologischen Belange. Eine verantwortungsvolle Kommunikation zwischen den Regionen unterschiedlicher Hierarchiestufen ist notwendig, um der Vernetzung und Wechselwirkung der unterschiedlichen Aufgaben gerecht zu werden.

Die Entscheidungsebene mit den meisten Aufgaben, die das Leben der Menschen unmittelbar tangieren, ist die kommunale Ebene. Hier sind die sozialen, wirtschaftlichen und ökologischen Bereiche eng miteinander verflochten. Es geht um die Wiederherstellung von lokalen Gemeinschaften als grundlegende sozial-, umwelt- und wirtschaftspolitische Einheit statt einer Ausrichtung der Wirtschaft am Weltmarkt mit der Konsequenz der Vernachlässigung fundamentaler Bedürfnisse des Zusammenlebens. Demokratische Teilhabe sowie ökonomische, ökologische und soziale Verantwortung haben ihre Wurzel und ihr Fundament in kleinen Einheiten, insbesondere in Kommunen und kommunalen Zusammenschlüssen.

So viele Entscheidungsbefugnisse wie möglich sind daher auf der kommunalen Ebene zu institutionalisieren. Entscheidungen, mit denen die Kommunen überfordert sind, weil überörtliche Belange erheblich berührt sind, sollen in die Verantwortung der nächstgrößeren Region gegeben werden: des Bundeslandes, des Nationalstaats, Europas. Erst dann ist die globale Entscheidungsebene gefragt, also die Verantwortung von Konferenzen, in denen politisch legitimierte Vertreter der Großregionen global geltende Regeln miteinander vereinbaren. Die kommunale Entscheidungsebene öffnet sich also zu den Entscheidungsebenen der größeren Regionen bis hin zur globalen Kooperation. Die globale Vernetzung wird dadurch nicht aufgehoben, sondern in eine Struktur überführt, die es erlaubt, der Wirtschaft Regeln zur Berücksichtigung des Allgemeinwohls vorzugeben.

Die in Deutschland bereits auf der untersten Ebene verankerte kommunale Planungshoheit ist ein gutes Beispiel dafür, wie wichtige Belange der Bürger lebensnah und vernünftig auf einer adäquaten Entscheidungsebene geregelt werden können. Auch die Bildungshoheit der Länder ist ein gutes Beispiel, wie Aufgaben einer geeigneten Entscheidungsebene zugeordnet werden können. In beiden Beispielen ist jedoch eine Abstimmung mit den räumlich übergeordneten und untergeordneten Regionen notwendig. Die Zuweisung der Bildungsaufgabe an die Länder könnte im Falle der Regionalisierung wesentlich mehr als heute ergänzt werden können durch dezentralisierte Entscheidungen auf kommunaler Ebene.

Was die Wirtschaftsunternehmen anbelangt, so unterliegen sie gegenwärtig bei ihrer Standortwahl innerhalb Deutschlands der kommunalen Bauleitplanung und ansonsten den wirtschaftsrelevanten Gesetzen der Länder und des Bundes (Umweltrecht, soziale Gesetzgebung, Steuerrecht etc.). Im Hinblick auf alle anderen Entscheidungen können sie heute frei agieren. Das ruft gesellschaftliche Probleme hervor. Denn wenn sie den Standort nach betriebswirtschaftlichen Kriterien verlagern, greifen sie mit ihrer Entscheidung tief und schmerzhaft in das Leben der Arbeitnehmer und ihrer Familien ein und bringen vielfach auch ihre Standortgemeinde in eine schwierige Lage. Die von ihnen durch die Verlagerung hervorgerufenen sozialen Probleme und Lasten werden den Arbeitnehmern und der öffentlichen Hand aufgebürdet. Anders könnte man mit einer solchen Situation im Rahmen der Regionalisierung umgehen. Es kann dann zum Beispiel demokratisch entschieden werden, den politischen Instanzen mehr Einflussmöglichkeiten an die Hand zu geben, um eine für die Region und ihre Bewohner nützliche Wirtschafts- und Industriepolitik gestalten zu können – über Anreize, Ver- oder Gebote.

Diese Regeln und Maßnahmen werden von geeigneten politischen Gremien der betroffenen Region erörtert und beschlossen. Zum Beispiel könnte der Transfer von Kapital in eine andere Region strengen Kontrollen und Auflagen unterzogen oder es könnte ihm sogar die Genehmigung verweigert werden, um Schaden von Arbeitnehmern und Kommune abzuwenden. Es könnte auf diesem Wege darauf hingewirkt werden, dass in allen Teilen des Landes genügend Arbeitsplätze vorhanden sind, also den Bewohnern überall gleichwertige Lebensbedingungen geboten werden. Dadurch würde auch die heute übliche »Flucht in die Städte« vermieden– eine Flucht als Folge des geringen Arbeitsplatzangebots im ländlichen Raum.

Das Konzept der Regionalisierung hat eine weitgehende Dezentralisierung der demokratisch kontrollierten Entscheidungsbefugnisse und eine Entflechtung der wirtschaftlichen Machtkonzentrationen zum Ziel. Auf kommunaler Ebene werden schon heute Weichen richtig gestellt, zu denen Weltkonferenzen nicht in der Lage sind. So etwa haben bereits 1000 Gemeinden (10 Prozent der deutschen Kommunen) Schritte in Richtung auf eine »Energie-Revolution« unternommen, indem sie Fördermittel für die Erstellung von kommunalen oder regionalen Energie- und Klimaschutzkonzepten beantragt haben. Diese »Revolution« bezieht sich auf die drei zukunftsorientierten Themen Effizienz, Regenerativität und Dezentralität. Der Physiker und Energieexperte Uwe Dankert kommentiert diese Entwicklung (*Süddeutsche Zeitung* vom 23. August 2010) wie folgt: »Der Wunsch, lokal autarker zu werden, der Wille, aktiv für eine saubere Umwelt einzustehen, die Bereitschaft, lieb gewordenen Gewohnheiten zugunsten der Nachhaltigkeit ade zu sagen – all das wird immer deutlicher spürbar. Nebenbei holt eine kommunale Energiewende Wertschöpfung aus Sibirien (Gas), Arabien (Öl) und Kasachstan (Uran) und von den Aktionären der großen Energieversorgungsunternehmen wieder zurück in den nahen Lebensbereich (Handwerk).«

Der Größenentwicklung von Konzernen ist entgegenzuwirken durch eine branchenspezifische Begrenzung im Sinne einer Zellteilung. Bei einer bestimmten Größe könnten zum Beispiel die Steuern so hoch sein, dass es sich für das Unternehmen nicht mehr lohnt zu wachsen. Die Unterbindung von Monopolen – die Gewährleistung von Wettbewerb – muss sich auf überschaubare Regionen beziehen: von der kommunalen bis zur nationalen Ebene. Die Ebene der Großregion (zum Beispiel Europa) als Wettbewerbsraum ist nicht geeignet, die Macht der Konzerne angemessen begrenzen zu können.

Etliche Aufgaben der Daseinsvorsorge und der wirtschaftlichen Rahmensetzung, für die Einheitlichkeit erforderlich ist, werden sich nur auf der nationalstaatlichen Ebene (in der Mittelregion) verbindlich regeln lassen, um zu verhindern, dass in diesen Regelungsbereichen ein unüberschaubares Dickicht unterschiedlicher Gesetze entsteht. Das gilt für einige zentrale soziale und ökologische Standards und ihre Umsetzung, es gilt aber auch für zentrale Vorschriften und wirtschaftliche Anreize im Hinblick auf die Gestaltung betriebswirtschaftlicher Abläufe mit dem Ziel, die Unternehmen darin zu unterstützen, ihre Verantwortung für die Gesellschaft in vollem Umfang wahrzunehmen.

*Welche Möglichkeiten gibt es, industriell schwachen Volkswirtschaften zu helfen?*

Entwicklungshilfe für industriell wenig entwickelte Regionen sollte als Hilfe zur Selbsthilfe konzipiert sein. Dazu wäre es hilfreich, diesen Ländern Patente kostenlos zur Verfügung zu stellen, mit deren Hilfe sie aus eigener Kraft und auf hohem technischen Niveau nach ihren Bedürfnissen landwirtschaftliche und industrielle Erzeugnisse produzieren können. Mit den Patenten kann auch Handel zwischen den Regionen getrieben werden. Sobald es keinen global ungeregelten Wettbewerb mehr gibt, ist es für die Unternehmen aus betriebswirtschaftlicher Sicht kein Schaden, ihre Patente mit entsprechender Vergütung aus der IIand zu geben. Denn sie befinden sich nicht mchr im Wcttbc werb mit den in anderen Regionen ansässigen Nutzern dieser Patente.

Sinnvolle staatliche und private Hilfe bestünde dann darin, technisches Know-how zur Verfügung zu stellen, ohne damit das eigennützige Ziel der Eroberung von Märkten zu verfolgen. Dazu gehört auch gezielte finanzielle Hilfe, damit sich die armen Länder gut ausgestattete Ausbildungseinrichtungen leisten können – ohne sich durch Verschuldung von den Geldgebern abhängig zu machen. Hilfe zur Selbsthilfe setzt jedoch voraus, dass sie nicht durch die in den Entwicklungsländern ansässige Wirtschaftselite verfälscht wird, indem die reichen Familien die Hilfe zum Ausbau der eigenen Macht instrumentalisieren.

In jeder Region der Welt gibt es genügend fähige Menschen, die in der Lage sind, mit ihrer Arbeitskraft und Kreativität Wohlstand zu schaffen – einen Wohlstand, der nicht den Charakter der westlichen Welt tragen muss, sondern der nach der Tradition und Kultur der jeweiligen Länder und Regionen ausgestaltet sein kann.

## *Zusammenfassende Begründung für eine Regionalisierung*

Die regionalisierte Wirtschaft bildet die Voraussetzung und das Fundament für eine Globalisierung, die dem Wohlstand aller dient und sich demokratisch gestalten lässt. Ohne regionale Eigenständigkeit zerstört die Globalisierung ihre eigenen wirtschaftlichen Grundlagen, indem sie in den Industrieländern die De-Industrialisierung und in den abhängigen Entwicklungsländern die Monotonisierung der Wirtschaft vorantreibt. Die Globalisierung ohne politische Steuerung zerstört die Grundlagen der Demokratie, indem sie im Zuge des weltweit unbegrenzten Wettbewerbs sowohl die Konzentration und Macht transnationaler Wirtschaftsunternehmen fördert als auch die soziale Komponente der Marktwirtschaft abschmelzen lässt.

Gegen den Abschied von der neoliberalen Globalisierung wird gern eingewendet: »Wenn alles das, was heute in Billiglohnländern hergestellt wird, plötzlich wieder im eigenen Land produziert werden müsste, könnte es sich niemand leisten.« An diesem Einwand ist nur der Hinweis auf die Plötzlichkeit richtig. Ansonsten verkennt er, dass durch die relativ kleinen Kreisläufe die Wertschöpfung mehr als bisher auch bei den Arbeitnehmern ankommt, deren Einkommen erheblich steigen wird. Die Umstellung auf die Regionalisierung darf jedoch nicht plötzlich erfolgen.

Jede Region sollte in der Lage sein, nicht nur ihre Grundnahrungsmittel, sondern auch alle anderen für das Leben der Menschen existenziell wichtigen Güter und Dienstleistungen so weit wie möglich selbst herzustellen und bereitzuhalten. Es bleiben dann immer noch genug Güter übrig, die eingeführt werden müssen, zum Beispiel wichtige Rohstoffe, die im eigenen Land nicht gewonnen werden können. Die Regionen können im eigenen Interesse miteinander kooperieren und müssen ihre wirtschaftlichen Beziehungen nicht einem Weltmarkt überlassen, der sie gegeneinander hetzt – in einem globalen Wettbewerb ohne Rücksicht auf Verluste.

Die neue Ordnung der globalen Wirtschaft, die sich von der Dominanz der Marktgesetze im Außenhandel befreit hat, wird den Attac-Spruch erfahrbar machen: »Es ist genug für alle da!« Jahre wird es dauern und nicht einfach sein, die angedeutete Richtung einzuschlagen – die Abkehr von der zerstörerischen neoliberalen Globalisierung – und Schritte auf dem Weg der Regionalisierung zu gehen. Dabei versteht sich die Regionalisierung keineswegs als Alternative zur Globalisierung – sie steht lediglich im Gegensatz zu deren neoliberalen Ausprägung. Die Regionalisierung ist als die Grundlage einer wirklich zukunftsfähiger Globalisierung zu verstehen.

Der Widerstand der großen exportorientierten Konzerne einschließlich der ihnen zugeneigten Wissenschaftler und Medienvertreter gegen die regionalisierte Ordnung wird gewaltig sein – aus nachvollziehbarem Grund, denn die Wirtschaftselite bangt um ihre Privilegien. Das Gespenst des Protektionismus (»Abschottung«) und der Planwirtschaft (»Kommunismus«) wird mit grellen Farben an die Wand gemalt werden – wohl wissend, dass die hier skizzierte Regionalisierung damit nichts zu tun hat. Die Wirtschaftselite wird nicht davor zurückschrecken, mit Mitteln der Desinformation, mit gekauftem »Expertenwissen« und mit der Ablenkung der Diskussion auf Nebenschauplätze gegen ein Verlassen der neoliberalen Sackgasse zu agitieren. Sie wird mit Verweis auf die Konvergenztheorie den Anschein erwecken wollen, dass ein »Weiter so, nur immer angepasster an die Gesetze des Marktes« irgendwann zum allgemeinen Wohlstand führen wird. Sie wird den Glauben an die »Weisheit der Märkte« weiter verkünden und dem Staat die Rolle zuweisen, das Funktionieren der Märkte rechtlich abzusichern.

Durch die Regionalisierung allein werden inhaltlich noch keine politisch kontrovers beurteilten Themen geklärt, sondern es werden die Voraussetzungen geschaffen, dass die Bevölkerung in demokratisch verfassten Staaten darüber frei entscheiden kann, wie sie leben will. Die heute kontrovers gesehenen Fragen werden also auch unter den Bedingungen der Regionalisierung zu diskutieren und von der gewählten Volksvertretung zu entscheiden sein, zum Beispiel die Höhe der Grundsicherung oder der Mindestlöhne, das Arbeitsrecht, die Steuergesetzgebung und andere wirtschaftsrelevante Themen. Jedoch werden diese Entscheidungen nicht mehr unter dem Diktat des Sachzwangs »internationaler Wettbewerb« gefällt werden müssen.

Viele Fragen der Umsetzung der Regionalisierung sind noch offen, und Antworten darauf müssen erforscht und erprobt werden – auch gegen den Widerstand einer mächtigen Wirtschaftselite. Wer nachdenkt, für den ist jedoch schon heute eines sicher: Die neoliberale Globalisierung, deren Systemlogik uns in eine Experten- und Wirtschaftsdiktatur führen wird, ist eine Sackgasse, aus der wir so schnell wie möglich herausfinden müssen. Es lohnt sich daher, mit unabhängiger Forschung und mit kreativen Praxisversuchen auf allen Ebenen (von der lokalen bis zur globalen Ebene) die noch bestehenden Wissenslücken und Erfahrungsdefizite zu überwinden.

## *Wir sind keine Frösche – eine Schlussbemerkung*

Greenpeace hat vor Jahren in einem Kinospot zwei Szenen gezeigt. In der ersten Szene sitzt ein Frosch in einem Wasserglas. Jemand schüttet plötzlich heißes Wasser in dieses Glas – und der Frosch springt umgehend aus dem Glas heraus. In der zweiten Szene sitzt wieder ein Frosch in einem Wasserglas, aber diesmal wird das Wasser von unten ganz langsam immer mehr erhitzt – und der Frosch bleibt sitzen, bis er stirbt.

Dieses Experiment macht uns auf eindringliche Weise deutlich, wie gefährlich die Gewöhnung an den sich allmählich verschlechternden Zustand unserer Demokratie sein kann – wenn das Zeitfenster verpasst wird, in dem wir die Möglichkeit haben, aus der Sackgasse herauszukommen. Noch ist es nicht zu spät, eine sinnvolle Alternative zu den selbst geschaffenen Sachzwängen des ungeregelten Kapitalverkehrs und des globalen Freihandels anzusteuern. Wenn es uns nicht gelingt, die wirtschaftliche Globalisierung politisch zu gestalten, ist auch die Demokratie am Ende.

# Literatur

**Afheldt, Horst:** Wirtschaft, die arm macht – Vom Sozialstaat zur gespaltenen Gesellschaft. München: Kunstmann Verlag 2003.

**Arendt, Hannah/Nanz, Patrizia:** Wahrheit und Politik. Berlin: Verlag Klaus Wagenbach 1967.

**Attac Deutschland, Wissenschaftlicher Beirat:** ABC der Globalisierung. Hamburg: VSA-Verlag 2005.

**Attac Deutschland:** 10 von vielen. Gekommen, um zu bleiben – Attac: die ersten 10 Jahre. Frankfurt: Selbstverlag 2010.

**Becker, Jochen/Ebert, Wolfgang/Marquart, Jochen:** Es geht auch anders! Köln: PapyRossa Verlag 2009.

**Bello, Walden:** De-Globalisierung – Widerstand gegen die neue Weltordnung. Hamburg: VSA-Verlag 2005.

**Böckenförde, Ernst-Wolfgang:** Die Entstehung des Staates als Vorgang der Säkularisation, in: Säkularisation und Utopie. Stuttgart: Erbacher Studien 1976.

**Crouch, Colin:** Post-Democracy, Oxford 2004; deutsch: Postdemokratie. Frankfurt am Main: Suhrkamp 2008.

**Darnstädt, Thomas:** Der globale Polizeistaat. Terrorangst, Sicherheitswahn und das Ende unserer Freiheiten. München: DVA 2009.

**Deutsches Institut für Wirtschaftsforschung (DIW):** Polarisierung der Einkommen: Die Mittelschicht verliert. Wochenbericht 24, Berlin 2010.

**Erhard, Ludwig:** Wohlstand für alle. Düsseldorf und Wien: Econ 1957.

**Felber, Christian:** Gemeinwohlökonomie. Wien: Deuticke 2010.

**Gabler Wirtschaftslexikon,** 16. Auflage. Wiesbaden: Betriebswirtschaftlicher Verlag Dr. Th. Gabler/GWV Fachverlage, 2005.

**Habermas, Jürgen:** Eine politische Verfassung für die pluralistische Weltgesellschaft? In: Zwischen Naturalismus und Religion, Philosophische Aufsätze. Frankfurt am Main: Suhrkamp 2005.

**Hartmann, Kathrin:** Ende der Märchenstunde. Wie die Industrie die LOHAs und Lifestyle-Ökos vereinnahmt. München: Blessing 2009.

**Hirn, Wolfgang:** Herausforderung China. Frankfurt am Main: S. Fischer 2005.

**Höffe, Otfried:** Ist die Demokratie zukunftsfähig? München: C. H. Beck 2009.

**Homann, Karl:** Wirtschaftsethik. In: Lexikon der Wirtschaftsethik, hg. v. Georges Enderle/Karl Homann/Martin Honecker/Walter Kerber/Horst Steinmann. Freiburg, Basel, Wien: Herder 1993, Sp. 1287.

**Jonas, Hans:** Das Prinzip Verantwortung – Versuch einer Ethik für die technologische Zivilisation. Frankfurt am Main: Suhrkamp 1979.

**Küng, Hans:** Projekt Weltethos. München, Zürich: Piper 1990.

**Meadows, Dennis L./Meadows, Donella H.:** Die Grenzen des Wachstums. Bericht des Club of Rome zur Lage der Menschheit. Stuttgart: DVA 1972.

**Plöger, Peter:** Arbeitssammler, Jobnomaden und Berufsartisten. Viel gelernt und nichts gewonnen? München: Carl Hanser 2010.

**Rawls, John:** A Theory of Justice (1972); deutsch: Eine Theorie der Gerechtigkeit. Frankfurt am Main: Suhrkamp 1979.

**Schemel, Christoph:** Maßnahmen zur Förderung des Wirtschaftswachstums in Singapur. Magisterarbeit. München: Grin-Verlag 2010.

**Schemel, Hans-Joachim/von Lassberg, Dietlind/Meyer, Gudrun/Meyer, Wolfgang/Vielhaber, Armin:** Kommunikation und Umwelt im Tourismus – Empirische Grundlagen und Konzeptbausteine für ein nachhaltiges Verbraucherverhalten im Urlaub. Berichte des Umweltbundesamtes 2/01, Berlin: Erich Schmidt 2001.

**Schimmeck, Tom:** Am besten nichts Neues. Medien-Macht und Meinungsmache. München, Zürich: Piper 2010.

**Steingart, Gabor:** Weltkrieg um Wohlstand. München, Zürich: Piper 2006.

**Steingart, Gabor:** Die Machtfrage – Ansichten eines Nichtwählers. München, Zürich: Piper 2009.

**Stern, Nicholas:** Der Grüne New Deal. München: C. H. Beck 2009.

**Stiglitz, Josef:** Die Schatten der Globalisierung. Berlin: Siedler 2002.

**Thaler, Richard H./Sunstein, Cass R.:** Nudge. The Gentle power of Choice Architecture (2008); deutsch: Nudge. Wie man kluge Entscheidungen anstößt. Berlin: Econ 2009.

**Ulrich, Peter:** Integrative Wirtschaftsethik. Grundlagen einer lebensdienlichen Ökonomie, 4. Auflage. Bern: Haupt 2007.

**Zeitler, Gerd:** Der Freihandelskrieg. Von der neoliberalen zur zivilisierten Globalisierung. Eine Perspektive für Vollbeschäftigung. Münster: Edition Octopus 2006.

**Ziegler, Jean:** Der Hass auf den Westen. Wie sich die armen Völker gegen den wirtschaftlichen Weltkrieg wehren. München: Bertelsmann 2010.

**Zöpel, Christoph:** Politik mit 9 Milliarden Menschen in Einer Weltgesellschaft. Berlin: Vorwärts-Buch 2008.